顾雄 著

公平之吻

文匯出版社

主要人物

赵　莹(36岁),常海市自立广告有限公司总经理

谢云华(61岁),常海市自立集团法务部主任

向德先(54岁),常海市自立集团董事长、总经理

郑鸿建(48岁),常海市高级法院行政处副处长兼接待科科长

钟盛远(51岁),常海市作家协会副主席兼创联部主任

范正欣(32岁),常海市自立集团公司法务部副主任

吴小莉(24岁),常海市自立集团法务部文员

宋公明(42岁),常海市知行律师事务所副主任

周　挺(38岁),庆远市高级法院党组秘书

陈丽萍(38岁),庆远市第一中级法院民二庭副庭长

钟盛道(58岁),庆远市高级法院院长

钱慕恒(55岁),庆远市高级法院民二庭庭长

目 录

01 赵莹	……………………………	001
02 谢云华	……………………………	005
03 向德先	……………………………	009
04 赵莹	……………………………	013
05 谢云华	……………………………	018
06 郑鸿建	……………………………	024
07 钟盛远	……………………………	028
08 郑鸿建	……………………………	031
09 向德先	……………………………	036
10 范正欣	……………………………	041
11 吴小莉	……………………………	044
12 向德先	……………………………	048
13 钟盛远	……………………………	054
14 宋公明	……………………………	058
15 吴小莉	……………………………	063
16 郑鸿建	……………………………	068
17 钟盛远	……………………………	074
18 向德先	……………………………	079

19 赵莹	…………………………………	083
20 宋公明	…………………………………	087
21 钟盛远	…………………………………	091
22 谢云华	…………………………………	097
23 周挺	…………………………………	103
24 宋公明	…………………………………	106
25 吴小莉	…………………………………	110
26 陈丽萍	…………………………………	115
27 钟盛远	…………………………………	121
28 赵莹	…………………………………	124
29 钟盛道	…………………………………	127
30 吴小莉	…………………………………	132
31 钟盛远	…………………………………	138
32 范正欣	…………………………………	143
33 吴小莉	…………………………………	148
34 谢云华	…………………………………	153
35 赵莹	…………………………………	161
36 钟盛远	…………………………………	166

37	向德先	170
38	肖辉	177
39	吴小莉	182
40	钟盛远	187
41	向德先	193
42	宋公明	197
43	谢云华	204
44	钟盛远	209
45	向德先	214
46	吴小莉	220
47	赵莹	225
48	肖辉	230
49	宋公明	236
50	周挺	244
51	钟盛远	249
52	吴小莉	254
53	钱慕恒	260
54	钟盛远	266

55	谢云华	272
56	肖辉	278
57	宋公明	284
58	向德先	289
59	钟盛远	294
60	吴小莉	300
61	肖辉	305
62	范正欣	310
63	宋公明	316
64	吴小莉	321
65	赵莹	325
66	吴小莉	330
67	宋公明	333
68	范正欣	336
69	宋公明	339
70	吴小莉	344

后记 ……………………………………… 346

01

赵莹

今天突然暴热起来,气温陡升,街上出现不少穿短袖的人,实际刚到小满时节。气候变幻无常,接连创造史无前例,都说人为因素所致,就像这世事难料一样,无不是人为造成。

此时此刻,我正站在庆远市第一中级人民法院的法庭上,审判长陈丽萍正在宣读判决书。我非常紧张,两只攥紧的手里都是汗水,感觉心脏已经跳到了喉口。

陈审判长提高音量宣布:"综上所述,依照《中华人民共和国合同法》第60条、第107条、第121条之规定,经本院审判委员会决定,判决如下:一、驳回常海市自立广告有限公司要求庆远市益生制药有限公司支付拖欠广告投放费用4 000万元的诉讼请求。二、常海市自立广告有限公司于判决生效后30天内支付庆远市益生制药有限公司退货损失2 820万元、错播广告费损失4 000万元,共计10 800万元。三、本案件受理费28万元由常海市自立广告有限公司承担。如不服本判决,可在判决书送达之日起15日内,向本院递交上诉状,并向对方当事人提出副本,上诉于庆远市高级人民法院。"

我像遭受从天而降的雷击一般,大脑一片空白,整个身体不由自主地瘫软下去,律师洪自光连忙将我扶住,把我架到后面的椅子上坐下。不知过了多久，也不记得怎么走出法院，回到下榻的宾馆，我再也控制不住自己，悲愤地喊道："老天爷啊，这是什么判决，简直就是抢劫！"

洪律师站在一旁，脸色尴尬。

我质问他："你说这个案子没有输的道理，怎么输了？而且输得这么惨！"

洪律师沉默了一会才说："我也没想到，完全出乎意料，但是我们还可以上诉。"

我指着他："你马上写上诉状，现在就写。"

洪律师摇摇头："上诉的事情要好好商量，不急，时间来得及。"

我怒喊道："你不急，我急啊！"

洪律师摆摆手说："赵总，您冷静一点，冷静一点。"

我怎么冷静得了，胸膛里的屈辱和愤懑像火一样燃烧，快步跑去拉开房门："你走，上诉不用你了。"

洪律师先愣了愣，然后摇摇头，接着从提包里拿出判决书放在桌上，转身走出门去。

我用力关上门，"啪"的一声响，倒把自己惊了一下，这才意识到丧失了理智。

我在床沿上坐了很久，情绪渐渐平静下来，拿起判决书，翻到最后一页，四项判决款额合计超过一个亿，这笔巨款广告公司根本无力偿付，势必牵涉集团公司。可是我打这场官司，自以为通过法律程序可以解决，从开始就没跟集团领导汇报，却万万没料到会是这种结果。现在怎么办？我苦苦思索，绞尽脑汁，也想不出一个行之有效的办法。其实我已经没有选择的余地，只能如实向集团领导汇报，在集团公司的支持下，力争打赢二审，挽回败局。

我拿出手机，找出董事长兼总经理向德先的号码，他是集团最高领导，对我的工作一向比较满意。但在按呼叫键的那一瞬，我却犹豫了，手也颤抖起来，不知道怎么说，又怎么说得出口啊！

我又呆坐了很久，忽然想到一个人，集团法务部主任谢云华，先给他打个电话，听听他的意见。谢云华原来是常海市高级人民法院的资深法官、庭长，深得向德先董事长的信任，也是我非常尊重的人。

电话通了，我叫了一声"谢主任"，便忍不住抽泣起来。

谢云华马上问："赵莹，怎么了？有事慢慢说。"

我强忍住哭，把打官司的起因和过程，以及判决内容大致说了一遍。

谢主任显然很意外，沉默了许久才说："事情既然已经出了，不要急，急也没用。"

"谢主任，我还没跟董事长说呢。"

"为什么？"

"因为不敢说啊！"

"赵莹，该说的要说，而且要赶快说，这是一种态度。"谢主任略停了一下又说，"这么重大的事情，在电话里讲肯定不妥，我建议你马上回去，当面向董事长解释。"

我表示同意，立即订票，今天就飞回去。

谢主任又说："赵莹，你的态度要诚恳，要主动承担责任，争取董事长谅解，做好准备打二审。"

我问："谢主任，您认为二审能不能打赢？"

谢主任答："从你讲的情况看，这个判决似乎有点问题，但只是一面之词。民事案件，合同纠纷，如果界线不是很清楚，双方都有点问题、有点错的话，那么法官的态度就很重要了。"

"谢主任，您讲得太对了，法官的倾向性很明显，而且毫无顾忌，简直是明目张胆。"

"赵莹,先不说这些了,以后详细谈。我在珠海出差,估计还要几天,有什么情况随时联系。"

我又忍不住抽泣起来:"谢主任,您快点回来吧,现在只有您能帮我啦。"

"赵莹,别这样,我尽量争取早点回来,我也会和向董事长谈,虽然一审输了,但二审才是生效的判决,还有机会,你不要太着急。"

我再三表示感谢,是由衷的,并且产生一种依赖心理,希望由谢主任出面主持打二审,挽回败局。

我在网上订了机票,是下午的航班,还有几个小时,但我不愿再待下去。收拾好东西,立即退房,往机场去,心里想快点离开这个让我蒙羞受辱的地方。

02

谢云华

  我在珠海处理一件比较棘手的事情。自立集团作为第二大股东投资珠海的一个建设项目,屡次发现控股方有虚报成本的情况,致使我方利益受损。集团上层有人主张起诉,走司法程序维护权益,但我不赞成,因为一场官司从开始到结束,少则一年,多则两三年,旷日持久。再者,事发外地,我方不占地利人和优势,难免各种因素掺杂其中,最终影响审判结果。因此我提出暂缓起诉,先委托会计师事务所进行财务审计,一旦事实确凿,有理有据,再行交涉,争取内部协商解决。集团董事长向德先采纳了我的意见,我即与法务部副主任范正欣、文秘吴小莉一起赴珠海。由于事先做了一些准备,包括必要的疏通,对方虽不愿意,却没有理由拒绝我方的正当要求,财务审计正在有条不紊地进行中。

  今天中午接到赵莹打来的电话,我很意外,也很震惊。广告公司系集团下属子公司,虽为独立法人单位,有一定的自主权,但涉及法律事务,按常规须向集团法务部报备,并征求意见。赵莹当然知道这些规定,她也作了解释,一是顾及面子,二是认为有把握打赢这场官司。我当时听了就直摇头,她对司法状况了解太少,主观认为能打赢,事实是一审输了,而且输得很惨,她目前的处境十分被动。

我和赵莹只是同事关系,无特别之处,但对她印象颇好,喜欢她身上那种特有的气质,温文尔雅。我也知道她与向德先董事长原来同在常海大学工作,向德先下海经商,请她出任广告公司总经理。她工作有热情,有创意,业绩很不错,短短几年跻身常海十大广告公司之列。有一次发生合同纠纷,她来找我,听她讲了一席话,虽强调己方理由,但能客观地看待对方。我感觉她是一个好人,心地善良,但我同时也发现,她单纯了一些,容易轻信他人。后来还有几次接触,了解多了一些,她当总经理,也跑业务,却从来不拿可观的业务提成。我曾问她为何离开大学,她温文尔雅地笑了笑说,"现在大学也不平静,都变了,我也变一变,尝试一下。"

她在电话里泣不成声,令我同情,我想帮她,在她跌倒之际出手搀扶一把。我当然知道,能帮到她的就是打赢二审,可是以我的司法实践和经验,一审败诉,二审逆转的可能性很小,除非出具新的有利证据。我的担忧不仅于此,民事案件,尤其是案值大的,往往背后有人活动,暗箱操作,这才是最难对付的问题啊!

我从政法大学毕业,进入常海市高级人民法院,从书记员到助理审判员、审判员,再到副庭长、庭长,整整三十年,从事过刑事审判、民事审判。五十六岁那年,我在民二庭庭长任上,主审一宗经济案件,院领导亲自交代要慎重,手还朝上指了指。我自然领会,也想按领导的意思办,但实在找不出理由,连个说得过去的借口也没有,最终没有改判。领导在楼道上遇见我,拍拍我的肩头,连说三声"好","应该坚持原则,秉公执法。"

当时已临近春节,休完年假上班,院里通知我去党校学习三个月,庭里同事都认为我要高升了,甚至提出庆祝一下。按一般惯例,上党校学习确实是提拔的信号,但是我很清醒,这种好事不可能落在我头上。果然,学习结束,我被调离审判岗位,改任调研员,实际赋闲,坐等到年龄退休。可是我坐不住,经常跑基层法院,还认真地提交了几份调研报告,却犹如石沉大海。有一次去区法院,院长杨新才是政法大学的同班同学,他劝我别跑来跑去了,省点力气,休息休息,大家都很忙,没时间接待。我无语,默默返回,再也不出去跑了,每天坐着喝茶读报,消磨时间。

一天杨新才来我家,说自立集团董事长向德先,托他举荐一个能胜任集团法务部主任的人选,他便想到了我,待遇比在法院好得多。我有点动心,不是为待遇,是想做点事,而且多少有点赌气的成分,干脆离开法院。但是妻子周丽云反对,她在地税局工作,设身处地为我考虑,她说一个法院干部,高级法官,去民营企业,听命于老板,会很不习惯。她的意见虽然比较实际,但也不无道理,我婉言谢绝了杨新才的好意。

没过几天,杨新才约我吃饭,向德先居然也在座。我知道这个人,在电视上也见过,常海有名的大老板,还是市政协委员。初次见面,他很热情,却不失含蓄,他很健谈,知识广博,但毫无张扬之色。谈到主要话题,向德先说了这样一番话:"我们对您有所了解,赏识您的人品和职业道德,也充分肯定您的专业知识和才华。如果埋没了您这样的人才,无疑是法律的损失,也可以说是社会的损失。我非常恳切地邀请您加盟自立集团,掌握处理所有法律事务,这是集团的幸运,也是我的荣幸。"

这番话多有恭维,我没那么好,更没那么重要,但话里的另一层意思,触及我的痛处,产生了催化作用,改变固有的观念,换一种活法。我也明白向德先的用意,无非是我的专长和资源,不过想想也正常,否则人家凭什么用我?那天我虽然没表态,但内心里已然决定,回去做妻子的工作,征得她的理解和同意。

我和周丽云经人介绍认识,结婚二十八年,生有一个儿子,今年大学毕业。周丽云性格爽直，在家里虽然有点强势，但大事情上还是我拿主意。儿子对地质勘探素有兴趣，高考时报了石油大学，周丽云反对，坚持要儿子学医，两人各执一词，相持不下。我支持儿子的选择，学医好是好，但首先要考虑兴趣和志向，只有喜欢的才能做得好，最终周丽云只能让步。我想这次耐心地和她谈谈，做通她的工作，不料刚开口她就说，"你想去就去吧。"我很诧异，态度怎么突然变了？后来我才知道，杨新才给她打了电话，讲了我目前的状况，她为我愤愤不平，大不了走人。我打报告要求提前退休，领导没有一点挽留的表示，很快批复。倒是那些老同事热心，执意办一场送别宴会，庭里的人都来了。我平时很少喝酒，也没量，那天却喝多了，醉了。是不舍，更是一种说不出来的痛。

　　我在自立集团工作已经快四年了，处理了不少涉法事件，避免了一些不必要的损失，遇到非原则性问题，出面打个招呼，一般都能解决，毕竟在常海高院多年，系统里大多脸熟，多少给点面子。向德先董事长对我基本满意，也比较信任，不过有时话里略有不满，说我太保守了，不够放开。我对向德先也有了更多的了解，他在集团一言九鼎，行事作风果断，有发展眼光，善于捕捉机会，奖罚分明，享有很高的威望。他还有一个特长，弹得一手好钢琴，堪比专业演奏家。但是同时我也发现，他很有城府，甚至高深莫测，从不轻易相信人，时时刻刻提防人。

　　审计事务所来电话，需要补充一些材料，我让范正欣和吴小莉跑一趟送去。我正考虑广告公司败诉的事情，要做好打二审的准备。我很希望打赢二审，而且求胜欲很强，甚至前所未有。

03

向德先

　　昨天在政协开工商界委员例会,听了一个有关市政建设的报告,然后冯副主席讲话,他原来是分管城建和交通的副市长。接着大家就开聊,什么话题都有,交流各种信息,也能听到一些轶闻趣谈。散会以后,冯副主席上了我的车,仍然去常海宾馆,用过晚餐开始打牌。宾馆总经理金萍始终陪伴一侧,她虽人到中年,但风姿犹存,而且特别会说话,冯副主席笑颜常开。我一般不打牌,无此嗜好,但冯副主席喜欢,乐此不疲,我只能陪同。

　　很晚我才回家,早晨照样六点起床,习惯了。司机八点来接,从我家到公司约半个小时车程,没到八点半就进了办公室。上午房产公司总经理张健要来。集团最近拍下了江边的一块地,准备建造常海最高档、设施最先进的住宅区,名称也想好了——滨江花园,张健来汇报设计规划。

　　秘书李建成照例泡上茶。我习惯上午喝茶,下午喝咖啡,午休时间弹一会琴。集团上下都知道,中午没有琴声,就说明我没在,外出了。我刚端杯喝了一口茶,李建成就领着赵莹进来了。她怎么突然来了?我虽然有些意外,却还有点惊喜,因为有段时间没见她了。我朝她点点头,示意她坐,但她却不坐,直直地站着。我定睛看了她一眼,发现她既憔悴又疲惫,眼睛还肿着,头发也有点凌乱,从来没见过她这般模样。我感觉不对,马上从椅子上站起,问她怎么了。她朝李建成看了一眼,我知道她爱面子,便让李建成离开。她看见房门轻轻合上,眼里顿时涌上泪,带着哭声说:"董事长,我犯大错误了。"

我说:"犯什么错了? 好好说,好好说。"

她说:"董事长,我打了一个官司,输了。"

我很是惊讶:"什么时候的事? 我怎么不知道?"

她从包里拿出一叠纸递来:"昨天判的。"

我接来一看是判决书,没出声,回到办公桌上,坐下来细看,越看越生气。中间李建成进来两次,看我的脸色没敢说话,我知道是张健应约来谈规划,但此时我已经没有心情了,两次挥手让他离开。看完判决书,抬头看着赵莹,我心里充满震惊和气恼,但竭力不流露,让自己恢复常态。

赵莹怯怯地说:"董事长,这是一审,我们可以上诉,打二审,二审才生效。"

我沉默了一会才说:"赵莹,这件事情太突然,让我考虑考虑,你先回去吧。"

她说:"董事长,我知道错了,我愿意承担一切责任。"

我想说"你承担得起吗?"但没说出口,只是摇摇头。

她又说:"董事长,我一定想办法打赢二审。"

我不悦地提高声音:"让你回去就回去,有事自然会找你。"

她迟疑了一下,慢慢转身,走到门口扭头朝我看,我将脸转开,不予理睬。

李建成把张健带进来,我说今天有事,暂时不谈,等我电话再定时间。他们都走了,我一个人在办公室里徘徊,实在难以接受这突如其来的变故。更让我生气的是,这个案子本就不该发生,完全可以避免,问题就是出在赵莹身上,她私自垫付4 000万,这是关键的关键。如果没有垫付4 000万这档事,就根本不会有这场官司,更不会有现在的恶果,输一个多亿啊!事情很明白,什么都不用说,所有错误都是赵莹造成的,她捅了个大窟窿,罪不可赦。

我对下属历来要求严格,大事情必须请示汇报,偏偏对这个赵莹太信任,太放纵。她的确有值得信任之处,生在高级知识分子家庭,父母都是常海大学教授,她是常海市高考状元,被清华大学中文系录取。毕业后有条件进人民日报工作,为照顾年迈的父母,她回到常海,在我曾任教的常海大学当学报编辑。我看过她为企业写的广告语,词藻清秀,有新意,有高度,留下深刻印象。自立集团筹办广告公司,我"三顾茅庐"请她出任总经理。她不负我望,把广告公司搞得风生水起,特别是在广告创意方面,真可谓一枝独秀,引领常海广告业的潮头。她有不少优点,工作用心,积极进取,不贪婪,不计较个人得失,品质高尚,因而我对她高看一眼,多放了一些权。可是权力往往是一把双刃剑,能斩获,也能伤己。她在我眼皮底下如此胆大妄为,我却浑然不知,她辜负了我的信任,当然要为错误付出代价,承担责任。

我没有想好怎样处理她,一时还顾不上,迫在眉睫的现实问题,关乎一个亿,不是小数目。她说一定想办法打赢二审,谈何容易?我虽然不太懂法律,但是经历多,也见多了,一审败诉,二审扳回的可能性微乎其微。尽管如此,我也不会放弃二审,而是应该尽一切努力,争取打赢二审,至少别输得那么惨,减少一些损失也好。我考虑,打二审非法务部主任谢云华莫属,他是最合适的人选。他在法院当了三十年法官,经验丰富,而且有人脉关系,认识不少法院系统的人,这是最重要的一点。

回到办公桌上坐下,拨通谢云华的手机,我先讲了几句客气话,然后便将广告公司在庆远打官司的情况简单扼要地讲了讲。我要求他尽快回来,商量打二审的事,珠海那里的工作暂时交给范正欣负责。他很干脆,一口答应,还说如果赶不上珠海的班机,就转道广州乘飞机,今天一定赶回来,明天上午来我办公室。放下电话我就想,谢云华对广告公司败诉的事,没有表现出意外和吃惊,相反很平静,而且少见的干脆,一叫就应,莫非他已经得到消息了?如果他已经得知,那么告诉他的人一定是赵莹,因为我知道谢云华对赵莹印象颇好,赵莹对谢云华很尊重。如果赵莹在来见我之前,已经给谢云华打过电话,目的无非是要求帮助打二审。不过我也有点奇怪,谢云华完全可以说明赵莹已经来电话告知,那他又为何不说呢?

我对谢云华的为人处事,认可;对他的专业能力,肯定。我也给予他足够的尊重,有事交谈都是商量的语气,从来没有一句重话。他也有不足之处,稳健有余,开拓精神不够,总是有所顾忌,有所保留。这次打二审,我要鼓动他拿出所有办法,利用一切可利用的关系,尽最大的努力,争取打赢官司。

04

赵莹

  上午去见向董事长，没说上几句话，他把时间都用在看判决书上了，然后便撵我走。我走到门口回头看他一眼，他扭转脸，目光带着一股寒气，冷冰冰的。我强忍泪，不想让其他人看见，一路小跑着离开集团，打了个车直接回家。回到家里，默默地坐在椅子上发呆，肖辉几次来电话，我都没接，后来干脆把手机关掉了。

  自立广告公司为庆远益生制药公司代理广告业务，就是肖辉一手介绍的。肖辉是我大学里的同班同学，他是庆远人，但是我和他毕业以后从未见过面。有一天，我竟然在常海电视台遇到他，而且他是副台长。我非常惊讶，这个皮肤黝黑的小个子，怎么跑到常海来了，还当上了副台长？那天他很热情，陪我到业务部门。由于他出面，事情顺利办妥。此后我们有了联系，他邀请我吃饭我也去了。以前对他很少了解，接触几次才发现，他很有想法，也很有才气，谈吐不俗，时而语出惊人，他还给我介绍了几个广告客户。

  前年春节，肖辉没回庆远，在电视台值班，我为答谢他介绍客户，也为同学友谊，专门请他吃顿饭。他心情很好，兴致颇高，喝了不少酒，讲了不少话，我对他的经历才有所了解。他在大学时就给电视台做节目创意提案，毕业以后回到庆远，在电视台工作，从编辑做到频道总监,后来交流到深圳电视台,任副台长。我问他怎么到常海来了,他说并非个人意愿,而是机缘巧合,不过来了也好,见到老同学,这才是最高兴的事。我也讲了一些自己的情况,开始做公司很有压力,整天忙于业务,到处抢单。后来理出头绪,做出自己公司的风格,这个风格就是注重文化底蕴,并且体现在广告创意和形式内容上,具有明显特征,别人一看就知道是我们的,这样渐渐就好做了。肖辉听了频频点头,笑着说:"没想到清华园的'雅典公主',竟然成了职场女强人。"

"雅典公主"是班里同学在背后给我起的外号,大概是因为我外表比较文静优雅。

那天还聊到家庭,我实话实说,结婚两年就离了,没有孩子。让我意想不到的是,肖辉至今没有婚娶,一直单身。我说电视台美女如云,准是挑花眼了,他摇摇头,连说几声"错过了",然后喝了一阵闷酒。他上出租车时身体有点摇晃,还朝我嚷了一句,当时没听清楚说什么。第二天晚上,肖辉发来一条信息,就一句话:"心仪已久!"我愣住了,深感意外。我在大学时,班里有几个男生追我,肖辉不在其中,或者说他从来就没进入过我的视线,可是这突如其来的表白,除了意外,还让我产生了几许温暖的感觉。

我的婚姻是父母一手介绍操持,男方是体操运动员,曾获全运会单杠季军,退役后在体育学院当教师,五官端正,身材尤其好。然而婚后性格上的差异显现,我外表看似平静,其实内心热烈,也有些追求;他极其内向,少言寡语,极少朋友往来,家庭气氛沉闷,尤其是随着运动生涯结束,他开始颓废,全然丧失上进心。我们之间的矛盾无可避免地产生,并且与日俱增,虽然没有争吵,但彼此之间的距离越来越远。他也意识到这桩婚姻是一场误会,两个不该在一起的人走到一起,我们协议离婚,我把共同拥有的住房给了他,作为一种补偿。我现在居住的这套公寓,是父母名下的房产,有近百年历史,虽然已经陈旧,但豪华气派犹存,大理石的楼梯很宽,扶手是纯铜的。我唯一的姐姐在澳洲定居,父母两年前也去了澳洲,他们走与我有一定的关系,因为他们不同意我离婚,多少有点负气而去。

我没给肖辉任何回复,他也不来电话,彼此心照不宣,这样持续了一个多月。我有点耐不住了,想给他打个电话,恰恰他来电了,说给我介绍一个大客户,要我马上到电视台。我去了,在肖辉的办公室里,见到了庆远益生制药公司董事长陆永翔。陆董事长和肖辉是庆远老乡,早就相识,委托肖辉找一家信得过的公司代理广告业务,肖辉便想到我。我请陆永翔到公司考察,提供各种有关公司的资料,陆永翔很谨慎,仔细调查了解,然后表示可以先做一些看看。

第一单业务5 000万,投放在平面媒体。正式签约那天,肖辉也到场。事后我宴请陆永翔一行。那天高兴,喝了不少酒,送走客人,我坐在椅子上就睡着了。第二天早晨醒来,却躺在酒店套房的大床上,而肖辉在外面的沙发上睡了一夜。他给我叫来早餐,让我吃了以后再睡一会。我忽然激动起来,展开双手拥住他……我十分诧异,他竟然是第一次和异性接触,很急,没到地方就迸发了,不过第二次来得很快,持续时间很久。我们面对面躺着,肖辉说早就暗恋我,但没有勇气向高贵的"雅典公主"表露,一直埋藏在心里。他同意调到常海工作,其中也有我的因素,希望能见到我。他还讲了一个故事,出生在意大利的诗人彼特拉克,在美丽的法国枫丹小镇遇到年轻的美人劳拉,一见倾心。可是劳拉已经结婚,丈夫是家世显赫的贵族伯爵。彼特拉克从此开始了长达二十多年的暗恋,写了366首表达爱情的十四行诗,后人将其编成书,就是举世闻名的爱情绝唱《歌集》。我听了很感动,更感到幸福,肖辉竟然是一个如此专情的人。

庆远益生制药公司对自立广告公司的广告代理表示满意,接着又签了几个单,双方按约履行各自的责任和义务,进展顺利。去年十二月,益生制药公司推出一种新药,并指定自立广告公司为唯一广告代理商,计划大力宣传推广,先期投入广告费用8 000万。双方约定,益生制药公司于合同签订之日,即支付4 000万,广告投放前三天,再行支付4 000万元。益生制药公司如约支付4 000万,自立广告公司按计划执行广告投放,一切正常运行。

今年元旦,肖辉约我吃晚饭,地点选在世纪宫,常海最著名的大酒店。我如约前往,包间里有许多人,肖辉远在庆远的父母和两个妹妹也来了,还有一些同事和朋友。肖辉捧着鲜花迎上来,单腿跪地,拿出戒指向我求婚。我并不感到意外,因为期待这一天,更没有理由拒绝一个对感情如此执着的人,伸出手让他戴上戒指,大家都鼓起掌。肖辉靠在我的耳边小声说,彼特拉克的爱情注定是无望的,但他是幸运的,拥有了梦寐以求的爱情。那一刻,我真正体会到爱情很浪漫,很甜蜜。

我们决定春节结婚,开始着手准备,肖辉的父母和妹妹等我们结了婚再回庆远。可是广告投放前三天,益生制药公司应付的4 000万未到账。我给陆永翔打电话,他说和银行方面发生一些小问题,承诺三天内一定付款。我当时骑虎难下,面临两种选择,要么放弃计划,要么垫款执行,非常犹豫,考虑很久,拿不定主意。我征求肖辉的意见,肖辉认为益生公司一向履约,有信任度,应该不会出问题,再者也要为以后的合作考虑。我终于做出垫款执行的决定。可是万万没有料到,广告悉数投放以后,其中一条软文广告,被食品药品监管局以擅自扩大药品作用、增加未经审批的内容而查处。新华社报道了这则消息,有些媒体进行转载,益生公司即以错登广告、名誉受损为由,拒付我方垫款支付的4 000万元广告费。

我给陆永翔打电话,申明广告内容及样式均有益生制药公司代表签字认可,不应由我方承担责任。陆永翔强调业务员签名不算数,因为没有加盖企业印章,视为无效。他还说这是益生制药公司的底线,如果我方不同意,可以通过法律程序解决。我意识到事态的严重性,决定飞赴庆远,与陆永翔当面交涉。肖辉提出陪我一起去,并将父母和妹妹同机带回庆远,婚事暂时搁置。幸好肖辉同行,陆永翔给点面子,不然连面都见不到,但是态度仍然强硬。我为解决争端,不得不退一步,提出折中办法,双方各自承担2 000万,陆永翔仍然不接受,事已至此,只有打官司一条路,别无他途。

肖辉通过庆远电视台的朋友,找了一位当地有名的律师洪自光,委托他代理起诉益生制药公司,要求判令归还自立广告公司垫付的4 000万广告费。洪律师仔细了解案情,查阅合同和相关材料,认为关键证据是经益生制药公司代表签字的广告内容。他说签字认可,未加盖公章,如果仅仅就这一次,可视为无效。但是以往所有广告内容,均以代表签字形式认可,从未加盖公章,说明这是双方默契,一种约定俗成,应视为有效证据,因此这个官司没有输的理由。我与洪律师办理委托手续时,肖辉曾提出向集团汇报。我没有听取他的意见,一是要面子,再是考虑官司打赢,钱要回来,什么事都好说了。

这场官司历时四个多月,一审判决自立广告公司败诉,而洪律师认为有效的关键证据,判决书上如是说:广告内容虽经益生制药公司业务员签字,但未加盖公章,属不规范之行为,不予采信。就这几句话,输掉了一场官司,不但没要回垫付的4 000万广告费,还要倒拿出已收到的4 000万,另外还要赔偿所谓的退货损失。如果不打这场官司,损失只是4 000万,打了官司却要损失上亿,天底下哪有这种怪事,真叫人又气又好笑,但又无可奈何。

我知道犯了大错,闯了大祸,咎由自取,已经想到辞职谢罪。可是现在不是时候,因为我是当事人,上诉必须由我出面,这也是我的责任。我多么希望打赢二审啊!

05

谢云华

范正欣给我订了由广州飞往常海的班机，我乘出租车从珠海赶往广州，如果飞机不延误，夜里十一点整抵达常海。我把广告公司败诉的事告诉了范正欣，他来集团法务部之前，是广告公司办公室主任。范正欣听了连连摇头，唏嘘不已，说早就发现赵莹有问题，太天真，太理想化，恐怕她出事，现在果然出事了。他问我打二审有把握吗，我摇摇头，他又说这下赵莹可惨了，我感觉他似乎有点幸灾乐祸，难道他和赵莹有过节？

向德先董事长几次当我面夸范正欣，说他才三十出头，具有超年龄的成熟和稳重，嘱咐我加以调教和培养。我也看出范正欣的聪明，他虽然不是学法律的，但是肯钻研，读了不少法律方面的书籍，而且能说会道，不过我隐隐觉得他不够踏实，有点好高骛远。这次来珠海谈判，他在桌上发言最多，理论上确实有一套，倒是把对方镇住了。我理解年轻人的上进心，也认为他是可造之才，假以时日，走正道，积累实践经验，可以接我的班，这也是向董事长的意思。我毕竟六十出头了，工作繁重，也感到累了，考虑最多再干两年就退了。

飞机还是晚点了，降落常海机场已经过了十二点，司机来接，送我到家已是凌晨一点多。我洗了澡便上床睡觉，并调好闹钟，依然像往常那样六点起床。我没要司机来接,因为他也很晚回家,让他多睡一会。吃过妻子做的早点,乘地铁加步行一段路到集团,向德先已经在办公室了,看见我便迎上来,握住我的手连声说:"谢主任,辛苦了,辛苦了。"

我说:"没什么,还好,还好。"

他把我让到沙发上坐下,问我喝茶还是喝咖啡,我答就喝茶吧。他说今天请您喝功夫茶,是上好的铁观音,我们边喝边聊。

向德先亲自泡茶,一套动作像模像样,并吩咐秘书李建成,不许任何人来打扰。他给我斟上茶,我端杯品了一口,清香淡雅,回味甘醇,确实是好茶。向德先说:"谢主任,您觉得这茶不错的话,一会带些走,我这里有。"

我摆摆手说:"董事长,别客气,我家里有茶,还是谈正题吧。"

"不急不急,先喝一会茶。"向德先说。

喝了一会茶,我主动谈正题,说:"董事长,赵莹给我打过电话,案子情况了解了一些,想看一看判决书。"

"谢主任,我想到了,赵莹肯定会给您打电话,搬救兵。"向德先沉下脸,"您看看这个赵莹,简直太不像话了,做出这种事情来,简直胆大包天,我都不敢相信。"

我没出声。

向德先又说:"这个官司完全是因为她私自垫款引起的,如果不垫资,什么事都没有,责任全部在她身上。"

我说:"董事长,现在追究责任,为时尚早,目前应该集中精力,全力准备打二审。我想看看判决书上怎么说,有没有什么问题。"

向德先拿来判决书,我一页一页认真地看,习惯性地摸出香烟,刚要点火,一想不对,董事长办公室不准抽烟,便放下了。

向德先从我手里拿去打火机,亲自替我点烟:"谢主任,您抽您抽,我给您在我办公室抽烟的特权。"

我朝他歉意地笑了笑说:"向董事长,对不起,我烟瘾大。"

向德先连说几声"没关系",然后拿起手机,示意我出去打电话。

我抽了三支烟,看完了十几页的判决书,掩卷沉思。

向德先回到办公室,给我换了杯热茶,问我看出什么问题没有。

我说:"向董事长,您注意了吗,这份判决书的最后一句话,我看有点蹊跷。"

向德先马上问:"哪句话?"

我把判决书翻到最后一页,指着后面一句话:"本判决由院审判委员会决定。"

向德先看着我:"这没问题啊。"

我摇摇头:"不,有问题。法院的判决书一般不会这样写,这样写就说明有问题了。"

向德先又问:"说明什么问题?"

我答:"一般判决书都不会这么写,除非审判长和合议庭持有不同意见,要求说明判决由院审判委员会决定,不然不会写这句话。"

"我倒是没注意,您这么一说,对了,有道理。"向德先朝我伸出拇指,"谢主任,不愧是老法官,一看就明白了。"

我说:"如果一审合议庭确实有不同意见,是好事,但也是坏事。好的方面,说明法院内部对这个案子有争议;不好的方面,说明这个案子有人干预,而且不是一般人。"

向德先沉思了一会:"谢主任,我有个问题,法院对签过字的广告内容,这么重要的证据不采信,能站住脚吗?"

我答:"这个问题我也注意到了,法院认为这是不规范行为,不予采信,勉强说得过去,法官有权这样认定。"

向德先叹了口气:"谢主任,看来这个官司正常打是打不赢的,您想想办法,看看能不能找到关系。"

我说:"庆远那边我没熟人,即使通过关系找到人,也不一定有作用,因为这个案子一般法官说不上话。"

向德先感慨地点点头:"是啊,我也这么想的,这个关系不容易找。如果在常海,您我都会有办法,可是在庆远,鞭长莫及啊!"

"向董事长,先不说这些了,上诉时间有限,要准备起来。我考虑再请一个常海的律师,加强辩护力量,再说上诉状也要起草了。"

向德先马上接口:"我认识常海律师界的泰斗方知行,方大律师,我找他,没问题。"

"方律师我知道,但是年纪大了,已经不出庭应诉了。"

"他有很多弟子,个个都厉害,我让他挑个最好的,您放心。"

我站起身:"那好,尽快办理委托手续,可以开始工作了。我回办公室了,再想想。"

向德先握住我的手:"谢主任,这个官司就拜托您了,无论如何想想办法,找找关系,该打点的就打点,而且必须打点,不要怕花钱。"

回到自己的办公室,刚坐下,李建成就送来两盒铁观音,我请他代我谢谢董事长。李建成告诉我,董事长急得在办公室里来回走,直打转,我又何尝不急呢。李建成走了以后,我沉思了很久。作为一个老法官,理应相信法律,捍卫法律的尊严,可是我又不得不承认,这个案子正如向德先所言,正常打是打不赢的,必须想办法,找关系,这是现实啊!我从抽屉里翻出通讯录来看,各地法院的人差不多都有,偏偏没有庆远市高级法院的。

中午没去食堂吃饭,仍然默默地坐着。脑子忽然跳出一个人来,常海高院行政处副处长兼接待科长郑鸿建。此人长期搞接待工作,结识不少法院领导,庆远市高院是否有关系?我立即拨打郑鸿建办公室的电话,通了,他接听。我说:"郑处长,您好,我是老谢,谢云华。"

郑鸿建没有马上接话,愣了愣,然后用夸张的口气说:"哟,老谢啊,听说你在自立集团高就,拿年薪,配专车,怎么想起来给我打电话啦?"

我连声说:"打住打住,别说笑话了,有事情找您。"

"什么事?"

"庆远高院有熟人吗?"

他答:"有啊。"

我说:"一般干警不行,要在位的,有职有权的。"

他说:"老谢,你先告诉我什么事,我再找什么人。我懂什么人办什么事,反正我都有。"

我故意问:"能找到院长吗?"

他毫不犹豫地答:"能啊。"

我再问:"真的?"

他反问:"老谢,我什么时候跟你说过假话?"

我说:"那好,找个地方喝茶,聊一聊。"

他说:"喝什么茶嘛,晚上喝酒。"

我说:"也好,只能舍命陪君子了。"

他哈哈大笑:"好,晚上六点,我把地址发你手机上,不见不散。"

挂掉电话,我想还真巧了,找对人了,而且我相信他不会说假话。郑鸿建是从部队转业到法院的,开始就在接待科,正科级科员,很能干,很勤快,还像部队那样,服从命令听指挥。他特别适合做接待工作,似乎天生就是干这个的,他还擅长揣摩领导意思,办事能力也强,对上对下,对内对外,分寸拿捏得恰到好处,左右逢源。他看似豪爽,大大咧咧,其实心思很细,内在的精明被粗放的外表所掩饰,院长、副院长有时意见未必一致,但对他一致说好,充分肯定。他提升科长,两年职务期满,马上提副处长,还要他兼科长,似乎常海高院接待科没他不行。

  我和他谈不上深交，但比一般同事关系略好一些。他有事也来找过我，我在可行的范围里给予方便，彼此还算谈得来。我当民庭庭长时，招待新疆高院民庭一行，晓得新疆人能喝酒，特地叫上郑鸿建。那次我真开眼了，他用大玻璃杯喝茅台，一杯足有半斤，连喝三杯，硬是把一个新疆小伙子喝趴下了。我被挂起来赋闲以后，他来看过我，关上门说了一段话。他说："老谢啊，你真糊涂，那么多年的书白读了，我们国家不搞三权分立那套，党领导一切，你听话不就得了。识时务者为俊杰，现在哪个不为自己想，能捞就捞点，过了这个村就没那个店了，你好好想想吧。"

  我并不认同他的话，但不得不承认，他文化程度虽然不高，但他读懂了社会这部大书，而且运用自如。

  郑鸿建说能找到庆远高院院长，我信，但是找到并不等于能解决问题，这是两个概念。我想先摸摸底，看看他和庆远那边是什么关系，一切有待晚上面谈。我也想到不能空着手去，要备些礼品，他也抽烟，就带几条中华烟吧。

06

郑鸿建

院里分发水果，有葡萄，有荔枝，还有水蜜桃和苹果，我给院长和几位副院长，各样品种都装上一箱，交给他们的司机。这几个司机都是我的小兄弟，但我从来不跟他们打听什么，犯忌，但他们会主动给我透点风声。党组成员、政治部田主任的一份，我亲自送去，因为田主任打电话来，让我去一次。田主任的儿子办喜事，要我帮着订酒店，我立马报出几家，还逐个介绍了一番，供田主任挑选。田主任挥挥手说，"别啰嗦了，这事就交给你办。"我当然保证让领导满意放心。

刚回到办公室，电话铃就响了，没想到是老谢打来的，要我找庆远高院的关系。我接待过庆远高院的几位庭长，一直有联系，包括各省市法院的一些朋友，我都保持关系，以备可用之时。去年，最高法院在常海召开全国高院院长会议，会址就是我们常海高院的法官培训中心，我陪庆远高院钟盛道院长吃过饭，还留了名片和手机号码。老谢没告诉我什么事，我想一般问题找几个庭长朋友就能解决，如果是大事，要动用院长一级，凭我和钟院长一面之交，那是根本不行的。不过我有办法，可以通过一个特殊人物，庆远高院职权内的任何事，这个人都可以搞定。

我愿意为老谢办事，因为他这个人总体不错，也帮过我的忙。有段时间,传闻谢云华要高升,凭他的资历和业务能力,大家都猜测他可能提副院长,我也有意多接近他。可是谁都没有想到,他从党校学习回来,没升反降,当了个无职无权的调研员。我很失望,但不明就里。一次田主任在办公室里讲话被我听到,老谢办案得罪了上面,彻底没戏了。他一气之下离开法院。走得也对,他在自立集团很风光,拿年薪,配专车,一年收入抵我好几年。这次要我帮忙,我要看什么事,小事可以讲点交情,大事按行情来,反正自立集团有的是钱。

我先给田主任办事,接着又给舒雅萍打电话,告诉她晚上来吃饭,留一个小包间,就两个人,然后把位置图发给谢云华:雅萍私房菜馆。

下了班就去饭店。没到约定时间,我倚在门边上,脸朝外,一面等着谢云华,一面和舒雅萍说闲话。菜馆招牌挂在外面路口,实际饭店在巷子里面,是一幢三层楼的私房,装修风格古色古香,很雅致。我第一次来,是朋友请吃饭,这里菜做得很地道,真正色香味俱全,常海恐难再找第二家。后来我又来了几回,和女老板舒雅萍也熟了。这个少妇很漂亮,风姿绰约,看见她就想到秀色可餐这句话。她和饭店合伙人发生纠纷,打起官司来了,我全力支持她,争取到对她有利的判决,原王家私房菜馆改成雅萍私房菜馆。我还发动朋友,和我沾边的所有人,都到菜馆来消费。菜肴确实好,服务也到位,名声渐渐就出来了,生意越做越好。她除了会做菜,还喜欢收藏字画文玩,这和她的家庭有关,她祖父是画家,但不怎么有名。

一辆黑色奥迪开进巷子里,谢云华从车上下来,手里提着一包东西。我马上迎去,握住他的手,连声说"久违了,久违了。"我介绍老谢,"原高院民庭庭长,现任自立集团法务部主任",舒雅萍满面笑容,躬身致意,然后把我们引领到楼上包间,殷勤地让座、上茶。不一会,四色冷菜上桌,还拿了瓶年份茅台酒来。舒雅萍边斟酒边微笑着说:"今天谢主任贵客光临,我亲自下厨炒两个菜,聊表敬意。两位请慢用,我不打扰。"

谢云华拱拱手道:"舒老板,谢谢,谢谢,我沾郑处长的光,有口福享受。"

舒雅萍离开以后,谢云华便把手里的包递来,我一看是几条软中华香烟,故意沉下脸说:"老谢,我们都是自己人,用不着这样,见外了。"

谢云华摆摆手:"就是因为自己人,我就带点烟来,算不上什么,来日方长。"

我听懂他话里的意思,举起酒杯说:"老谢,我先敬你一杯,我们快两年没见面了,看你现在红光满面,精气神都好,我很高兴。来,干一杯吧。"

谢云华和我碰了杯,然后说:"郑处长,您知道我不会喝酒,就意思意思,您尽兴喝。"

我知道他不喝酒,也不在乎,喝了几杯酒,说了几句家常话,便进入正题。我问:"老谢,你在庆远有什么麻烦事?"

谢云华把自立广告公司在庆远打官司的情况讲了一遍,一审败诉,案值上亿。我不动声色,心里暗暗窃喜,果然是大事啊!

热菜上来了,水晶虾仁,滑炒双菇,是舒雅萍亲自下厨做的拿手菜。她来敬酒,也想陪我们坐一会,我用眼睛示意她出去。

舒雅萍刚走,谢云华马上问:"您不是说能找到庆远高院院长吗?"

我早有准备,拿出钟盛道院长的名片。他接过去看了看,没出声,抬眼看着我。我自然明白,他想了解我和钟院长是什么关系。

我说:"老谢,真人面前不讲假话,何况你是老法官,什么都瞒不了你,我实话实说。去年全国高院院长会议,我接待庆远高院钟院长,还在一张桌子上吃过饭。但是我很清楚,凭这点关系,要搞定上亿的案子,根本不可能。"

谢云华点点头,脸色凝重起来。

我接着说:"老谢,你别急,条条道路通罗马,我可以给你找到一个人,只要这个人出马,绝对搞定。"

谢云华摇摇头:"哪有什么绝对的事情,除非神仙下凡来了。"

我举起手一字一句地说:"我说的这个人,目前对你们自立集团而言,那就是神仙。"

谢云华问:"他是什么人?"

我笑了笑:"暂时还不能说。"

谢云华有点不悦:"郑处长,您什么意思啊?"

我收敛笑容:"老谢,做事要讲规矩,我现在不能说,自然有我的道理。不过我可以保证,这个人是最合适的,换句话说,只有这个人才能做这件事,绝无第二个。"

"那你总得让我们见一见吧?"

"那是当然,等我消息。"

"上诉期有限,一定要抓紧。"

"就这两天,你放心。"

清蒸江刀鱼来了,接着鱼翅也上桌了。我尽情地享受美味佳肴,老谢却很少动筷子,他的心思不在吃上。我和谢云华没有多少共同语言,谈完正事,找不出什么话说。酒足菜饱,我做样子要买单,老谢当然不会让我破费,刷卡结账,连酒带菜一万多。

我和舒雅萍一起送谢云华上车,他再三叮嘱抓紧,我满口应承。看奥迪车开走了,我也把舒雅萍拽回去了,趁酒兴上床折腾一番,累得气喘吁吁。我倚在床靠上抽烟,考虑下一步怎么做。虽然有难度,但我自信一定能做好。

07

钟盛远

今天周五，妻子王立娟和几个同事去云南丽江旅游，行李早晨上班时就带去了，下午直接从市文联出发。我开车把她们送到机场，丽江那儿有朋友接待，负责王立娟等人的吃住行。这位朋友也是作家，小我几岁，尊我为大哥，上个月我为他新出的散文集作序。

我女儿上大四，读新闻系，已经在常海日报实习，我和主编打了招呼，毕业就留在报社。这几天女儿也不在家，去安徽做新农村调查，妻子、女儿都走了，剩下我"孤家寡人"一个。从机场出来才三点，我想回作协一趟，看看今年加入作协的人员名单，下周一开会讨论审批。上次审批入会，妻弟王立涛塞进两个人，都不符合要求，我做了工作才勉强通过。这次他竟然交给我四个名单，其中一个仅仅发表过几篇"豆腐干"文章。王立涛在常海晚报当编辑，手里有个版面，如同他的一亩三分地，广交朋友，三教九流都有，活得还挺滋润。用他的话说，现在入会不像从前，现在作家也不值钱了，谁想入就入吧。他的话也反映了实际情况，常海市作家协会拥有一千多个会员，还在坚持创作的却寥寥无几，文学早已边缘化了。不过王立涛也有他的长处，作协搞活动，拉赞助，他是主力，回回不落空。

从高架路匝道下来，不远就是常海市作家协会，是一条没有扩建的老路,两旁种植的行道树,是近百年树龄的梧桐。西斜的阳光透过枝叶,洒落在地上,斑斑驳驳。拐过一个弯,便看见了那幢歌德式建筑——常海市作家协会。这幢洋房始建于上世纪三十年代,占地面积超过十亩,前后都有花园,是民国时期一个高官的私宅。常海解放以后,首任市长是一位有诗人气质的领导,力排众议,将这幢楼作为作家协会办公所在。

我在这幢楼里上班已经六年,任驻会副主席,负责日常工作,并兼任创联部主任,是十几个副主席里最年轻的一个,其实也不年轻了。我主要从事小说创作,出过几本书,其中一本经我手改编,拍成了一部家喻户晓的电视连续剧。我喜欢这里的环境,宁静优雅,带壁炉的办公室很宽畅,虽然壁炉早就弃用了。午饭后或倦乏时,到前后花园散散步,观花闻香,不失为一种享受。

手机铃声骤然响起,我看了一眼,来电显示"郑鸿建"。对这个名字似乎有点印象,但想不起是谁,于是一面接听,一面靠边停车。电话那头说:"钟老师,我是常海高院行政处的郑鸿建,去年钟院长来常海开会,我们在一张桌上吃过饭,还记得吗?"

我想起来了,有这么个人,四十多岁的样子,行政处副处长,好像还兼着接待科科长。我说:"郑处长,记得记得。"

郑鸿建说:"钟老师,快一年没见了,我一直记在心里,几次想登门拜访,又恐怕打扰你。最近都好吧?"

我说:"郑处长,谢谢记挂,我……"

这时有敲窗的声音,侧脸一看是交警,我马上摇下窗玻璃。

交警敬了个礼:"你违反了路口不准停车的规定,请出示驾驶证和行驶证。"

我连忙说:"对不起,对不起,因为接个电话,以后注意。"

交警仍然伸出手来。

郑鸿建在电话里喊:"钟老师,怎么啦,怎么啦?"

我答:"路边停车,违章了。"

郑鸿建马上说:"哟,不好意思,不好意思,请把手机给交警,我来跟他说。"

我说:"郑处长,不必了,该怎么处理就怎么处理吧。"

郑鸿建连声道:"别、别,听我的,您把手机给交警,我来跟他说。"

我感觉到郑鸿建的诚恳和急切,便从车上下来,边交出两证边说:"常海高级法院的郑处长请你接一下电话。"

交警犹豫了一下,不太情愿地接听了,然后让我把车停到斑马线上。我把车开过去,熄了火,心里很不自在。而且我也不明白,郑鸿建为什么突然打电话来,我跟他只不过一面之交而已。去年差不多也是这个时候,堂兄来常海开会,我去看望,堂兄留我晚餐,负责接待的就是郑鸿建,倒是很热情,很周到。我还记得,堂兄给了他一张名片,我没留联系方式,他是怎么找到我的?

一辆警车拉响警笛,呼啸而来,停在我的车前面,郑鸿建从车上下来,我也下了车。郑鸿建紧握我的手说:"钟老师,实在对不起,给您添麻烦了。我来解决,请稍等。"

他快步跑到交警那里,说了几句话,交警便把两证给了他,还握了握手。他又快步跑回来,把两证交给我说:"钟老师,让您受惊了,实在不好意思,我要给您赔罪。"

"郑处长,言重了,何罪之有?我应该谢谢您才是。"

"钟老师,无论如何给个面子,一起坐一坐,说几句话,好吗?"

我想拒绝,可是看到郑鸿建的眼睛里充满期待,甚至是请求,就有点不忍了,只能点点头。

08

郑鸿建

钟盛远把他自己的车,开进近在咫尺的作家协会里停好,然后坐上我的警车,朝雅萍私房菜馆驶去。我心里简直乐不可支,事情比想象的顺利很多。

我的工作就是接待各种各样的人,见多识广,尤其擅长察言观色。当时钟盛道院长介绍堂弟钟盛远,著名作家,常海市作家协会副主席,不无自豪,引以为荣,我便看出他们之间的关系非常亲密,印象颇深。但是如果谢云华不来找我,我可能不会想起这个人,因为我和作家没关系,也没有必要发生关系。但谢云华托我找庆远高院的人,我自然想到钟盛道院长,也想到了他的堂弟钟盛远,就像一道灵光在脑子里闪现。我对谢云华没有说大话,而且我敢肯定,只要找到钟盛远,只要他答应出手相助,一定会对案子产生影响,他的作用无可替代。可是我和钟盛远自那次见面以后,再没联系过,连电话号码都不知道。但是找他不难,有名有姓有单位,我向市委宣传部的朋友老丁打听,单位电话、个人手机,连家里的电话号码都拿到了,还得知钟盛远在常海,最近作协没有外出活动事项。我原计划先打个电话,探探口气,如果可能的话,再提出见面的要求。然而意外发生了,犹如神助,两步并成一步,我和他直接见面了,真应该感谢那个交警啊!

从高院赶来的路上,我就给舒雅萍打了电话,要一间最好的包房,有重要客人来。

汽车停在饭店门口,我把司机打发走,舒雅萍从里面迎出来了。我隆重介绍,钟盛远先生,著名作家、常海市作家协会副主席。我把舒雅萍称作表妹,舒雅萍表现出足够的尊重和热情,满面喜色地说:"钟先生大驾光临,小店蓬荜生辉。"

钟盛远倒有点不好意思了,摇摇头说:"舒女士,客气了,客气了。"

我们走进最雅致的一间包房,雕花门窗,顶上悬挂着宫廷式吊灯,一张红木八仙桌,四把明式圈椅。这张桌子原来是八座,舒雅萍接到我电话,已经撤掉四座,显得更加宽畅舒服。墙上的镜框里是一首诗:春水碧于天,画船听雨眠。垆边人似月,皓腕凝霜雪。

钟盛远不无意外:"这里还有胡扬的字啊,不错不错。"

舒雅萍接口道:"钟先生,这幅字是一个朋友送的,不知道是不是真迹。"

钟盛远凑近仔细看了看说:"舒女士,我和胡扬熟悉,是他的字,您放心。"钟盛远指着镜框里的字:"胡扬的书法虽然有他父亲胡松的痕迹,但青出于蓝胜于蓝,他的书法个性特征更鲜明,更彰显。"

舒雅萍听了连连点头,目光里满是敬仰。我不懂字画,但感觉气氛融洽,效果良好。

六色凉菜上桌,荤素搭配,酒是三十年的茅台。钟盛远说:"郑处长,我看没必要喝这么贵的酒,一般茅台就可以了。"

我刚要答话,舒雅萍抢在我前面说:"钟先生,今天见到您,荣幸之至,您还义务为我鉴定字画,我当然应该请您喝最好的酒,算是一点点心意。"

钟盛远微微一笑:"舒女士,您的心意我领了,不过有一句话叫主随客便,请您换一种酒,我喝了也舒服。"

舒雅萍还想坚持,我摆摆手说:"那就听钟先生的吧,换一般的茅台。"

酒换来了,舒雅萍把壶斟酒,我举起杯说:"钟先生,第一次见到您和钟院长,印象就很深,你们是有身份、有地位的人,但是没有一点架子,平易近人。今天有幸第二次见面,非常高兴。希望成为钟先生的朋友,有用得着的地方,钟先生吩咐就是了,我老郑随叫随到。"

钟盛远仍然微微笑了笑:"郑处长,我就是一个写书作文的人,您这么说,我可担待不起。既然来了,那就随意一些。好吗?"

我说:"好,随意,随意,但是这杯酒我要敬您。"

钟盛远和我碰了杯,爽快地一干而尽。

舒雅萍连连给钟盛远夹菜:"钟老师,多吃点菜,多吃点菜。"

钟盛远品尝了几样菜,肯定地点着头说:"哎,这菜味道真不错啊!"

舒雅萍满面笑容:"钟老师,谢谢夸奖,您这么说我比什么都高兴。"

我说:"钟先生,雅萍的爷爷是画家,'文革'时候死了,她爸和她都没传承,父女俩都学了厨艺,所以开饭店。"

舒雅萍有点生气地指着我:"你讲这些干什么?扫兴。"

"现在开饭店也好,把美味带给食客,也是一种享受。不过舒女士有基因遗传,喜欢字画,更是一种修养。"钟盛远说着端起酒杯,"舒女士,为您的厨艺,也为您喜欢中国传统文化,我敬您一杯。"

舒雅萍连忙站起来双手捧杯:"钟老师,我敬您,我敬您。"

气氛开始热起来,两道热菜大明虾和焖烧蹄筋也上来了,热气和香味一起弥漫。钟盛远吃了一块蹄筋,连声称好道:"蹄筋烧得这么入味,而且还保留一点嚼劲,不容易,太好了。"

我说:"钟先生,上次一起吃饭,我看您也喜欢喝酒,而且有酒量。"

钟盛远又习惯性地微微一笑:"我老家是江苏的,靠近山东,那里也有喝酒的风气,我能喝点,也算是遗传基因吧。"

又是两道菜上桌,鲜菇海参和清蒸长江刀鱼,海参上面盖着几片菜叶,青翠碧绿,刀鱼外观完整,但骨刺已经剔除。钟盛远品尝了又称赞道:"好,确实好,以后有应酬,就到这里来。"

我马上说:"雅萍,你记住,钟先生来吃饭,一概免单。"

钟盛远连连摆手:"别这样,别这样,我来吃饭,该怎么就怎么,要不我就不来了。"

我只能说:"好好,钟先生,一切听您的。"

舒雅萍也跟着说:"对,听钟先生的,我心里有数就可以了。"

"别心里有数,该怎么就怎么。"钟盛道说着将目光转向我,"郑处长,您今天来电话,有事吗?"

我原来想多喝点酒,等脸红耳热了再谈正事,这样效果会更好,可是钟盛远发问了,不得不说,反正早晚都要说。于是我把自立集团在庆远打官司的情况,简单扼要地讲了一遍。接着我说:"很明显,一审判决有问题,不公正,自立集团上诉到庆远市高级法院,所以我想请求钟先生帮助,向钟院长反映一下,提一提,希望二审能够公正判决。"

钟盛远略微沉思:"如果情况属实,是判错了,我可以打个电话去,让堂兄关注一下,错了就改,应该没什么问题。"

隔行如隔山,我从他的话里听出,他不了解法院,也不了解目前的司法状况,但这些不重要,重要的是他没有拒绝,答应帮忙了。我做出激动的样子,紧紧握住他的手说:"钟先生,真是太感谢了,太感谢了!"

钟盛远从提包里拿出手机:"我现在就打电话。"

我连忙按住他的手:"钟先生,等一等,等一等,听我说。您给钟院长打电话,要把情况了解清楚,不然一问三不知,反而不好。"

我紧接着说:"钟先生,我了解的情况也不详细,您看是不是和自立集团的人见一面,当面了解一下,避免有误。"

钟盛远朝我看着:"和自立集团的人见面?"

我点点头:"钟先生,我是这样想的,自立集团是当事人,他们知道问题出在哪里,哪里不公正,当面谈一谈,什么都清楚了。"

钟盛远沉思着,表情犹豫,我有点紧张起来,唯恐他拒绝,两眼直直地看着他。

他终于说:"那就见一面吧。"

我心里不由一阵狂喜,拉着舒雅萍站起来敬酒,连连道谢。

这顿饭喝掉两瓶茅台。钟盛远确实能喝,脸虽然有点红了,但神志清醒。我和舒雅萍要送他回家,他坚决不允,自己乘出租车走了。我随即给谢云华打电话,一向稳重的老谢异常兴奋,说踏破铁鞋无觅处,的确找到了最适合的人选,并且叮嘱我尽快安排见面。

我把自己对钟盛远的认识和感觉也告诉了谢云华,这个人通情达理,比较好讲话,但是他不了解法院和现在的司法状况,你要教他怎么说,怎么做。我特别强调:"还有一点很重要,这件事情不是钟盛远一个电话就可以解决的,你们要想办法动员他,让他亲自出面,到庆远去一趟,那就大事告吉了。"

我说:"老谢,你托我的事,我办好了,就算完成任务了。"

谢云华是聪明人,自然明白我的意思。他说:"郑处长,您帮了我们这么大的忙,我们当然要感谢。但是上诉期限紧迫,希望您抓紧落实,定下见面时间,马上通知我,我们安排地点。"

我最后说:"放心,就这两天,我把人交给你,以后就看你们的了。"

09

向德先

我照常八点半到办公室,秘书李建成照常泡茶,照常把日程安排讲了一遍。今天主要事项,上午自立保健品厂刘厂长来,汇报新产品研发情况;下午我去音乐学院,为一位女高音钢琴伴奏。我最近心情不好,想把伴奏的事推掉,可是音乐学院老院长是我的好朋友,非要我去不可,不好意思再推却。

我重视保健产品的生产和研发,很大程度和我发明"自立1号"并由此起家发展有关。我在常海大学化学系当助教时,看到一份材料,国外对保健品很重视,市场占有率很高,而国内几乎是空白,因此意识到开发生产保健品前景广阔。我抱着干一番事业的愿望和理想,毅然辞去教职,研究出有助于胃肠功能的保健品,命名"自立1号",有自立自强的意思,并融资建厂投产。当时的所谓工厂,其实只是一间小作坊,非常简陋,"自立1号"之所以成功,除了产品质量,更主要的因素是起步早,竞争少,很长时间一枝独秀。后来我投资房地产,遭遇亚洲金融风暴,几乎濒临破产,幸好有"自立1号"维持,让我躲过了一劫。

桌上的电话铃响了,是谢云华打来的,他告诉我已经找到关系了,这个人叫钟盛远,是一位作家,也是常海作家协会副主席,他的堂哥就是现任庆远市高级法院院长钟盛道。谢云华虽然用惯常的语气说话,可我还是听出了他的兴奋和喜悦,同样,我听到这个消息也很高兴。从姓名上看,一个钟盛道,一个钟盛远,同一个盛,说明是同一代堂兄弟,关系很近。而且钟盛远自己也有身份、有地位,换言之,有身份、有地位才有话语权。我想钟盛远说出的话,他的堂兄钟院长应该会引起重视,无疑是理想人选。谢云华还说明,找到钟盛远,是托了常海高院行政处副处长郑鸿建,最近就安排见面。我当即表示,要感谢郑处长,而且要重谢。

挂断电话,我在办公室里来回踱步,难掩心情激动,这是一个很好的开端,似乎感觉柳暗花明。我考虑有必要再和谢云华面谈一次,具体商量一下,因为找到关系只是第一步,用好关系,发挥关系的最佳作用,才是最重要的。但我上午和下午的时间都排满了,只有吃中饭这点时间,于是我打电话给谢云华,请他中午到我办公室来,边用餐边谈。

刚放下电话,铃声又响起,这次是范正欣,汇报珠海那边的情况。他说审计报告已经出来,有问题,但没有预料的那么严重,对方承认工作失误。范正欣还说,他提出我方派一名会计常驻珠海,共同记账结算,对方有错在先只能同意。我对范正欣的表现很满意,尤其是我方会计介入,很有必要,给予充分肯定。

刘厂长到了,还带来两位工程师,我们一起开个小会,研究新产品。我首先分析保健品市场,目前竞争异常激烈,不少产品被淘汰,也有不少新产品上架,呈现劣汰优胜的态势。但是我们也看到了,人们对健康的认识和重视不断增强,而且有消费能力进行保健投资,这就是商机。我着重强调研发新产品的迫切性,要求加快研发进度,尽早拿出更优质的保健产品,投入市场。刘厂长和两位工程师汇报,一种调节肝功能的保健品基本研究成功,正在进一步试验。他们还谈了另外一些设想和计划。我讲了一番勉励的话,便早早结束了会议。

接着我给方知行大律师打电话,询问聘请律师的事。方大律师说为我挑了他最好的一个学生,叫宋公明,法理知识和实践经验都很出色,非常能干,随时可以就位。今天都是利好消息,找到了钟盛远这个关系,有了能干的律师宋公明,珠海方面的工作也暂告段落,现在可以集中精力打二审了。我考虑成立一个专门负责打二审的工作组,由谢云华牵头,让范正欣和吴小莉回来参加,作为专案组成员。这件事等谢云华中午来了以后,再行商议确定。

我一直看好范正欣,他头脑灵活,反应快,身上有股钻劲,学什么都快。他来自立集团应聘前,曾给我写过一封信,谈民营企业立足和发展的问题,倒是有些见解,引起我的重视。我派他去广告公司工作,从业务员做起,有意锻炼培养。他干得不错,业务量也做起来了,而且口碑颇好,我很快提拔他当了广告公司办公室主任。我深信如果他还在广告公司,赵莹私自垫款的行为一定会被他阻止。我把他调到集团法务部,考虑接谢云华的班,因为老谢过六十岁了,且几番流露退意。至于吴小莉,有点小问题,曾被公安部门拘留,应聘时人事部不想录用。但是这个姑娘长得非常漂亮,身材高挑,清秀靓丽,而且性格活泼,身上洋溢着一种朝气。我当时说了一句话,这位吴小姐既可做礼仪小姐,也可为集团当广告模特,所以她被录用。吴小莉是学计算机的,大专学历,到专案组当文员,做做记录打打字。还有一个因素,专案组里有个年轻漂亮的姑娘,能提神和活跃气氛,有时带出去办事交涉,往往可以收获意料不到的效果。美丽永远令人向往。

谢云华到了,我和他一起吃午饭,与员工一样的工作餐,只是多了一盆西红柿鸡蛋汤,是秘书李建成让食堂专做的。我把成立专案组的想法对谢云华说了,他表示同意,但提出范正欣当组长,理由是给小范加点压力,多一些历练。他态度坚决,我也只能同意,嘱咐他一定要把好关。谢云华提到赵莹,问专案组怎么没有她,上诉必须由赵莹出面,因为她是当事人。我已经把赵莹排斥在外,但上诉须由她出面,只能暂时让她进专案组,但我再三叮嘱谢云华,但凡重要的事都要保密,不该让赵莹知道的,一概不让她知道。

我赶到音乐学院小礼堂,看到横幅才知道,原来是殷晓燕告别演唱会,现场座无虚席。殷晓燕是常海著名的美声花腔女高音,后来调到音乐学院当声乐教授,我和她熟悉,曾经为她伴奏,也听说她要去美国定居,大概一去不返。老院长拿歌谱给我,都是一些熟悉的歌曲,还说殷晓燕指名要我伴奏。我坐上琴凳,第一首歌《我的太阳》,我的手指娴熟地在琴键上跳跃,弹响前奏,她亮开了歌喉……

我父母都是学音乐的,同届考进中央音乐学院,父亲学声乐,母亲弹钢琴。有一年国庆节,父亲上台独唱,母亲钢琴伴奏,由此相识并相恋。听母亲说,父亲天赋中音歌喉,师从著名歌唱家施宏彬教授,毕业分配到歌剧院当主唱。施宏彬教授被打成右派,我父亲认为这是一起冤案,说了几句鸣不平的话,也被戴上了右派帽子,发配四川劳动改造。当时父母尚未完婚,母亲在一所中学当音乐教师,完全可以重新选择,但她表现出与纤弱外表截然不同的坚定,表明她的观点和爱人一致。打右派有指标,我母亲既然跳出来了,那就凑个数吧,成全两个右派一起去四川。

上世纪六十年代初,我出生在一个偏僻的小山村。母亲分娩的那一刻,外面下大雨,屋里下小雨,父亲顶着塑料布,接生婆把我从母腹里拽出来。由于营养不足,母亲没有奶,父亲用仅剩的一块手表,换我喝了一年羊奶。那几年村里饿死不少人,树皮都被吃光了,我们一家能够活下来,主要靠父母双方的家人接济。后来父亲病倒了,诊断为肝炎,母亲向公社请求回城治疗,公社不准。生产队长一方面出于同情,另一方面也为节省口粮着想,私自放行。我们赶到母亲的老家苏州吴江,辗转几个医院为父亲检查治疗,确诊肝癌,没多久父亲就去世了。母亲在外公外婆的帮助下,开了一个小杂货店,维持生计,抚养我。可是她没躲过"文革"一劫,又被揪出来批斗,剃阴阳头,挂牌游街,终于不堪凌辱,一头扎进太湖,连尸体也没找到。

外公外婆把我养育成人以后相继去世,唯一的舅舅对我不管不问。他早就与我母亲划清界线,要求进步,入了党,提了干。我经历了人生磨难,生活艰辛,世态炎凉,过早地成熟和自立,成为恢复高考以后的第一届大学生,被常海大学化学系录取。读大学期间,我一次都没有回过吴江,因为那里已经没有任何亲人了。有一年除夕夜,同学们都回家了,宿舍里只有我一个人,翻来覆去睡不着,想念父母,想念最疼我的外公外婆,忍不住泪流满面。不知从哪里飘来一阵钢琴声,节奏深沉缓慢,却很有力量,仿佛每一个音符都敲击在心灵上,当时不知道这就是著名的《安魂曲》。除夕夜的那首乐曲,使我产生了学钢琴的愿望,而且非常强烈。

毕业留校当教师,我省吃俭用,攒够了买一台旧钢琴的钱。出售琴的人是位女士,希望顺利成交,主动免费教授,一周一次,为期半年。最后一次教学,女士带来了一大摞琴谱。她说教过许多学生,年龄最大的是我,对钢琴最有灵性的也是我,愿意把琴谱赠送给我。女士年龄和我母亲相仿,我在她身上似乎看到了母亲的影子,此后经常去看望,直到她谢世。我一直用这台钢琴,因为它对我的意义超出了钢琴本身。抑或得益于父母的音乐细胞遗传,我的弹奏水平堪比专业钢琴家。音乐学院老院长几番鼓动我开独奏音乐会,但我无意登台,学琴很大程度是出于对母亲的纪念。

殷晓燕告别演唱会在热烈的掌声中闭幕,老院长和殷晓燕再三留我晚餐,我婉言谢绝了。

10

范正欣

谢云华主任来电话,要我和吴小莉回常海。在他来电之前,我们已经在做返回的准备了。谢云华在电话里说,因为广告公司上诉打二审,成立一个专案组,等我们到了就开会布置。我立即订机票,赶上当晚的班机。吴小莉爱好文学,想去文天祥诗里写的惶恐滩和零丁洋看一看,这下去不成了。她半认真半调侃地说,你们领导开会"殃及池鱼"。

飞机在常海机场降落时已经是深夜了,谢云华主任的司机来接,分别送我们回家,并通知明天上午九点在董事长办公室开会,还特地交待吴小莉也参加。

我到家时,妻子陈菊和儿子已经睡了。我没惊动他们,洗了把澡,还没有睡意,坐在客厅的沙发上。广告公司打官司的情况我已基本了解,我的看法和向德先董事长的分析完全一致,关键问题出在赵莹私自垫款。事到如今,我认为董事长当时把我调到集团法务部是一个错误,我不愿去,但又不敢违逆董事长的命令。不过我敢肯定,如果我继续在广告公司,这件事就不会发生。

我毕业于常海理工大学机械设计系,这个专业出来找工作难,好不容易找到一家,但单位效益不好。当下学非所用的现象比比皆是,有主观原因,也有客观因素,发展不够平衡是主要症结。我考虑再三,选择了自立集团,虽然是民营企业,但已经上市,是上市公司,特别是管理层,工资高,待遇好。应聘面试之前,我贸然给向德先董事长写了一封自荐信,其中谈到民营企业的发展问题,我指出当下的市场经济体制,以政府为主导,央企和国企拥有主要资源,这种状态将持续相当长的时期。而民营企业的立足和发展,应该扬长避短,选择科学技术含量较高的项目。我提出建议,在研发生产保健品的现有基础上,向生化制药方向发展。我还谈到社会结构和关系问题,中国式的市场经济,最显著的特征就是人脉关系,不少成功的企业,就是充分利用人脉关系,在关系的基础上得以发展。

那天面试结束,我和其他人没有两样,回去等通知。走到大门口时,有个人追上来,说董事长要见我。那一刻我真的很激动。向德先董事长在办公室接见我,他没提及我写的信,直接问我为什么应聘自立集团。我坦言自立集团是上市公司,比较规范,工资也比一般企业高。向董事长问我家庭情况,我实话实说,父母都是农民,为我上大学背了不少债,家里还有上学的弟弟妹妹,经济压力很大。向董事长注视了我好一阵,然后说好钢是淬炼出来的,人才是培养出来,如果你不反对的话,先到企业去锻炼锻炼。

我应聘管理岗位,却被派到自立广告公司,做一个普通的业务员,就是到处去拉广告的人。我在常海举目无亲,同学也各自东西,找不到任何关系,跑了一个多月,没拉到一笔业务。我觉得待不下去了,产生跳槽的念头,恰恰同学邹强来电话,他到常海来了,约我见面喝酒。我和邹强既是同学,又是棋友,我是围棋业余六段,邹强则是刚入门,但棋瘾大,稍有空闲就缠着我下棋。我陪他下棋有个好处,能吃到各种精致的零食,大多是进口的。大三时他转学走了,偶尔通个电话,知道他在北京。那天见面喝酒时,我讲了自己的情况,很苦闷,他笑着说围棋高手怎么沦落到拉广告啦。第二天他又来电话,让我去一家公司签订广告合同。我去了，果然拿到一笔业务。他离开常海前一天，还带我去了一家大型央企，当场签下一个大单，长期代理广告，那些老总对他恭恭敬敬。后来我才知道，他拥有显赫的家世，上大学时用化名，现在一个重要部门任职。知道这些就不奇怪了，我根本无能企及甚至连想都不敢想的事，在他则是信手拈来，不费吹灰之力，更让我惊讶的是，同学三年他居然深藏不露。

我的业务就这样开展起来了。拿到第一笔提成时，眼睛都直了，从来没有见这么多的钱，而且钱竟然这么好赚！半年以后，我当了广告公司办公室主任，但仍然做业务，拿提成。家里的债还清了，老宅翻新了，还加盖了一层。我也结婚了，娶的还是常海姑娘。女方家条件好，拿出首付款，购买了婚房，我负责每个月还贷。

广告公司不设副总，赵莹之下，就是我这个办公室主任。我和赵莹看似配合默契，一团和气，其实我内心里对她有意见。公司明文规定业务按比例提成，用意在于激励员工的积极性，事实证明行之有效。赵莹也做业务，而且量还不小，但是她却不拿提成。我不认为这是高尚，因为她什么都有了，什么都不缺，可以不在乎提成，饱汉不知饿汉饥，而我，以及属于我这个群体的人，什么都没有，什么都缺。我们寒窗苦读，希望通过上大学这一条路，改变自己的命运。我们要收回上学成本，还要多赚钱，才能改善自己和家人的生活，这点要求不为过。因此，我的态度很明确，你赵莹不要提成是你的事，我们该拿的照拿。你想清高，视金钱如粪土，我没意见，但不要动我的奶酪。这是我的底线。

向董事长调我到集团去，我很不愿意，因为收入相比少了一大截。这次赵莹出问题，还是大问题，让我看到了重返广告公司的机会。我想如果可以回去的话，当然不会是办公室主任了，而是取赵莹而代之，担任总经理。

11

吴小莉

我走进家里,看见我爸妈卧室的门没关,我想他们一定是在等我。我提着旅行箱轻轻走过,尽量不出声,可是我妈还是听见了。她走出来说给我留了饭,我说在珠海回来的飞机上已经吃过了,让她快去睡觉,不用管我。

我进自己的房间,头磕到悬挂在过道上的电视机。我多次跟我爸说,让他把电视机搬到房间里去。可是我爸不同意,因为他习惯了边喝酒边看电视,待在饭桌上的时间比较长,也是他唯一的享受。两室户的住房,没有厅,利用过道放张吃饭的桌子,电视机只能挂在墙上。

我到卫生间洗澡,对着镜子,将盘起的发髻松开,一头长发直泻而下,垂落到腰间。我把头发盘起来,是想显得成熟一些,别把我看成是刚出校门的小姑娘。我脱去内衣,看着镜子里的自己,肌肤洁白光润,降起的乳房丰满而坚挺,上腹和下腹一样平坦,私处浓黑茂密,充满青春活力。我遗传了父母的优点,天生丽质,上中学和高中,就有不少男生追求,但我从来没有动过心。

我的家庭情况特殊,父亲由于小儿麻痹症留下后遗症,瘸了一条腿,是残疾人。但他相貌堂堂,称得上英俊,在女多男少的纺织工厂当机修工,一个漂亮的女工看上了他。可是他不敢答应,认为自己配不上,这个女工却认定了他,非他不嫁。这个女工就是我的妈妈。我上高二时,纺织厂面临停产或转产,大批工人下岗,我的爸爸妈妈也在下岗之列,家里生活无可避免地受到影响。我爸把烟戒掉,酒也少喝了,要喝也是买最便宜的。母亲出去当钟点工,起早摸黑,奔忙在几户人家之间。一天起早出门,下楼梯时不慎一脚踏空,摔下来,造成腰椎骨折,幸好没伤到神经,在床上躺了几个月。就是那段难熬的日子,我实在看不下去,跑到KTV坐台,陪唱歌陪喝酒,赚钱补贴家用。我骗爸妈说在一个同学家开的酒吧里帮忙,保证不影响学习,父母虽然不赞成,但也无奈,我赚来的钱缓解了家里的困难。

　　娱乐场所,难免有人想入非非,动手动脚。有个老板常来,每来必点名要我陪。有次他喝多了,强行把我搂进怀里,要我做他的情人,条件任我提。我用力挣扎,踢倒了沙发前面的茶几,酒瓶和酒杯摔到地上,声音很响。有个人跑进来,一把将老板拽开,拉着我就跑。穿过长长的过道,跑到灯光明亮的前厅,我没看那人一眼,甩开他的手,坐到一旁的椅子上喘息。那人过来问我"没事吧?"我这才打量他一眼,是个年轻的小伙子,细细高高,有一双清澈的眼睛。我没理会他,转身便走,到深夜下班时,他却在外面等我。他自我介绍叫金一,是常海大学二年级学生,然后提出送我回家。我看他很诚恳的样子,不像坏人,就上了他的车。路上我和他都没说话,沉默着,临下车时他问我手机号码,我笑了笑,没答话,推开车门就走了。

　　第二天下班,他又在外面等我,又送我回家。他说我小小年纪,不应该来这种地方。我反问他,那你怎么也来了?他告诉我是为一个同学过生日,聚在一起唱唱歌,也是唯一的一次,以后不会再来。我说你既然看不起我这种人,为什么还跑来送我?他朝我笑了笑说,这种地方不好,但不是你不好,你很清纯,跟这种地方格格不入。我沉默了,想着想着,眼泪忍不住夺眶而出,他拿纸巾给我,临下车又问手机号码,我便给了他。

从此以后,他每天要来接我,把我送到家,再赶回学校去。我提出不要他送,因为这样太辛苦,他说除非你不来这种地方上班,不然我不放心。我对他讲了家里的情况,明年考大学,要准备学费,不能不来上班。他认真地对我说,你只要考上大学,学费不是问题,他为我解决,我自然拒绝了,丝毫没有要他钱的想法,但心里感到很温暖。那天月亮很亮,我和他坐在江边,风有点大,我依偎在他怀里,他吻了我。我们就这样相爱了,彼此都是初恋,相互爱得很深,每天都要见一面,不然我会想他,他也会想我。

一天正上课,校长来到教室里,把我叫出去。一个中年男人站在楼道口,上下打量我,目光里透出一种威严。中年男人对我说,受金一父亲委托,找你谈一谈,你必须和金一断绝一切来往。我不知道他是什么人,沉默着。校长指着我说,你本来成绩就不好,还有时间谈恋爱?而且跟金一谈恋爱!我心里想跟金一又怎么了?中年男人严肃地说,我们对你的情况很了解,你在夜总会坐台,如果不想让同学知道,不想被学校处理,赶快离开金一,从此不要再见面。我心里真有点害怕了,这是一个什么人,连校长都对他毕恭毕敬,但我仍然一句话也不说,始终沉默着。

当天我没去KTV上班,把手机也关了。第二天去上学,金一在我家楼下等着,我没理他。他跟上来问怎么了,我不回答,他拦在我前面,不让我走,问到底怎么了?我没好气地说,回家问你爸去。他愣了愣,很快反应过来,说我爸找你去了?接着他又说不对呀,我爸这两天没在家,出去开会了。这时恰好一辆公交车靠站,我立即跑过去,跳上车,金一也跑来了,但是晚了一步,车门关上了。我看见他站在路边,满脸失落的神情,我的心也痛了。

过了好几天,我才去上班,金一仍然等着我,他说每天都在等我,今天终于等到了。我虽然想好了,不再和他来往,可是那一刻却不能自主,我和他紧紧地拥抱在一起。他说对不起,是他爸叫人找了我,但是阻止不了他爱我。他还发誓永远爱我,永远不分开,我也真心爱他,谁都不能把我们分开!为了不让他家人知道,我不让他来接我,见面的时间也减少了,每周一次。每次见面都更加热烈,更加难分难舍,爱情的烈焰在我们年轻的心灵熊熊燃烧。

很快到了暑假,金一说去贵州旅游避暑,好好玩一玩,还订了机票。我从未坐过飞机,很期待也很高兴。临走的前一天晚上,我跟领班请了假。偏偏那天警察来扫黄,把所有人都带到公安局,我被审了几次,还挨了打,要我承认参与卖淫。我没有做过的事情,当然不会认,被拘留了十五天,行政处罚最高限。从拘留所里出来,我就给金一打电话,可是被告知拨打的号码是空号。金一也没给我来过电话,从我被抓那天开始,一切便自然而然地结束了,从此再无音信。

我不去KTV上班了,一心准备明年高考,将来可以找到工作,把家里的担子挑起来。我发奋学习,突击补习最弱的数学和英语,渐渐把金一淡忘了。可是他却来信了,说他父母背着他办好留学手续,在美国的舅舅专程赶回来,几乎是把他绑架上飞机。他说现实是冷酷的,抗拒不了,但我永远在他心里。他最后告诉我,抓我与他父亲有关,他深感内疚,再三道歉。其实我早就知道这回事,也了解他父亲的身份,我和他属于两个阶层,两种完全不同的人生,犹如云壤之别。我把他的信烧了,我要彻底忘记那段过往,彻底忘掉那个人。

我考上了工程技术大学计算机系,属于大专,三年学制。毕业前,我就开始投档找工作,因为被拘留过,有污点,许多单位不接受。不过还算有点运气,到自立集团应聘,一次面试就录用了。我很珍惜这份职业,努力工作,多赚些钱,让我爸妈生活得好一些。

12

向德先

今天上午在我的办公室，召开专案组第一次会议，我和谢云华隔着长方形的茶几，面对面坐在两张单人沙发上，范正欣和吴小莉、赵莹，三个人坐在中间的长沙发上。秘书李建成已经泡上茶，每人一杯，复印的判决书人手一份。范正欣和吴小莉低头看着判决书，赵莹的位置挨着谢云华，两人小声说着什么。我用手指在茶几上敲了几下，像弹钢琴那样，范正欣马上抬头看着我，并且用臂弯推了推吴小莉，吴小莉也抬起头来，唯独赵莹还在说话。我扫了她一眼说开会了，她才停下来，把目光转向我。

我说："今天把大家请来，开个小会，就说一件事，广告公司在庆远打官司，一审败诉，现在准备上诉打二审。我和谢主任商量，决定成立一个专门负责这项工作的小组，在座各位都是小组成员，组长范正欣，副组长谢云华。"

范正欣一脸意外和惊愕的神色，正想说话，我朝他摆摆手。

我接着说："小范，让你当组长，是谢主任提出的，给你锻炼的机会。"

范正欣连忙站起身："董事长，谢主任，感谢你们对我的信任，但是我怕胜任不了。"

"小范,你不要有压力,二审结果怎么样,现在谁都说不准,但是要尽最大努力。你要尊重谢主任,有事多问,多请教。"我说着扫了赵莹一眼,"我们力争打赢二审,不仅仅是挽回损失的问题,我们是上市公司,如果官司输掉一个多亿,年度报表怎么做?股民怎么看我们?这才是真正的大问题啊!"

范正欣点点头,但我看出他似乎并不高兴。

我把目光转向谢云华说:"谢主任,您谈谈。"

谢云华沉思了一会说:"我就事论事,讲讲案子。这几天我在考虑,我们上诉的理由是什么?刚才和赵总交换了一下意见,这个案子的焦点在两个方面:一、证据问题,二、重复处罚问题。我先说证据问题。对我们有利的证据,就是益生公司代表签过字的广告内容,如果这个证据成立,所谓扩大药用效果,以及所有责任都与我们无关。可是法院对这个证据不予采信,理由是没有加盖公章,属于不规范行为。我再说重复处罚问题,民法通则规定,一种错误原则上只能一种处罚,但是这个判决既不支持归还垫款,还要返还已经支付的4 000万广告费,又要赔偿退货损失,明显属于重复处罚。因此我个人认为,继续强调那张签过字的证据,已经没有意义了,我们上诉的重点,应该放在重复处罚方面,这样做有理有据,符合法理和有关法律条款。"

我点点头说:"谢主任,您分析得完全正确,上诉的重点就放在重复处罚这个问题上。"

赵莹举起手说:"董事长,我想说几句话,可以吗?"

我略微颔首。

赵莹情绪激动地说:"我同意谢主任的意见,上诉重点放在重复处罚上,但是关于那张证据,我想补充几句。法院和法官难道不懂吗?作为广告公司,完全没有必要冒险扩大药效,只有药品生产厂家想这么做,扩大药用效果,达到销售目的,这是正常人都理解的问题,可是偏偏法院不理解,抓住没有盖章的小问题,以偏概全,显然不正常。还有一点,当时审判长在调解时明确表态,广告公司承担部分责任,也就是承担垫付出去的4 000万,如果不接受调解就判决,也是这么判。可是后来判决结果变成现在这样,完全脱离了当时的调解方案。现在这个判决完全不公正,我不服,就是打到北京最高法院,也要打下去。"

范正欣说:"赵总,打官司输的人都不服,但不服又能怎么样呢?法律规定二审制,二审是终审判决,如果二审输了,法院就可以强制执行。"

赵莹马上接口:"范副主任,照你的意思,庆远法院就可以一手遮天了?"

范正欣还要说话,谢云华朝他摆摆手:"小范,你要理解赵总的心情,她讲的问题,也有一定道理。判决书上有句话,不知道你注意了没有?"

范正欣迟疑了一下:"谢主任,我刚拿到判决书,还没仔细看。"

谢云华说:"判决书后面有句话,本判决由院审判委员会决定。"

范正欣把判决书翻到最后,看了看,没出声。

我有点不悦,谢云华处处维护赵莹,过头了。

谢云华又说:"判决书一般不会这么写,这么写就一定有原因。刚才赵总讲了审判长的调解方案,我们垫出去的4 000万拿不回来了,代表合议庭的判决意见,但现在判决是一个多亿,说明这个判决是审判委员会的意见。"

范正欣说:"谢主任,我也看出来了,但是这改变不了什么,仍然是一审法院的判决。"

谢云华微微一笑:"小范,你是聪明人,法院内部意见分歧,不是铁板一块,说明判决有问题啊。"

我明白谢云华分析得对,是这么回事,但我心里已经有底了,这个官司要想打赢,唯一途径就是钟盛远。我把目光转向吴小莉:"吴小姐,大家都说了,就你没说,你也讲几句。"

吴小莉连连摇头:"董事长,我不懂,我就听听,学习学习。"

我心里想她还挺乖巧,说话也得体。

谢云华问:"向董事长,律师定下来了吗?要准备起草上诉状。"

"定下来了,这个律师叫宋公明,和《水浒》里那个宋公明的名字一样。"我说着转向范正欣,"小范,一会我把他的电话给你,你跟他联系,把代理合同签了,马上写上诉状。"

范正欣连连点头:"好的,我会后就跟他联系。"

我把目光转向谢云华:"谢主任,您还有什么要说的?"

谢云华摇摇头。

我说:"那就散会吧,请谢主任和范副主任留一留。"

赵莹站起来:"董事长,我想占用您一点时间,跟您谈一谈。"

我沉下脸:"改日吧,你先回去。"

赵莹悻悻地走出办公室。

我微笑着和吴小莉握手:"吴小姐,好好工作,有什么事随时可以来找我。"

吴小莉道谢,很激动的表情。

我把谢云华和范正欣留下来,是商量和钟盛远见面的事,不想让赵莹知道;而且我还考虑,去庆远办完上诉手续以后,就让赵莹回来,离开专案组。我这么考虑有我的道理,现在请托办事,是要打点的,小事小打点,大事大打点,这种事情知道的人越少越好。我去赵莹意已决,范正欣不会有异议,问题是谢云华,目前正是用他之际,不能轻易得罪他啊。

我和谢云华、范正欣三个人又坐下,李建成把茶也换了,铁观音香气飘绕。

我对范正欣说:"小范,有件事情告诉你,谢主任通过常海高院的关系,找到了庆远高院院长钟盛道的堂弟、常海作家协会副主席钟盛远,是个名人。"

范正欣既惊且喜:"真的,那太好了,太好了!找到这种关系,打二审就有希望了。"

我故意严肃地说:"小范,有些事情要保密,不该知道的人就不能知道。"

范正欣连声说:"董事长,我明白,我明白。"

我又对谢云华说:"谢主任,您再催一催,尽快和钟盛远见面,时间定下来,地方我来安排。另外,我考虑第一次见面,我就不参与了,赵莹也别去,就是请客吃饭嘛,您和小范、吴小莉去就可以了。"

谢云华点点头,没说话。

我又说:"谢主任,您看这次见面要不要意思意思,送点礼品?"

谢云华摆摆手:"初次见面,送礼不太妥当,以后再说吧。"

"好,您看着办,该花钱的就要花,不要有顾虑。"我停了停又说,"集团法务部为下属公司打官司,也是份内的事,赵莹是总经理,广告公司要正常运作,很忙,所以我想办完上诉手续,就让她回来工作。"

谢云华马上接口:"董事长,这恐怕不行,二审法院要找当事人谈话怎么办?这种情况经常有。"

我想了想:"谢主任,您看这样行吗?现在交通方便,要找她的话她就去,不过两个小时飞机,耽误不了。"

范正欣插话:"法院一般都是提前通知,来得及。"

谢云华沉默了一会:"既然董事长说了,那就让赵莹来回跑吧。"

我听出他不乐意,笑着在他肩上拍了一下:"赵莹年轻,跑得动。"

谢云华站起:"那就这样吧,我去给郑鸿建打个电话,再催一催。"

我也站起来,朝外面喊了一声,李建成马上走进来,手里提着两瓶酒。

我指着酒:"这是法国马爹尼,比我的年龄还大,你们带回去尝尝。"

谢云华摆摆手说:"董事长,您知道的,我不喝酒。"

我不由分说地把酒递去:"谢主任,这酒晚上喝一点,对睡眠有好处。"

谢云华有点勉强地收下了。

范正欣连声道谢。

我说:"你们去忙吧,时间定下来,马上通知我。"

13

钟盛远

我开车进作协,传达室的老王朝我招手,我知道有信件,便停下车,老王把信件从车窗上递来,我一看是邀请函。昨天晚上杭州作协的文友马建军来电话,每年搞一次笔会,今年也不例外,邀请函已经寄给我了。春末夏初,正是西湖最美的季节,孤山郁郁葱葱,苏堤和白堤一片花海,值得去游览观赏一番。

今天讨论申请加入作协的人员名单,我已经看了一遍,内弟王立涛交来的四个名单,我划掉了两个,实在拿不出手。我给王立涛打过电话,作了一些解释,他很不高兴。我的家庭情况有点特别,岳丈对我有提携之恩,王立涛又是我妻子王立娟唯一的弟弟,所以王立涛要求的,我能做到的一般都尽量满足。但他事太多,去年搞了个很低俗的活动,要求以作家协会的名义主办,我没答应,为此王立娟还跟我吵了一架。姐弟之情可以理解,但不能一味迁就,养成习惯就不好了,可是王立涛已经养成习惯,有事找我不行就找他姐。

我上高中时开始写作,屡屡投稿,屡屡退回。考进常海大学中文系,课余时间仍然坚持创作,投稿著名的《常海文学》,第一次居然就被采用了。看到自己的作品刊登在《常海文学》上,那种兴奋和喜悦,简直无以言表,并且一发不可收拾,接连发表了几篇小说。主编王锐说我是文学新秀,可造之才,将来一定可以写出优秀作品。我大学毕业,他就把我招进编辑部,还把漂亮的女儿介绍给我做女朋友,后来成为我的妻子。我当了几年编辑,岳父提我当副主编,临退休之前,又把我推上主编的位子。岳父是一个具有独到眼光和见识的大编辑,对我的创作给予许多帮助,我的作品主题比较突出,但是文学审美方面不足,他为此花了不少精力。我最早出版的长篇小学,原稿上多处有他修改的笔迹,我很感激他,没有他,也许就没有我的今天,尤其是岳父岳母都不在了,我对这个家庭应当多承担一些责任。

会议在作协小会议厅进行,创联部副主任张琴主持会议,她重申一遍入会条件和要求,然后小说组、诗歌散文组、理论组等组长各自介绍申请入会人员的情况和作品。我为王立涛塞进来的两个人讲了几句话,这两个人的作品虽然不多,但我注意到他们的文章里有独立思考,再者他们年纪也轻,就算为我们这个老龄化的群体增加一点新鲜血液吧。最后一个程序,表决通过,王立涛塞进来的人也通过了。后来大家闲聊了一会,小说组组长马三强说,现在气候好,不冷不热,组织一次活动,出去走一走,玩一玩。我表示同意,让张琴拿个计划出来。马三强还对我说,你小舅子在报社,门路广,让他拉些赞助来,我笑了笑没答话。

会议结束,刚回到办公室,手机铃声就响了,是郑鸿建打来的,问我明天晚上有没有时间,自立集团的人想见我。他不提这事我还真忘了,在雅萍私房菜馆吃饭那天,我已经答应了,那就见吧。我说可以,有时间,他再三道谢,并说明天下午到作家协会来接我。

下午没什么事,提前回家,想把一篇约稿赶出来。刚踏进门里,小猫妖妖就扑上来,绕着我的裤腿和脚磨蹭。我抱起它,坐到椅子上,它"咪"地叫了一声,伸出一只前爪在我脸上摸了摸,非常亲昵。这是一只漂亮的雌猫,以白色为主,脊背和眼圈上有深色的花纹,毛色光亮。

这只小猫是我女儿钟可可带回来的,她放学回家路上,发现有只小猫跟着,她走小猫也走,她停小猫也停。那天下着细雨,被淋湿的小猫显得很可怜,女儿动了怜悯之心,把它带回了家。我妻子不同意养猫,怕影响卫生,但女儿执意收养。相持不下之际,小猫忽然跑到我脚下,仰起头来看我,眼睛里透出一股灵气,既可怜又可爱。我耐心地做王立娟的工作,她终于让步了。女儿给小猫起了名字,叫妖妖,已经养了五年,很有感情,妖妖也乖巧,通人性,我特别喜欢。

写完稿子,天已经黑下来,是吃晚饭的时候了。我去厨房里下碗面条,水烧开了,正要把面条放进锅里,厅里的电话响了。我熄掉火,跑去厅里接电话,是王立娟打来的,她说明天回来,飞机下午六点到,让我去机场接。我想到明天晚上已经约好和自立集团的人见面,时间冲突,只能说明天晚上恰好有应酬,让她自己打的回家,她有点不高兴了,立即挂断电话。我摇摇头,打的回来又怎样呢?可她就是这脾气,习惯发号施令,不顺她就生气,家里几天不得安宁。我知道这和我开始的迁就有关,想挽回为时已晚,习惯是一种很大的力量。一家有一家的境况,夫妇之间少有道理可论,王立娟也有她的长处,勤俭持家,对女儿照料得也好。人生就是这样,总有一些缺失或遗憾,哪有什么十全十美。

我边吃面边想着明晚见面的事情,郑鸿建讲得也对,应该把情况了解清楚,我对堂兄有话好说。以我对堂兄的了解,如果这个案子确实判错了,他一定会主持公道,纠错反正。

我父亲和堂兄的父亲是亲兄弟,我父亲生了我一个,大伯则有一儿一女。堂兄大我六岁,我上小学一年级,他已经到城里读中学了,品学兼优,爷爷一直拿他当榜样要求我。那时生活很困难,缺吃少穿,可是爷爷对两个孙子的学习特别重视,想尽一切办法供我们上学。堂兄考上政法大学,爷爷把镇上的房子卖掉,给堂兄交学费,也给我留了一笔钱,我们一大家人搬回村里老宅住。我上大学时,堂兄已经工作了,分在庆远市所辖的一个县公安局,当秘书股股长。我放暑假去他那里玩,堂兄带我下乡钓鱼,钓上鱼就用火烤着吃。堂嫂和堂兄是同学,堂嫂在县法院工作。我戴的第一块手表,就是堂嫂给我买的。

  堂兄仕途顺利,我到《常海文学》当编辑,他已经当了公安局局长、县政法委书记。后来又提县委书记,年仅三十四岁,是市里最年轻的县处级干部。爷爷去世时,他因公务缠身,没能赶回来治丧,后来他多次提及,说没见上爷爷最后一面,是他终生的遗憾。他在地委副书记任上,高级法院常务副院长车祸丧生,市里考虑他是学政法的,调任高院副院长。堂兄是孝子,早就把父母接到身边,一起生活。他当了十年副院长,任院长那年,我当选常海市作家协会副主席。当年清明节,我和他相约,一起回江苏老家,为我们的爷爷上坟扫墓。

14

宋公明

上午九点开庭，开到中午十二点，最终以法庭调解结案。这是一宗两姐妹联名状告弟弟的民事案件，其父彭旺才生前留下遗书，将自己名下的一套三居室住宅，以及价值220万的金银珠宝，指定由独生儿子彭胜明继承；另有490万元存款，指定儿子彭胜明得290万元，另200万元两个女儿各得100万。由于遗书未经公证，两姐妹指控弟弟伪造父亲遗书，起诉到法院，要求平均分配遗产。法院对遗书笔迹进行比照甄别，认定该遗书系彭胜明伪造，一审判决原告胜诉。

彭胜明不服，委托我代理上诉，并说出实情，其父彭旺才因病重难以亲笔书写，口述遗书，由彭胜明记录，叔叔彭旺兴当时在场，并签字作证。可是彭胜明自作聪明，模仿彭旺才笔迹，将遗书重写一遍，但是叔叔彭旺兴拒绝在重写的遗书上签字作证，立场转向了两姐妹。遗书内容是否出自彭旺才的真实意愿，是这个案子的关键，而唯一的证人是彭旺兴。我找到彭旺兴，再三做工作，告知公民的责任和义务，隐瞒实情要负法律责任，彭旺兴终于向法庭说出真相，遗书内容确系其兄彭旺才的真实意愿。

作为本案代理律师，应该维护委托人的利益，但我认为彭旺才重男轻女，对遗产分配不当，致使姐弟反目，形同仇人。财富固然重要，而失去亲情未必不是损失，从姐弟和睦，以及三个家庭的关系考虑，我说服彭胜明做出让步，继承房产，放弃存款。法庭据此进行调解，两姐妹表示接受，姐弟之间关系有所缓解，圆满结案。

回到事务所，正要吃午饭，自立集团法务部副主任范正欣打来电话，要我下午去他们公司签订代理合同。我答复他说，你们聘请我当代理律师，理应到事务所来签合同。其实我不太愿意接这个案子

恩师方知行要求我代理自立广告公司的案子，我看了一审判决书，也注意到后面那句话，本判决由院审判委员会决定。审判委员会由院长、副院长，以及资深庭长组成，做出的判决更具权威性。我当即对恩师说，这个案子几乎没有一点胜率，况且远在庆远，耗时费力，还是不接为好。方老却说不仅要接，还要尽最大努力去打，而且代理费从优，少收点，至于胜负，尽人事看天意吧。恩师既然发话了，我不便再多说什么，我也了解方老与自立集团董事长向德先关系密切。但方老后面那句话，尽人事看天意，说明他对这个案子同样没有信心。

我从公安学院毕业，分配到劳改局，在监狱里当管教，也就是狱警，整天和犯人打交道。我不喜欢这个工作，认为不适合自己，总想调动，但没有机会，也找不到好去处。十年前，方知行律师因为一件申诉案，来狱中会见在押犯，这个犯人属我管辖的中队，会见时我在场，由此认识方大律师，并且萌生了当律师的想法。不久，我便登门拜访方知行大律师，表露心迹，要求当他的学生。方大律师没有推托，一口答应，收下我这个学生。他说我从事司法工作，有法律知识基础，可以先来当助理，边工作边学习，争取尽快考出律师资格，还给了我一些相关书籍和资料。我毅然辞去公职，来到知行律师事务所，给方大律师当助理，开始接触各类案件。律师资格考试一年仅一次，我一头钻进书本里，发奋学习，夜以继日，居然一试通过。方大律师用心传授，每代理一个案例，都给我仔细分析和指导，有法理高度，也有实践经验。十

年下来,我经手代理了很多案件,已然成为一个比较成熟的律师。

　　社会是由错综复杂的关系组成,用哲学的语言讲,社会是人和人关系的总和,上到顶层设计,下至市井平民,关系无处不在。我不得不承认这就是现实,作为律师,没有方方面面的关系,很难立足,甚至有理的官司也会打输。不过我有优势,不少同学和校友都在大大小小的执法部门,有事出面找一找,打个招呼,管用。也有行不通的,那就辗转人托人,由此结识的人越来越多,关系也愈来愈广,方方面面都有门路。我每年都要请同学和校友聚几次,一起吃吃饭,唱唱歌,有时也外出旅游,玩几天,联络感情。方老对我的能力充分肯定,工作效益满意,前年让我当了副主任,还说将来把事务所交给我。

　　范正欣来到事务所,我和他面对面坐下来,中间隔着办公桌,范正欣要我谈谈对案子的看法。我说先签委托代理合同,然后再谈案子,这是律所的规矩,不然按时间收取咨询费。

　　范正欣朝我看着:"宋律师,我们之间有必要讲这么多规矩吗?"

　　我认真地说:"讲规矩是最好的行事风格,可以避免不必要的麻烦,对你对我都有利,都有保障。"

　　范正欣沉思了一会:"宋律师,我先提一个问题可以吗?"

　　我点点头。

　　"您已经看过判决书,对案子的情况应该有所了解,这些都不谈了,我就想问一问,您对这个案子有几分胜诉的把握?"

　　"范副主任,律师不打保票,打保票的律师不可信。至于你们这个案子,我实话实说,案子并不复杂,但是幕后很复杂,判决书上一句话就看出来了。"

　　"宋律师,果然不简单啊!"

　　"律师的本分,在法律的框架内,运用法律知识,尽心尽职地为委托人争取最好的结果。"

"宋律师,大道理我懂,请您具体谈谈我们这个案子。"

"我刚才已经讲了,你们这个案子背景复杂,所以非常之事,要用非常之法。"

"宋律师,坊间流传几句话,大案讲政治,中案讲关系,小案讲法律。我们这个案子应该属于中案,我理解您的非常之法,无非就是讲关系。对吗?"

我定睛地注视着他,没有答话。

范正欣又说:"宋律师,如果我告诉您,我们已经找到很硬的关系了,您认为二审可以赢吗?"

我笑了笑:"关系很重要,但只是一方面,要考虑到意外情况随时可能发生,所以我认为现在讨论输赢,为时尚早。"

范正欣换了个话题:"宋律师,您是方大律师亲自推荐的人,我们当然相信,决定聘请您为代理律师,我想请问一下您的收费标准?"

我答:"范副主任,您在法务部工作,大概了解一些,经济案子按标的收费。我们方主任已经交代了,对你们自立集团从优,少收点,您看百分之一如何?"

"宋律师,我倒有一个建议,您想听一听吗?"

我做了个请说的手势。

"我想建议您风险代理。"

我有点意外地朝他看着。

范正欣伸出一个手指:"照您说的百分之一,也就是一百万,风险代理给您百分之五,如果二审撤销重复处罚,那就是六千万,这账您算得过来,况且我们已经找到了很硬的关系,完全有这种可能。"

"范副主任,您是想把我和你们绑在一起。"

"宋律师,您误会了,我只是建议,您自己考虑。"

我沉思了片刻:"范副主任,我看这样吧,等我知道了你们找到的是什么关系,见到了那个人,再定。如何?"

"宋律师,我现在就可以告诉您,这个人叫钟盛远,常海市作家协会副主席,这不重要的,重要的是,他的亲堂兄钟盛道,就是现任的庆远市高级法院院长。"

我淡淡地说了一句:"眼见为实。"

"宋律师,我是代表自立集团来的,我对我说的每句话负责,我们可以安排您见钟盛远。"

"那好,我等着,见面以后再签合同。"

"可以,没问题。"范正欣看着我,"但是上诉时间有限,诉状马上要写,不能耽误啊。"

我说:"小事情,我写。"

范正欣露出笑容:"那好,我们商量一下,该怎么写?"

我摇摇头:"写状子是律师的事,用不着商量。"

"三天时间可以吗?"

"用不着三天,明天就可以给你们。"

范正欣定睛看着我,足有十几秒钟,然后站起身:"一言为定,明天写好发过来,名片上有我的邮箱地址。"

我把他送到门口,握手道别,目送他走远,感觉这个人有点能力,口才也不错,而且了解当前的司法状况,但是他要我签风险代理,感觉格局似乎不够大。不过他说找到了庆远高院院长的关系,当时我真有点意外,只是没露出来,现在骗子很多,但他言词凿凿,有名有姓,我基本相信。我想凭这层关系,判决书上的明显错误,重复处罚应该可以撤销,这样看来风险代理也合算。

15

吴小莉

今天专案组又开会,还是在向董事长的办公室,谢主任和范副主任,以及我参加,但广告公司总经理赵莹没来。我穿一件纯白的无袖衫和一条海蓝色背带裙,董事长说我这身衣服颜色很搭配,看上去漂亮,也有气质。

我听他们谈话,是关于晚上请人吃饭的事情,范副主任提出可以考虑常海大酒店或世纪宫,都是最高档的,环境好,菜品也好。向董事长不同意,他说常海大酒店是市政府接待场所,虽然高档,但眼睛朝上看,对一般人服务不到位;世纪宫是很有名,可是人太多,太嘈杂,不适合接待钟盛远这样的文人。

我听到钟盛远这个名字,很熟悉,也有点兴奋,马上举起手说:"董事长,我知道钟盛远,是个作家,我看过他写的书。"

但是话一出口我便后悔了,在座的都是领导,我不该说,太冒失了。可是向董事长却笑了,指着我着说:"吴小姐,太好了,这样晚上吃饭就有话可谈了。作家希望有人欣赏他的作品,你就多讲讲,他肯定会高兴。"

范副主任插话:"董事长,小莉喜欢文学,看过很多书,我们在珠海时,她想去什么零丁洋、惶恐滩,但是时间紧,没去成。"

"噢,那是文天祥的诗《过零丁洋》,他被抓了,在船上经过惶恐滩和零丁洋。"向董事长用好奇的目光看着我,"吴小姐,真没想到,你还是个多才多艺的人啊,好好!"

我摇摇头:"董事长,不是的,我就是喜欢看点书。"

向董事长探身握住我的手:"吴小姐,谦虚好,我喜欢。以后我会注意,给你提供发挥的平台,好好干。"

我感激地点点头。

向董事长转向谢主任:"我倒有一个地方,金桥303会所,您看怎么样?"

谢主任摇摇头:"我不知道那个地方啊。"

范副主任说:"谢主任,我听说过,但没去过,那里不对外,只接待会员。"

"那没问题,我打个电话就解决了,让他们安排一个大套,外间喝茶会客,里面吃饭,没有人打扰,很安静。"向董事长说。

谢主任笑了笑:"好,那就去吧,我一向孤陋寡闻,今天也去见识一下会所。"

向董事长在谢主任肩上拍了一下:"您工作忙,担子重,等忙过这一阵,我来安排,找几个好去处,放松一下,享受享受。"

谢主任又笑了笑,不出声。

向董事长接着说:"下午小范和吴小姐先去,打前站,把茶备好,菜点好,客人到了,先喝点茶,相互介绍一下。谢主任用我的车,先到高院接郑处长,然后再到作协接钟作家。你们看这样可以吗?"

谢主任和范副主任点点头。

"第一次见面,我们要表示足够的尊重,文人就在乎这点。"向董事长想了想,"谢主任,您说钟作家很能喝酒?"

谢主任答:"我是听郑处长说的,他和钟盛远喝过,两个人喝两瓶茅台。"

向董事长朝在座的人看了一眼:"我们这里没谁能喝的,就让郑处长陪他多喝点,要尽兴,争取让他答应去趟庆远。303会所什么酒都有,给他们喝三十年的茅台,就是别喝醉,喝醉了说什么都忘了,那不行。"

他们在谈在讨论,我也在想着,请一个作家吃饭怎么如此隆重,向董事长亲自布置,考虑得很周密,还要董事长的专车大林肯去接。后来向董事长说了一句话,争取让钟盛远去趟庆远,我就明白了,宴请这个作家和广告公司的案子有关,董事长很重视,说明这个作家对我们的案子很重要。作为自立集团的员工,我当然希望官司打赢,董事长要我和他谈作品,让他高兴,我会谈,因为我读过他的几本书;董事长说没人陪他喝酒,我能喝酒,也愿意陪他喝,只要对我们的案子有好处。

会议结束,回到法务部办公室,范副主任打开电脑,随即让我把上诉状打印出来。我上机打印,范副主任和谢主任在一边说话,我都听到了。

范副主任说:"这个宋律师说话倒算话,动作也快,今天果然把上诉状发来了。"

谢主任问:"代理合同签了吗?"

范副主任答:"还没有,我提出风险代理。"

谢主任又问:"为什么要风险代理?"

范副主任答:"我想把他和我们绑在一起,这样他会多用心,多出力。"

我朝他们瞥了一眼。谢主任沉下脸说:"小范,你又要小聪明,而且不和我通气。"

"谢主任,我只是提个建议。"

"小范,我知道,你对这个案子没信心,但是不能绑架人家,该怎么就怎么。"

"不不,我有信心,再说我们已经找到关系了。"

"小范,你这点心思瞒不了我,你担心钟盛远会不会尽力帮我们,是问题,你也想到对方有关系,也是问题。我讲得对不对?"

我又朝他们瞥了一眼。范副主任尴尬地笑着说:"谢主任,您把我心里想的都说出来了,佩服,真的佩服。"

"别说这些没用的。"谢主任摆摆手,"你能想到这些,说明你有见识了,也有点经验了,但是你想得太多了,没必要。我个人看法,钟盛远会帮助我们,更重要的是,一审判决确实有问题,不公正,我们应该相信法律。"

我把打印出来的上诉状复印两份,给谢主任和范主任各一份,他们仔细看了一遍。

谢主任说:"这份诉状写得好,格式规范,层次分明,陈述突出重点,简洁扼要,没有一句废话,看来这个宋律师有水平啊!"

范副主任马上对我说:"小莉,再打印一份,赶快给董事长送去。"

我遵照范副主任的指示,又打印出一份,立即送到董事长办公室。向董事长看了一眼上诉状就放下,热情地请我坐下,他用欣赏的目光看着我说:"吴小姐,我发现你很有潜力,秀外慧中,将来一定有发展。"

我摇摇头:"董事长,我没您说的那么好。"

向董事长笑了:"吴小姐,我会看人,也相信自己的眼光,没错。"

我垂下头,脸有点热。

向董事长又说:"今天晚上的事很重要,但是谢主任和范副主任都不擅长搞接待工作,所以请吴小姐多费心,主动一点,热情一些,把晚上的气氛搞好,让大家都高兴。"

我用力地点点头,董事长笑了,把我送到门口,还说了一句拜托了。

下午,谢主任的司机开车,送范副主任和我到金桥303会所,才刚过了四点。下车就感觉恍如置身大自然,到处绿树成林,芳草茵茵,花团锦簇。我们沿着一条青石板小径前行,迎面看见一幢飞檐翘角、粉墙黛瓦的中式建筑,犹如传说中的琼楼玉宇。跨进庭院,有石垒的假山,有小桥流水,中间一棵银杏树苍老虬劲,枝叶繁茂。我看了挂在树上的铭牌,栽于清朝咸丰六年,距今一百五十多年。

一位身着大红旗袍的小姐款款而来,笑容可掬地问:"是范先生、吴小姐吗?"

范副主任点点头。

"两位,今晚用膳在牡丹厅,我叫张悦,负责为你们服务。"她做个手势,"两位请。"

我们跟随她穿过曲折的通道,来到牡丹厅,门口两个绿色旗袍的小姐躬身致意。套房外间是会客室,中式家具,两面各四把明式圈椅,每两把中间放置一个茶几。我们进餐厅看了一眼,里面很宽敞,一张红木雕花大圆桌,桌上的碗、碟、筷子都是纯银制作。张悦为我们泡茶,并送来菜谱,范副主任翻阅了一下,朝我看了看,露出惊讶的神色,我便明白这里价格昂贵。

张悦说:"今天所有的厅都满了,向董事长打电话来,我们才调出一间,而且是最好的牡丹厅。"

范副主任点了菜,要了两瓶三十年的茅台酒,以及鲜榨的饮料,然后我和他在会客室坐下来,边喝茶边等待客人。

16

郑鸿建

法院组织红色旅游,去江西井冈山,不少人报名参加,但都是年龄偏大的,小青年寥寥无几。院长说这样不行,成老年旅行团了,于是指示各庭处,动员年轻人踊跃参加,总之每个干警都要去一次。院长指示下达,行政处贯彻执行,把我排在第一批,后天就出发,幸好今晚就和钟盛远见面,时间不冲突。我很清楚,让钟盛远和自立集团的人见了面,以后就没我什么事了,所以我在电话里对谢云华又重申一遍,你交给我的任务,我已经完成了。谢云华听懂我的话外之音,当即表示聊表谢意,来接我的时候会带来。

我本来打算见面仍然放在舒雅萍那里,是一笔不菲的收入,可是谢云华说他们董事长亲自定了金桥303会所,不便再更改。我去过金桥303,私人会所,老板我也认识,有来头,一般人拿不到那么大块地。但是那里贵得出奇,吃一顿饭至少五万元,对自立集团不算什么。

下午五点整,大林肯开来了,停在高院对面路边。谢云华没下车,从窗里伸出手来招呼,我知道他不想让原来的同事看见。上了车我便调侃地说:"老谢,是你们老板的车吧?还是限量版的。"

谢云华点点头,然后摸出一只信封递来,并伸出一只手,我明白,数目和我估计的差不多。

我故意沉下脸推回:"老谢,你这是干什么?我们是老同事,好朋友,用不着这套。"

谢云华把信封塞进我手里:"郑处长,您帮了我们很大的忙,理应表示感谢,不必客气。"

"老谢,你这样我都不好意思了。"

"郑处长,收起来,我还有几句话要说。"

我把信封放进衣兜里:"请讲请讲。"

"我想请您再帮一个忙,做做钟盛运的工作,让他和我们一起去趟庆远。"

我拍了拍胸:"老谢,你放心,我会尽量做工作,估计问题不大。"

谢云华连声道谢。

我又说:"老谢,我再提醒你一次,钟盛远这个人不懂法律,更不了解现实情况,你要教他怎么说,怎么做,这点很重要,不然辛辛苦苦找来,没起到作用,那就白搭啦。"

"郑处长,你提醒得对,我会考虑,但是对这种有地位的人,话不太好说,深了浅了都不行。"

我马上接口:"老谢,我跟你说过钟盛远这个人很好讲话,没有架子,你该怎么说就怎么说,他会听的。"

汽车停在作协大门口,我看了看手表,拿出手机,正要给钟盛远打电话,看见他从大门里走出来了,我们马上快走几步迎上去。

我握住钟盛远的手说:"钟先生,您真准时啊。"

钟盛远笑了笑:"郑处长,您也很准时。"

我指着谢云华说:"钟先生,给您介绍一下,这位是自立集团法务部主任谢云华,他也是我的老同事、老领导,原来我们高院的民二庭庭长。"

钟盛远和谢云华握手:"谢主任,幸会幸会。"

谢云华说:"钟先生,打扰您了。"

我拉开车门:"上车吧,我们到车上再聊。"

很快到了金桥303会所,迎宾小姐把我们带到牡丹厅,一个三十岁上下的高个子男人和一个年轻姑娘迎来,我眼睛一亮,那个姑娘真漂亮。谢云华介绍高个子男人叫范正欣,集团法务部副主任,姑娘叫吴小莉,是文秘,我与钟盛远和他们一一握手,寒暄了几句。我对吴小莉说:"吴小姐,记得有两句话,沉鱼落雁,闭月羞花,我看你当得起。"

吴小莉脸红了。

范正欣躬身道:"钟先生、郑处长,请坐。"

我和钟盛远在椅子上坐下,中间隔着一张茶几,穿红旗袍的小姐给我们斟茶。钟盛远打量了四周一眼:"这里还真不错,桌子椅子都是老货,估计是民国时期的东西。"

穿红旗袍的小姐应声道:"这位先生好眼力,我们这里的家具都是百年以上的。"

我马上说:"钟先生知识渊博,不仅懂老家具,还懂字画,可以说样样都懂。"

钟盛远摇摇头:"我只懂一点皮毛。"

喝了一会茶,我便提议上桌,进里间餐厅。谢云华请钟盛远坐主位,钟盛远让谢云华坐,两人让来让去,都不肯入座。我上前将谢云华按在主位上,让钟盛远挨着他坐,我坐在钟盛远身边,范正欣和吴小莉坐在谢云华那一边,干脆利落,一下就搞定了。

八种凉盘很快上桌,红旗袍小姐斟上酒,谢云华要我讲几句话,开个局。我站起来说:"本来应该谢云华主任讲话,但是他要我讲,恭敬不如从命,我就讲几句吧。今天请到了著名作家、常海市作家协会副主席钟盛远先生,非常荣幸,也非常高兴。更重要的是,钟先生听说自立集团在庆远的一些状况,愿意提供帮助,这是雪中送炭,关键时刻伸出援手啊！因此我建议，自立集团在座的三位，也带上我，共同向钟先生敬酒，表示最诚挚的感谢。"

谢云华和范正欣、吴小莉站起身，举起杯。

谢云华说："钟先生，我代表自立集团，以及我的两位同事，向您表示由衷的感谢。"

钟盛远也站起来，执杯在手："谢主任，我在来的路上已经说了，不要这么客气，相识是缘，大家共饮这杯酒吧。"

我马上接口道："钟先生虚怀若谷，令人敬佩，我们一起敬钟先生。"

我和钟盛远碰杯，谢云华、范正欣、吴小莉依次碰杯，大家都一干而尽。服务员正要斟酒，吴小莉拿来分酒器，走到钟盛远身边。

钟盛远连忙站起："吴小姐，我自己来，自己来。"

吴小莉莞尔一笑："钟先生，您请坐。"

钟盛远朝吴小莉看了看，坐下身来。

吴小莉替钟盛远斟酒，自己也斟了满杯，然后说："钟老师，我代表自立集团三千六百多位员工，敬您一杯酒，表达我们对您最由衷的感谢。"

我不由一惊，这个姑娘太厉害了，把三千多人压到钟盛远身上啦！

谢云华和范正欣也露出了惊讶的神色。

钟盛远连连摆手："吴小姐，不敢当，不敢当。"

"钟先生，我拜读过您的大作，您描写的人物都有正义感，都很善良，譬如《老街的故事》里的二和尚和工人赵启元，他们虽然都很平常，甚至很低微，但是他们都有一颗善良的心，而且富有牺牲精神。我想，您能写出这样的人物来，说明您就是一位追求光明、崇尚正义和善良的人。"

钟盛远怔怔地看着吴小莉。

谢云华和范正欣也愣住了。

我简直不敢相信眼前这一幕,这个姑娘不仅漂亮,而且很聪明,非常巧妙地用道义绑架钟盛远。

钟盛远看吴小莉的目光,有意外,也有感慨,更多的是欣赏。

我站起身说:"吴小姐说得完全正确,我不妨透露一点,钟先生今天推掉了一个重要活动,来和诸位见面,就很说明问题了,钟先生是一位善良的、具有强烈正义感的人。"

"郑处长,千万别这么说,我就是一个普通人,一个普通的写作者。"钟盛远说着转向吴小莉,"吴小姐,谢谢您看我的书,也谢谢您的鼓励,但是您过奖了。"

"钟老师,请不要用您来称呼我,不敢当,我就是您的一个学生。"

钟盛远满面笑容,看得出他对吴小莉很有好感。

我不失时机地插话:"钟先生,我冒然地讲一句,吴小姐他们最近就要去庆远交上诉状,非常希望请您亲自去一次,来回就两三天时间,您看可以吗?"

钟盛远没出声,沉思了一会,问:"打算什么时间去?"

谢云华立即答:"钟先生,看您方便。"

钟盛远想了想:"最近事情比较多,很忙,要去的话只能是双休日,周五下午走,我在庆远待一天,周日就要回来。这样可以吗?"

谢云华连连点头:"可以,可以,太好了,太好了!"

我说:"老谢,还不赶快敬酒。"

谢云华和范正欣、吴小莉又一起向钟盛远敬酒,都干了杯。我指着吴小莉说:"吴小姐,我跟你换个座,你和钟先生讲话,谈文学也方便。"

吴小莉虽然有点不好意思,但还是换了座位。

我开始品尝303会所的菜肴,感觉不如舒雅萍的私房菜味道好,我想问一问钟盛远,看他如何比较,哪家的菜好,可是他和吴小莉谈得正热。

吴小莉说:"钟先生,我看过您的散文集《达观》,是教育局推荐的,中学生暑期必读。"

钟盛远摆摆手:"那是好多年前的事了,我就出了这一本散文集,现在看看很一般。"

吴小莉又举起杯:"钟老师,我最敬佩作家,但没见过作家,今天有幸见到钟老师这样的大作家,太高兴了,我再敬您一杯。"

钟盛远又笑了,笑得很开心,两个人碰杯,又一干而尽,气氛非常融洽。

我一点都没想到,吴小莉年龄不大,应酬能力、成熟程度超强,表现简直太好了,把钟盛远哄得很开心。我也抓住了时机,恰当其时地提出来,钟盛远在这种场景和语境下,想推辞也不好意思,只能答应去庆远。我朝谢云华使了个眼色,意思是怎么样,事情都办好了吧?谢云华朝我点点头。我的任务已经圆满完成,拿点酬劳心安理得,到此结束,以后他们的事一概与我无关。

17

钟盛远

一觉醒来，天已大亮，阳光透过窗帘照进房间。妻子上班去了，我起床走出卧室，走到客厅，端起桌上的茶，一口喝干。昨晚酒有点多了，回来洗过澡便上床，泡好的茶也没喝。小猫妖妖看见我就跑来，依偎在我脚下，我弯腰将它抱起，来到阳台上，在一把藤椅上坐下，把妖妖抱在怀里。

阳台上有我种的盆栽，大大小小十几种，有松有柏，还有红枫和石榴，以及一盆文竹。松树仿黄山迎客松造型，虽然不大，却有姿有态；柏树是棵老桩，我从外地弄来的，王文娟不喜欢，说这种树是种在坟地上的。那棵红枫最大，枝叶繁茂，差不多像把伞，红得热烈。石榴早就开花了，今年花蕾特别多，盛开在绿叶丛中。文竹最好养，也最美，似竹非竹，高低错落，犹如飘浮的云层，让人生出无尽的遐思。我喜爱盆栽，既养眼又怡情，也有栽种的成就感。记得有位诗人曾说，盆景是对大自然的剽窃，我想说盆栽是大自然景状的浓缩，寄托着人们对美的向往。

放在卧室的手机铃声响了，我去接听，是郑鸿建打来的，因为昨晚喝了不少酒，他来电话问候一下，表示关心。我说没什么问题，谢谢他的关心，彼此还说了几句客气话。挂断电话以后，回到阳台上坐下来，想起昨晚答应自立集团去庆远,考虑应该给堂兄打个电话,告诉他一声。我看了看时间,八点半,刚上班一会,这时候最忙,所有单位都这样,于是我发了条信息,要求堂兄方便时来个电话。

我去卫生间洗漱,然后吃早点,是王文娟做好的,有牛奶和鸡蛋,还有两个菜包。吃完早点,我又坐到阳台上,点起一支烟,昨晚的情景浮现在脑海。郑鸿建的老同事、自立集团法务部主任谢云华,喝了几杯酒,脸就发白,还跑出去吐了,他确实不能喝。但我对他印象颇好,毕竟是老法官,目光还很敏锐,举止言谈间,表现出沉稳和内敛。他的副手范正欣,整个晚上几乎没说一句话,只是跟着敬酒,不过眼睛倒是很灵活,随时关注着一切。特别是吴小莉,天生丽质,不施粉画眉,衣着也普通,却有一种掩不住的、充满朝气的美。她用话设局,意图"请君入瓮",我自然感觉到了,却并不反感,因为她满含期盼的目光,实在令我难以拒绝。我感觉她仿佛就像那盆文竹,亭亭玉立,顾盼有姿。

手机铃声再次响起,是堂兄,我马上接听。

堂兄问:"盛远,有事吗?"

我答:"这个星期五我来庆远。"

堂兄的声音透出喜悦:"好啊,欢迎,我们快一年没有见了。文娟一起来吗?"

"她不来,我和常海自立集团的几个人一起来。"

"来办事还是旅游?"

"我有件事情来找你。"

"找我,什么事?"

我答:"自立广告公司有个案子,庆远中级法院判了,判得不公正,人家上诉到高级法院,所以我来找你,向你这个大院长反映反映。"

"你就为这事来?"堂兄的语气显然有点意外。

"是啊,就为这件事。"

堂兄停顿一会才说:"要走法律程序。上诉了吗?"

"这次就是来交上诉状的。"

堂兄沉默着。

我问:"怎么啦,在听吗?"

堂兄答:"在的在的。"

我听出堂兄似乎有点不悦,于是解释道:"自立集团是大公司,在常海很有名望,他们通过常海高院的人找到我,让我帮个忙,再说听下来感觉判得确实有问题。"

堂兄说:"你把航班时间发来,我让小周到机场接你。"

我认识小周,叫周挺,是堂兄的秘书,三十岁上下。去年堂兄来常海开会,周挺也来了,我们在一张桌上吃过饭。堂兄来我家,周挺也跟来了,是个稳重的年轻人。

我说:"这次人比较多,来个面包车。"

堂兄又问:"你来以后时间怎么安排?"

我答:"周五下午到,周六晚上来你家,吃顿晚饭,其他你就不用管了,我周日就回常海。"

堂兄再问:"这么急干什么?"

我答:"周一要上班,单位有事。"

堂兄说:"那好吧,来了再说。"

挂了电话,我不由感慨地摇摇头,郑鸿建真是个见多识广的人。他昨晚送我回家,路上对我说,法院工作的人,对案子的事情都很敏感,为了避免您堂兄产生想法,必须说明是常海高院的人找了您。他说这样讲有两个好处,一是避嫌,说明没有利益关系,这点对您、对钟院长都很重要。二是常海法院的人出面找您,可以间接地说明常海法官的态度,对这个判决有不同看法。

我当时不以为然,认为没那么复杂,但是和堂兄对话下来,实际情况的确如是,我一提案子堂兄就很敏感,戒心显而易见,还多少有点不高兴。俗话说隔行如隔山,没错,我对法院的情况确实不了解,甚至很无知。但是有一点我相信,如果这个案子实属错判,堂兄一定会予以纠正,对此我深信无疑。

我考虑给堂兄带些什么,礼尚往来,走亲戚不能空着手,况且我以前每次去庆远,堂兄都送我好酒好茶。不过以前这些事都由王文娟操办,不用我费心,这次情况不同,需要我自己办。堂兄堂嫂都是快六十的人了,带些滋补品去最好,可是我不懂买什么,便想到了王文涛,他交际广,人情往来多。我当即给王立涛打电话,让他到作协来,他问什么事,我说来了面谈。

我开车去作协,到办公室刚坐下,王立涛就来了,问什么重要事情,非要他来一趟?我请他坐下,给他倒了杯茶,告诉他要去趟庆远,想买些滋补品带去,不知道买什么,请他来参谋参谋。王立涛一阵摇头:"我还以为什么大事,不就是去看你堂哥嘛,那就买点虫草,最拿得出手了。"

我连连摇头:"不行不行,虫草太贵,也没必要。你看看还有什么?"

"那你给个价,大概多少钱?"

我伸出两个手指:"2 000元吧,差不多了。"

王立涛问:"你怎么突然要去庆远?干什么?"

我答:"自立集团在庆远有个案子,要我去一下。"

王立涛马上指着我说:"姐夫,你想什么呢,为他们办事,还要你自己买礼品?"

我说:"这点小事不必计较。"

王立涛睁大眼睛:"那你的意思,他们已经表示过了?"

我反问:"表示什么?"

王立涛睨了我一眼："姐夫，你别装糊涂。你亲自出马去庆远，面子已经够大了，而且还要找你堂哥高院院长，这不是一般人能见到的，自立集团当然要表示，这是基本常识啊！"

我摇摇头："你想多了，没这回事。"

王立涛笑着："姐夫，这里没外人，就我们两个，你就讲句真话，我不会分你一杯羹的。"

我不悦地沉下脸："王立涛，你把我看成什么人了？"

王立涛摆摆手："姐夫，别生气，别生气。不是我把你看成什么人，现在都这样，在位子上的哪个不贪、哪个不捞？不过我承认，你比某些人好一点。"

我扭转脸，不予理睬。

王立涛凑到我面前："好了，姐夫，不说了，你要的东西我去办，就是2 000元太少了，恐怕拿不出手。"

我说："又不是外人，就2 000。"

"那好，我就按2 000元办。"王立涛说着举起手，"姐夫，我要提醒你一句，不要做好人，现在这个社会只认钱不认人，这是现实啊！"

我朝他挥手，赶他走。

他走了，但顺手带走了桌上的一盒茶叶，是杭州朋友快递来的雨前龙井。

18

向德先

  今天下午，以我母亲姓名命名的"周雅芬钢琴学校"揭牌剪彩，市音乐家协会主席和几位副主席悉数出席。我母亲是弹钢琴的，用她的名字命名钢琴学校，寄托着我对母亲深深的思念。我妻子林肖瑾出任校长，她是职业钢琴教师，正当其位。学校规模不大，但很精致，各种设施齐备，所有投入都由我承担。学校限招五至十岁的儿童，初级教习，培养完成钢琴六级考证。学费虽然昂贵，可是来报名的远远超过预料，第一期择优招收二十名学生。办这所学校是我的主意，因为林肖瑾和我结婚以后，便辞去了教师工作，回家当了全职太太。但我知道她心有不甘，希望能够培养出优秀的钢琴家，实现人生价值，我满足她的心愿。

  剪彩过后是酒会，林肖瑾把第一期学生的家长都请来了，音协主席致辞，表示祝贺，音乐学院老院长也发言，说这所学校是培养钢琴家的摇篮。然后老院长请林肖瑾弹奏一曲助兴，这是设定之中的程序，她弹莫扎特的《摇篮曲》，与老院长的讲话呼应。轻快舒展的旋律响起，回荡在礼堂的拱形圆顶，我出神地听着，脑海里渐渐浮现往事……

  一个冬天的夜晚，我应约去声乐教授刘颂家聚餐，高朋满座，其中有音乐学院钢琴教师林肖瑾。她大约三十岁，容貌清秀，穿一件深色外衣,外罩一条淡灰色流苏披肩,显得高雅而时尚。餐后刘颂引吭高歌,演唱《祝酒歌》,林肖瑾钢琴伴奏,我被她准确而华丽的琴声所吸引。刘颂接着唱《小路》,这是我母亲忧郁时经常吟唱的一首歌,林肖瑾弹起前奏,刘颂的中音歌喉唱响,我不由地热泪盈眶。就这样我和林肖瑾相识了,以后经常在一起弹钢琴、聊音乐。她单身,曾经有过一段无结果的初恋,却引起了我妻子的猜忌,因此家里经常发生矛盾和争吵。

儿子十三岁时,妻子因病去世,临终前要求我答应,让她的妹妹把儿子带到英国去上学,不然死不瞑目。我知道是因为林肖瑾,怎么解释也没用,眼睁睁地看着唯一的儿子被带走,非常痛苦,可是却又无奈,因为不忍心拒绝妻子的最后要求。我对林肖瑾确实有好感,但当时确实没有越轨,妻子走了整整十年,我和林肖瑾虽然在一起生活,但一直没和她结婚,因为我怕失去儿子。每年我都去英国看儿子,可是他受母亲影响很大,基本不理我,而且从来不要我的钱。前年儿子大学毕业,我赶去参加毕业典礼,他好像忽然长大了,懂事了,看着我斑白的鬓发说,爸,你老了,想怎么过就怎么过吧,我不怪你。我绝少流泪,那天却涕泪交加,儿子终于理解我、接受我了。儿子是我唯一的继承人,无论如何要让他回来,但不能操之过急,有待时日,相信他不会置我于不顾,会回来的。

去年我和林肖瑾结婚,给了她一个名分,我也明确地对她说,我这把年纪,不可能再要孩子。她是杭州人,父母都是医生,她也受过高等教育,明白事理,从来不提要求,也不过问我公司的事情。这次我提出办钢琴学校,她理解我的用意,很高兴,很满意。她是把音乐视作生命的人,她能和我走到一起,很大程度是由于我弹得一手好钢琴。但是我知道我和她之间的区别,她是纯粹的音乐人,很干净,而我是一个生意人,摸爬滚打,沾染了一身污浊。

酒会结束，回到家里已经快九点了，因为忙于招待来宾，我们几乎什么都没吃，又饿又累，林肖瑾让保姆给我下了碗面条。我居住的这幢别墅，上下三层，面积五百多平方米，当时房价3 000多一平方米，短短一年，飙升到9 000多，整整翻了三倍。我进入房产业，就是从那时开始的，什么生意都没有造房子赚钱。可是楼盖到一半，恰恰遭遇亚洲金融危机，银行贷款冻结，工地不得不停下来，幸好有"自立1号"，使我从破产的边缘挣扎过来。

当时我找了冯区长，就是现在政协的冯副主席，他让我再坚持一下，国家扶持政策很快会下来。后来经冯区长帮忙斡旋，我最早拿到银行贷款，几幢大楼盖起来，赚到不少钱。前几年，社会舆论集中在房价上，常海大学经济管理学院院长公开表示，房价不下天理难容。一些经济学家预测房价将调整，政府也出台了一些措施，打压房价。自立集团开发的几个楼盘，销售停滞，少人问津，我也有点心急慌乱了。很快有人带话给我，马跑得太快需要勒一勒，不必在意，我心里就有底了。果然，房价小幅降价，随即反弹，超出了原先的价格。这些年做生意，我深刻体会，最重要的是关系，没有关系简直寸步难行，尤其是产业做大了，关系更加重要。

吃完面，我坐在书房的一把摇椅上休息，喝林肖瑾煮的咖啡，听贝多芬的《田园交响曲》。音乐有助思考，我在家里常常这样，一些重要事情的决策，往往边听音乐边酝酿形成。

今天上午刚到办公室，谢云华和范正欣就来了，汇报昨晚宴请钟盛远的情况，最重要的一条消息，钟盛远答应去庆远，我大喜过望，此人亲自出马，效果一定会好得多。范正欣还特别提到吴小莉，说真没看出来，她的聪明灵活和应酬能力，远远超过她的年龄，钟盛远同意去庆远，她起到了关键性作用。我笑而不语，心里想没看错人，意料之中，而且我相信，吴小莉会继续发挥作用。

我考虑亲自出面宴请钟盛远，表示对他的尊重，也算为他饯行，实际是给他打打气，鼓鼓劲。范正欣赞成，但谢云华不同意，他提出三个理由：一、时间太紧，后天就要动身，钟先生也是忙人，他有自己的事情，况且连续应酬吃饭，会产生疲倦感，即便董事长宴请，效果也会因此受影响。二、这次去庆远，我们是呈交上诉状，他是打招呼，提请他堂兄重视，这就足够了，所以应该避免给他压力，不然恰得其反。三、董事长宴请放在庆远回来，是表示答谢，这样不仅程序上通顺，而且更能凸现董事长宴请的意义，对以后也有利。我接受谢云华的意见，他考虑得很周到，尤其是避免给钟盛远压力，确实有道理，非一般人所能想到，可见他思维之缜密，经验之丰富。我当时就对范正欣说，你要好好向谢主任多学习，多请教。

我想宴请钟盛远，为他接风洗尘，第一次见面，应该适当送些礼物，略表谢意，可是送什么好呢？钟盛远这样的文化人，应该喜欢文化类的东西。我收藏了一些字画，挑出一本册页，是清末民初画家甄达的山水小品，市价大概十万元上下。作为见面礼，轻了不起作用，重了有贿赂之嫌，这本册页不轻不重，比较恰当。

林肖瑾端来一盘车厘子，我血糖偏高，只能选择性地吃些水果，车厘子属少数不增加血糖的水果。林肖瑾今年三十八岁，穿着一件丝质睡衣，隐隐透出丰盈却不失婀娜的身姿，却一点激发不了我的欲念。最近压力太大，总是想着广告公司的官司，如果二审再输，损失远远不止一个亿，我担心自立集团的股票如果因此受挫，那问题就严重了。

19

赵莹

今天是周五,我去往机场,路上车流如潮,人流往复,大多脚步匆匆。让我想起《史记》里的一句话,天下熙熙皆为利来,天下攘攘皆为利往。这话似乎并不全对,也太俗了些,名利历来只属于少数人,而大多数人是为生活而奔波。譬如此时的我,即将远赴庆远,并非为名为利,而是去上诉告状,为讨回一个公平公正。

前天下午谢云华主任来电话,通知我周五去庆远,机票已订好,航班时间发在我手机上,届时在机场会合。他把最近的情况告诉我,新聘了一位律师,叫宋公明,上诉状也是宋律师写的。特别重要的一个消息是,通过常海高院朋友的关系,找到庆远市高级法院院长钟盛道的堂弟钟盛远,这次钟盛远和我们同机前往庆远。谢主任说这个人出面,虽然不能保证二审一定赢,但至少可以引起庆远高院院长的重视,对案子产生一些有利的作用。我仔细地听着,心禁不住"扑通扑通"地跳,这是自败诉以来唯一听到的好消息,那一刻我真有点激动了,仿佛看见一缕久违的阳光,穿透积压在心头的重重乌云。一审惨败,就是因为庆远举目无亲,没有关系,现在找到关系了,而且是庆远高院院长的亲戚,二审应该有希望逆转。我再三感谢谢主任,能找到这样一个人,形同救星,真是不幸中的万幸,不然我都快崩溃了呀!

当时挂了电话,我就一直在想,钟盛远这个名字似乎并不陌生,有点熟,然后想起来了,这个人是作家。我是学中文的,曾经读过不少文学作品,也读过钟盛远的成名作《生死情缘》。至今还记得主要情节,描写海峡两岸一对失散夫妻,情节很曲折,也很感人,后来改编成家喻户晓的电视连续剧。我对作家一向景仰,原来距离很远的作家钟盛远,居然为同一件事一起去庆远,这完全是一个意外,更是一种惊喜。我想一定要找他好好谈一次,把案情详细地告诉他,将我遭遇的不公和委屈都说出来,恳请他为社会、也为我主持公道。

我知道社会并不完美,还存在这样或那样的问题,但我一直以比较积极乐观的态度看待社会,相信善良、公平和正义是社会的主流意识。我也相信法律,因为法律象征且代表正义,以神圣不可侵犯的权威约束人们的行为,维护社会的公平公正。我自以为是这个社会健康的分子,像无数个分子一样,为社会添砖加瓦,维护社会的正常秩序。可是当我身临其境,真正感受到的法律,却让我大失所望,反差之巨,刺激之大,简直就像横遭当头一棍猛击。

我母亲五十岁时开始信佛,一个从事高等教育工作的教授,虔诚地信仰佛教,让我很有点不以为然。母亲临出国前和我有过一次长谈,她说人需要信仰,但他们这一代人曾经坚守的信仰,被现实无情地摧毁了,选择信仰佛教,是寻找心灵寄托之所在。母亲还劝我有时间不妨看看《般若波罗蜜多心经》,一共才二百六十八个字,却把宇宙人生的真理讲透了。我当时并不认同她的观念,也没有想过要看《般若波罗蜜多心经》,而此时此刻,却很想找来读一读,也格外思念远在异国他乡的母亲,我的心灵也需要有个寄托之所在啊!

汽车驶上机场高速路,很快就要到达,手机上有信息显示,是肖辉发来的,他说在深圳出差,周六回来,最后是一句很暖心的话——别多想,再大的责任我和你一起承担。这些天我一直不理睬他,打电话、发信息,一概不接不复。其实我何尝不知,他介绍业务是为我好,他同意垫款也是出于好意,造成如此结果,完全是因为一纸不公正的判决,他没有一丁点责任。可我还是忍不住生他的气,朝他发火,实在是因为我的愤怒和委屈无处发泄,在公司还要装作像平常一样,只能对他使性子,拿他当出气口。我知道自己不对,太任性了,就为他那句暖心的话,也应该给他一个回复。我发出信息,告知去庆远呈交上诉状,他很快回复,祝愿二审顺利,并要我照顾好自己。

机场到了,司机将车停在国内航班入口处,我看了时间,离起飞还有一个半小时。换了登机牌,通过安检,来到约好的会合点——飞往庆远的登机口,举头张望,谢主任等人都还没到。我在等候的长椅上坐下来,眼睛看着通道那边,心里想着作家钟盛远是什么模样,他的年纪应该不太老,是那种比较瘦的体形,但有一双明亮的眼睛,闪烁着智慧的光芒。我还想着当谢主任把我介绍给他时,我该怎么称呼他?称呼老师或先生,两者都是尊称,但比较起来称先生似乎更准确,内涵也更广泛一些。

我看见范正欣从通道那头走来,大个子,几乎高人一头,格外显眼。他身边是漂亮的吴小莉,穿白底点花连衣裙,拖着旅行箱。我马上站起身,一眼便看见了谢云华主任,他和一个穿长袖白衬衫的中年人并肩走着,两人差不多高,边走边说着什么。我想那人一定是作家钟盛远,但并非我想象的那样,他体形比较壮实,显得年轻,步履轻松潇洒。我快步迎上去,扬手招呼,谢主任抬起头,脸上露出笑容。我不等谢主任介绍便说:"这位一定就是著名作家钟盛远先生吧?"

钟盛远不认识我,不知道我是谁,有点意外和茫然,谢主任马上作了介绍。钟盛远主动伸出手来:"噢,是赵总经理,幸会幸会。"

我握住他的手说:"钟先生,您的大名我早就知道,因为很早就拜读过您的大作,非常荣幸,非常荣幸。"

钟盛远微微一笑:"赵总,客气了。"

我说:"钟先生,劳您大驾,给您添麻烦了。"

钟盛远还是微微一笑。

我的目光停留在他脸上,一双细细长长的眼睛,直挺的鼻梁,年轻时应该比较英俊,现在人到中年,身上透出成熟和稳重。

谢主任说:"钟先生,赵总是清华大学中文系毕业的高材生,广告设计很有创意,在业界小有名气。"

钟盛远朝我看着:"好啊,才女。我也是学中文的,但是没敢考清华。敬佩!"

我说:"钟先生,谦虚了,您是大作家,我读过您的作品《生死情缘》,很感人,也很有思想,那时我就非常仰慕您,真的。"

钟盛远摇摇头:"赵总,过奖了,我就是一个普通人,普通的写作者。"

我说:"钟先生,好就是好,我不说假话,也不会说假话。"

此时广播响起,飞往庆远的旅客开始登机。谢主任说:"赵总,我们登机吧,以后有时间慢慢聊。"

只见范正欣匆匆跑来对谢主任说:"宋律师还没来,怎么办?"

谢主任说:"快给他打电话。"

范正欣答:"打了,他手机关机。"

谢主任下意识地转头朝后面看了一眼,问:"你把航班时间跟他说清楚了吗?"

范正欣点点头:"航班号和起飞时间都发在他的手机上了。"

谢云华挥了挥手:"飞机不等人,随他去吧,我们走。"

20

宋公明

上午开庭,估计十一点之前可以结束,不料开到十二点多,急忙往机场赶。还算好,路上很通畅,赶上了,机场工作人员用小车将最后一个乘客送到舷梯旁,刚登上飞机,舱门便关闭了。空姐领座,范正欣和一个年轻漂亮的姑娘坐在一起,我的座位与他们同一排,只是隔在通道另一边。

范正欣沉下脸问:"宋律师,你怎么搞的,连手机都不开,我们还以为你不来了。"

我连声道歉:"对不起,对不起,上午开庭,手机关机,着急往机场赶,又忘了开机。"

后排一位年长的人朝我笑了笑:"宋律师,赶上就好,快坐吧。"

我看着他,感觉有点面熟。

范正欣指着年长的人:"给你介绍一下,我们集团法务部谢云华主任。"

我忽然想起:"是高院的谢庭长吧?"

谢云华摆摆手:"那是以前。"

我说:"谢庭长,我在高院见过您几次,您可能没注意我。"

"是吗,那就抱歉了。"谢云华站起来伸出手,"叫我老谢吧。"

我握住他的手:"您是大庭长,没注意我这小律师,也正常。"

谢云华摇摇头:"宋律师,那时候太忙了,没顾上,请您见谅。"

我感慨地说:"没想到我们在飞机上见面了。"

"是啊,我们现在还是一个团队。"谢云华指着旁边座上的女士,"宋律师,我介绍一下,这位是自立广告公司总经理赵莹,前面那位姑娘,是我们法务部的文员,叫吴小莉。"

赵莹对我微微一笑,吴小莉也朝我点点头,算是打了招呼。

这两个女人年龄不同,但容貌都很出众,赵莹气质高雅有风韵,吴小莉年轻活泼有朝气。我笑着说:"两位都是美女啊!"

我在座位上坐下,扭头问范正欣:"范副主任,您不是说还有一位作家吗?"

范正欣答:"钟先生在商务舱。"

我听了没出声,但心里有点不舒服,并非在乎坐不坐商务舱,而是感觉范正欣做事不地道,小家子气,于是故意说:"范副主任,您考虑过没有,让钟先生一个人坐商务舱,连个说话的人都没有,不寂寞吗?"

范正欣看了我一眼:"宋律师,我明白您的意思,应该让您也坐商务舱,对吗?"

这话既不友好,且具有挑战意味,我毫不客气地回敬道:"对,如果换了我,一定不会这样安排,因为主人对客人应该一视同仁,这是基本道理。"

范正欣一时没找到适当的措辞,脸色有点尴尬。

谢云华从后排探出头来:"宋律师,是我们考虑不周,我给您道歉。"

我朝他摆摆手:"谢主任,言重了,我和范副主任只是随便说说而已,没关系。"

范正欣回过神来,恢复常态笑着说:"宋律师,抱歉,我疏忽了,这样,我马上找空姐,给您办升舱。"

我一听就明白,他这是以守为攻,但他毕竟还嫩了些,需要再敲打一下。我又说:"范副主任,我就不必了,该升舱的是谢主任,他年纪比我们都大,是德高望重的前辈,您可要好好尊重啊!"

范正欣脸涨红了,想说什么却没说出来。

我明显感觉谢云华与范正欣之间的不同,便换了话题对谢云华说:"谢主任,庆远那边有人接机,还备好了接风洗尘的酒宴。"

谢云华问:"宋律师,您在庆远也有熟人?"

我点点头:"有啊。"

范正欣插话:"我们也有人接,是庆远高院院长的秘书。"

我笑了笑:"来接我的就是一个普通人,开饭店的小老板。"

谢云华马上接口:"开饭店的好啊,我们有地方吃饭了。"

范正欣摆摆手:"谢主任,这恐怕不行,钟先生说周秘书会安排的。"

谢云华摇摇头:"小范,别让周秘书破费,我们到宋律师的朋友那里去,可以的话,请周秘书一起去。"

我说:"谢主任,有些人不懂,我们找人家办事,还要人家请客吃饭,没道理。"

谢云华笑了笑,没出声。

我又说:"我可以保证,让大家吃到最有特色的庆远菜。"

谢云华点点头:"好,那就定了,去吃特色庆远菜,不过申明一点,我们买单。"

我摆摆手:"我那个小兄弟不会让你们买单的。"

"看来关系不一般。"范正欣说。

我没理他,仰在靠背上,闭起眼睛。这几天连续开庭,又忙着从法院赶到机场,午饭也没顾上吃,既饿且累,想睡却睡不着。我和范正欣只见过一面,原来对他有点好印象,可是现在看法变了,这个人格局确实不大,小肚鸡肠,尤其是说到庆远高院院长的秘书来接机,那种自得的模样,活脱一副小人相。我甚至想不干了,和他这种人无法合作,到庆远干脆买张机票返程。当然,这是气话,真正做主的是谢云华,他和范正欣完全不同,有丰富的经历,有骄傲的资本,但却非常恭谦,令人肃然起敬。我还注意到两位女士,她们始终不说话。吴小莉年轻,资历浅,可以理解。作为广告公司总经理的赵莹,有话语权,她也一语不发,面带微笑倾听,这是一种修养,和她优雅的气质一致。

空姐送来点心和茶水,我吃了喝了,一点都没剩,然后就睡着了。不知过了多久,谢云华把我叫醒,说到了,飞机已经着陆。

21

钟盛远

我乘飞机一般都坐经济舱,也坐过几回商务舱,是接待方执意之下,盛情难却。这次自立集团为我订了商务舱,是表示尊重,心意我能理解,可是单独一个人,很无聊。我想如果考虑周全一些,谢云华主任应该坐商务舱,我们可以谈谈案子。还有一种可能,谢主任谦虚,不愿特殊,即便如此,也可以安排其他人。譬如吴小莉,我和她很谈得来,这样旅程就不寂寞了,而且会很愉快。

飞机在庆远机场降落,我和自立集团的人会合,谢云华给我介绍了宋公明律师。宋律师递来一张名片,我顿时想到《水浒》里的宋公明,不仅姓名一样,长得也和书里描绘的一样,矮矮胖胖,皮肤黝黑,那一瞬间,我简直怀疑是时雨宋公明转世再生。

我们一行走到出口处,周挺边招手边朝我走来,我握住他的手说:"周秘书,给你添麻烦了。"

周挺摇摇头说:"钟老师,不麻烦,应该的,欢迎您来庆远。"

我将谢云华等人一一介绍,周挺一一握手,礼貌地点头致意。此时只见一个壮汉从斜旁冲出,大步向我们跑来,嘴里喊着"宋队长",我们都一脸疑惑,谁是宋队长?壮汉跑到宋公明面前,又喊了一声"宋队长",再恭恭敬敬地鞠躬。我们的目光集中到宋公明身上,不解地看着他,这是怎么回事?宋公明把壮汉扶起,用力在他肩上拍了一下说:"这是我朋友陈永兴,开饭店的老板,也是大厨。"

谢云华问:"宋律师,朋友怎么叫您队长?"

宋公明答:"我在监狱里当过中队长,也就是狱警吧。"

谢云华点点头:"哦,我明白了。"

吴小莉忍俊不禁,捂住脸笑。

宋公明侧眼看着她:"吴小姐,您笑什么?"

吴小莉笑着答:"宋律师,我怎么一点都看不出来您当过警察啊!"

壮汉陈永兴神情激动:"宋队长是个好警察,也是我的恩人,没有他就没有现在的我。"

宋公明摆摆手:"别说这些没用的,我们走吧,到你那儿吃饭去。"

周挺小声对我说:"钟老师,我送你们过去,饭我就不吃了。"

我问:"周秘书,有什么不方便吗?"

周挺摇摇头:"那倒没有。"

我说:"那就去吧,我想和你一起喝几杯。"

周挺迟疑了一下,点点头。

我们走到停车场,宋公明上了陈永兴开来的客货两用车,我和自立集团的人乘坐装有警灯的面包车,跟在陈永兴的车后面,驶上进市区的高架路。坐在副驾座上的周挺转头问我:"钟老师,你们订宾馆了吗?如果没订,我可以给你们订。"

我不知道订没订,转头朝范正欣看。范正欣马上说:"订了,在网上订的,鲜花大酒店。"

"鲜花大酒店不错,五星级的,但是在市中心,可能有点闹。"周挺说。

范正欣解释:"我在网上看了,鲜花大酒店离高院比较近,所以就订在那里了。"

周挺朝我看了一眼，欲语又止，他显然不知道我们是来打官司的，我想既然堂兄没告诉他，我就不提了。汽车在一家酒楼门前停下，我们从车上下来，大门口站着两排人，夹道欢迎，边鼓掌边喊"欢迎恩人光临。"一个三十多岁的妇女从队列里走出，叫了声"宋队长"，仿佛见到久别的亲人，激动得泪流满面，宋公明先和她握手，然后再拥抱。我们目睹这一幕，被这真诚热烈的气氛所感染，更想知道曾经发生过什么。

陈永兴和那位妇女将我们领进一间宽畅的包间，请宋公明坐主位，宋公明推辞一番才坐下。他居中，谢云华和赵莹、吴小莉坐在左边，我和周挺、范正欣坐在右边。接着名曰"十全十美"的十道凉菜上桌，酒也打开了，是三十年的茅台，陈永兴和那位妇女首先向宋公明敬酒。

陈永兴端着酒杯说："宋队长，您打电话说来庆远，我们两口子高兴得几天都睡不着觉，想怎么招待好您。我们俩都不会说话，不知道怎么表达，就是一句话，您到庆远，我们这里就是您的家，想怎么就怎么，只要您高兴就好。这第一杯酒敬您，代表我们两个的心意，请宋队长干了。"

宋公明端着酒杯站起："小陈、小萍，你们的心意我领了，什么都不说了，干杯！"

三个人碰杯，正要喝，我扬起手说："宋律师，且慢，我有话要说。"

宋公明转头看着我："钟先生，有话请讲。"

我站起来："宋律师，从下飞机到现在，我们看到的一切，都很感动，但是不明就里，到底是怎么回事？所以想请您满足一下我们大家的好奇心，讲讲你们之间的故事，这酒喝起来就更有滋有味了。"

宋公明摇摇头："没什么好讲的。"

吴小莉用充满期待的目光看着宋公明："宋律师，您就讲讲吧，我们大家都想听。"

宋公明略微沉思了一会,指着陈永兴说:"小陈是庆远人,来常海打工,在一家饭店当厨师,小萍是常海人,在饭店收钱管账,后来他们两个好上了。但是小萍的父母,特别是她的姐姐尤其反对,为了不让他们见面,强迫小萍辞掉工作。当时小萍也有点动摇了,提出分手,小陈不同意,两人发生争吵,小陈一怒之下,打了小萍,还把她的衣服撕碎了。小萍的姐姐出面告小陈强奸,小陈因此被判刑六年,但他不服,一直喊冤。我几次找他谈话,教育他认罪服法,小陈把事情的原原本本都说了,我才发现这个案子确实有疑点,便向检察院驻监所反映,要求启动重审程序。同时我找到小萍,小萍讲了真话,她是被家人所迫,但不知道后果这么严重,是她害了小陈。我还找了小萍的姐姐,向她交待政策,她也后悔了,承认有不实之词,目的是为了拆散小萍和小陈。法院在监狱开庭,错案纠正,改判小陈无罪。小陈出狱后回庆远,开了一家小饭店,因为厨艺精湛,生意越做越好,有了现在这家酒楼。"

吴小莉伸出拇指:"宋律师,您是好人。"

赵莹问:"陈老板,我想请问一下,你和小萍怎么又走到一起了?"

陈永兴脸红了,有点不好意思。

小萍推了陈永兴一把:"他脸皮薄,我来讲。他回庆远三年,一直没有消息,有一天突然冒出来了,说要娶我,我就答应了,跟他来了庆远。"

赵莹又问:"你家里人同意了?"

小萍点点头:"我早就跟我爸妈说了,这辈子非陈永兴不嫁,他们也没办法了。"

吴小莉问:"三年了,一点消息都没有,你怎么相信陈老板会来找你?"

小萍甜甜地笑了笑:"我知道的,他心里有我。"

吴小莉转向我:"钟老师,这是一个很好的小说题材,写出来一定非常感人。"

我微微一笑:"吴小姐,看来你很有感触,不妨动手写一写。"

吴小莉连连摇头:"我不会写,也写不好。"

宋公明举起杯:"问题回答完了,现在该喝酒啦。"

陈永兴夫妇齐声说:"宋队长,我们敬您。"

我们都站起身,纷纷举杯敬宋公明,气氛非常热烈。陈永兴一连敬了三杯,暂且告退,说要下厨掌勺,为宋公明和我们做几道拿手菜,夫妇两个一起离开。

宋公明举杯敬我,他说:"钟先生,刚才我回答了您的问题,现在我也想请问您一个问题,自立集团怎么找到您,怎么请动您的大驾?您就当满足一下我的好奇心吧。"

我没想到宋公明会提出这个问题,而且是一种交换,让我不得不回答。我想了想说:"其实很简单,常海高院的郑鸿建处长认识我,郑处长和谢云华主任又是老同事,所以找到我,就这么回事。"

周挺马上问:"钟老师,您说的郑鸿建,是不是常海高院负责接待工作的郑科长?"

我点点头:"对啊,就是他。"

宋公明问:"周秘书,您怎么也认识郑处长?"

周挺答:"去年我陪钟院长到常海开会,郑科长接待我们,一起吃过饭,钟老师也在。"

"噢,我明白了。"宋公明举起杯,"周秘书,感谢您亲自来机场接我们,我敬您。"

周挺也举起杯:"宋律师,很高兴认识您,尤其听到这么感人的故事,令我敬佩。您曾经也是执法者,现在当律师,依然从事法律工作,我们以后可以多交流。"

宋公明有点兴奋了,走到周挺身边碰杯,一干而尽,然后握住周挺的手说:"周秘书,您过奖了,彼此彼此。我们这次来,少不了麻烦您,可能还需要您的帮助。"

周挺说:"宋律师,我冒昧地问一句,你们这次来……"

我举手插话:"周秘书,我们这次是来你们庆远高院打官司的。"

周挺恍然:"刚才在车上,你们说住的要离高院近一些,我就想到了。"

我说:"案子的情况,我已经跟我堂兄说了,他没告诉你?"

"没有。"周挺摇摇头,"是什么案子?"

谢云华答:"常海市自立广告公司和庆远益生制药公司合同纠纷,这次来上诉,打二审。"

周挺明显一愣。

我立即问:"周秘书,你知道这个案子?"

周挺略迟疑,然后摆摆手:"没有,不知道,不过您钟老师亲自来了,什么都好说。"

我感觉他知道,只是不想说。

谢云华指着桌上的菜肴说:"这么好的菜,看了都眼馋,大家动筷子吧,边吃边聊。"

赵莹品尝了"十全十美"中的一道苦瓜拌鸡丝,连声说好,有特色,大家吃了也说好。

周挺附在我耳边说,这种场合他不便多留,并且要我跟他出去一下,说几句话。

22

谢云华

周秘书告辞,大家都挽留,但留不住,钟盛远送他出去,我们几个重新坐下来。吴小莉说:"周秘书怎么不吃饭就走了?"

我答:"小莉,作为高院院长的秘书,要谨慎,要避嫌,不便和当事人一起吃饭,我们应该理解。"

第一道热菜清炒虾仁上桌,色泽饱满,晶莹透明,大家品尝了都称赞。范正欣说:"常海宾馆的清炒虾仁最有名,但陈老板的清炒虾仁,一点不比常海宾馆的差。"

紧接着葱烧海参也来了,热气腾腾,鲜香扑鼻。赵莹品尝了以后说:"这道菜真是做绝了,既保留了海参的弹性,又很糯,进口即化。"

我说:"这要感谢宋律师啊!"

赵莹马上端起酒杯:"宋律师,您把我们带到这里大快朵颐,非常感谢,因此我要敬您一杯。"

宋公明一脸认真:"您敬我就要喝完啊。"

赵莹爽快地一干而尽。

宋公明又说:"赵总,入乡随俗,庆远的规矩三杯为敬。"

赵莹面露难色:"宋律师,我恐怕喝不了三杯。"

宋公明笑了:"赵总,一句笑话,不必当真,我从来不为难女人,尤其是您这样漂亮的女人。"

赵莹用手遮住脸："宋律师,不好意思,我都老了。"

宋律师开怀大笑："赵总,您现在这个年纪,是最好的时候,充满了成熟女性的韵味。"

赵莹连连摆手："宋律师,快别说了,别说了。"

宋公明接着又举杯敬我,我不会喝酒,但没有拒绝,也不像往常那样湿湿嘴唇,做做样子,而是一口喝掉。我对他印象颇好,看他写的上诉状,听他在飞机上和范正欣的对话,感觉他有能力,文笔、口才都好。特别是他当狱警的那段经历,说说容易,真正做到很难,要具有正义感和同情心。当然,我也发现了他的不足之处,有点不拘小节,过于张扬。

范正欣举起杯："宋律师,在飞机上发生一点不愉快,请您不要在意,我敬您一杯,既表示感谢,也表达歉意。"

宋公明又哈哈一笑,没和范正欣碰杯,一口喝掉杯中酒,范正欣也喝完了,还亮了亮杯底。

我笑着说："这样好,这样好,我们出来要团结,不要为一点小事不高兴。"

范正欣将目光转向我："谢主任,钟先生送周秘书,到现在还没回来,不会有什么事吧?"

宋公明插话："什么事都没有,他们在谈案子。"

范正欣反问："您怎么知道他们在谈案子?"

宋公明自饮了一杯,然后说："范副主任,您是聪明人,难道没看出来?"

范正欣摇摇头。

"当秘书的人,最擅长察言观色,周秘书既然已经知道我们是来打官司的,而且谢主任也说了什么案子,他把钟先生叫出去,一定是谈和案子有关的事。"宋公明笑了笑,"现在我就不多说了,一会钟先生回来,什么都清楚了。"

我点点头,同意宋律师的看法,周秘书可能知道我们的案子,因为我当时说出案由,他明显有反应。

赵莹说:"刚才周秘书说,钟老师亲自来了,什么都好说,这句话说明他想帮忙,就是不知道能不能帮上。"

"赵总,别小看院长秘书,既可以上传下达,又可以建言献策,作用可能不比一个副院长差。"宋律师说。

赵莹举起酒杯:"这么说我们二审有希望,可以打赢了,我敬您一杯。"

宋律师和赵莹碰杯,两人都一干而尽。

范正欣摆摆手:"赵总,现在才刚刚开始,离打赢还很远。"

赵莹一脸认真:"我有信心,再说本来就判错了。"

"范副主任,你什么意思?"宋律师指着范正欣,"赵总是当事人,你应该理解和体谅她的心情。"

范正欣举起手:"我也希望打赢,但是……"

我把范正欣的手拽下来:"小范,别说了,大家的心情都一样。吃饭,吃饭。"

此时钟盛远快步走来,大家的目光立即转向他。吴小莉说:"钟老师,您终于回来了,我们大家都在等您。"

钟盛远连声说:"对不起,对不起,让大家久等了。"

我礼貌地站起来让座,大家都跟着站起来了。

宋公明笑着说:"钟先生,您看,我们给您最高礼遇,全体立正恭迎。"

钟盛远双手作揖:"千万别这样,不敢当,不敢当。"

我请钟盛远坐下,又示意大家都坐,然后将桌上的两道热菜转到钟盛远面前。我说:"钟先生,先吃点菜,吃点菜。"

钟盛远按住我的手说:"谢主任,我先把情况跟大家讲一讲,讲完再吃。"

我说:"怕您饿了。"

"现在还不饿。"钟盛远朝大家看了一眼,"刚才我送周秘书出去,他说知道我们这个案子,而且还比较了解。"

大家面面相觑,宋律师不无得意。

钟盛远问赵莹:"赵总,一审的审判长叫陈丽萍,对吗?"

赵莹点点头:"对啊,是她,没错。"

"周秘书和陈丽萍是大学同学,陈丽萍找周秘书,要求面见高院钟院长,反映案子的情况。"

赵莹连忙问:"见了没有?"

钟盛远摇摇头:"没有。"

赵莹又问:"为什么不让见?"

我插话:"赵总,一般情况下,上级法院不会干预下级法院办案,这也是程序,不然会把事情搞复杂。"

钟盛远朝我点点头:"周秘书也是这么说的,但是他提出可以安排我和陈丽萍见面。"

宋公明拍了一下桌子:"那太好了,这样我们可以了解一审的真实情况。什么时间见面?"

钟盛远答:"明天,因为我后天要回去。"

宋公明不了解钟盛远的日程安排,脱口而出:"为什么这么着急回去?"

我代钟盛远回答:"宋律师,您不知道,钟先生非常忙,挤出时间来庆远,已经很不容易了。"

宋公明欲言又止,摇摇头。

钟盛远朝宋公明笑了笑:"宋律师,我这次来,就是跟堂兄谈一谈,反映一些情况。周秘书提出和陈丽萍见面,是意料之外的,不过没关系,时间来得及,我和堂兄约好明天去吃晚饭。"

"噢,是这样,我明白了。"宋公明端起酒杯,"钟先生,您百忙之中亲自来庆远,情义无价,我敬您一杯酒,表示崇高的敬意。"

我朝宋公明摆摆手:"让钟先生吃点菜,垫一垫,再喝酒。"

"没关系,没关系。"钟盛远和宋公明举杯一干而尽,"宋律师,好酒量。"

宋公明拱拱手:"钟先生,感觉您不像一般文人,很爽气,很豪爽。"

赵莹忙着给钟盛远夹菜:"钟先生,饿了吧?多吃点,多吃点,这里的菜味道很好。"

钟盛远举起手:"等一等,我还有句话,周秘书有要求,不让当事人参加。"

我马上接口:"法官不和当事人私下见面,是纪律,是规矩,我们理解。"

钟盛远看着我:"谢主任,我不知道明天怎么谈,需要问什么,因为这种事情我没经历,恐怕谈不好,让你们失望。"

我答:"钟先生,您去主要是了解一审的具体情况,听陈丽萍怎么说,不要有任何顾虑。"

范正欣站起:"明天钟先生和一审的审判长见面,非常非常重要,可以获取很多重要信息。因此我建议多去一个人,既可以帮助钟先生记住一些话、一些细节,另外也是一种见证。"

我摇摇头:"不行,周秘书交待了,不让当事人参加。"

范正欣指着吴小莉:"我们没介绍小莉是自立集团的人,她可以去啊。"

我朝钟盛远看着,意思征求他的意见。

钟盛远想了想:"我看问题不大,可以。"

我点点头:"好,那就这样,明天吴小莉陪钟先生一起去。"

吴小莉怯怯地问:"我去行吗?"

范正欣答:"小莉,你去最合适了,要是有人问,你就讲是钟先生的学生,其他什么都别说,用耳朵听就可以了。"

宋公明给钟盛远夹菜:"现在请钟先生用餐,而且要吃好喝好,酒足饭饱。"

赵莹朝钟盛远举起杯:"钟先生,您这次来太好了,一切都很顺利,我敬您一杯,真心地谢谢您!"

"赵总,我既然来了,就会争取把事情办好。"钟盛远也举起杯,"客气的话不说了,我敬您。"

赵莹仰脸就喝,但被吴小莉拉住。

吴小莉说:"赵总,您脸都白了,不能再喝了。"

宋律师从赵莹手里拿来酒杯:"钟先生,我代赵总敬您,喝两杯。"

23

周挺

钟院长让我去机场接他的堂弟钟盛远,并说他们人多,去辆面包车。我随口问了一句,钟老师是来旅游的吗?钟院长说他是来办事的,但没说办什么事。

我知道钟院长和这位作家堂弟感情很好,特别欣赏和重视。但我不知道钟盛远是来帮自立广告公司打官司的,而且对方是庆远益生制药公司。说来还真巧了,上个月一中院民庭副庭长陈丽萍找我,要求我引见钟院长,汇报有关常海自立广告公司和庆远益生制药公司的案件审理情况。我拒绝了,因为我了解钟院长,即便我向他提出来,他也不会同意,上级法院一般不会提前介入或干涉下级法院的审判工作,除非特殊情况。我虽然相信陈丽萍的业务能力,也认可她的一些观点和意见,但她为了一个经济案子,要求越级汇报,不仅得罪领导,而且完全没有必要。我费了不少口舌劝导陈丽萍,她生气了,说我是眼睛朝上的人,扭头便走。其实我还有话没说,据可靠消息,陈丽萍的顶头上司、现任一中院院长朱俊杰,将调任高院常务副院长,意味着是下届院长的人选。

我和陈丽萍是政法大学的同学,一起考进法院,她运气好,分在一中院当助理审判员,我却被派到僻远的县法院。由于距离一百多公里，我和她很少来往，只是偶尔通个电话。让我很感动的一件事，我娶妻结婚，她风尘仆仆地赶来，不料途中遭遇车祸，腿部胫骨骨折，幸好没留下后遗症。后来我当了立案庭庭长，针对当事人普遍反映立案受理时间不明确的问题，征得院领导同意，率先推出答复受理以五个工作日为限的举措，引起市高院重视，钟盛道院长亲自来到县法院，召开会议总结推广。钟院长还找我谈话，主要是谈法院改革、与时俱进的话题，我讲了一些想法和建议。时隔不久，一位副院长退休，我便被提上去，升任正科级的县法院副院长。履职两年以后，奉调市高院立案厅，由正科提副处，一年后任党组秘书。我调来高院时，陈丽萍早已当上一中院民庭副庭长了，而且还是中院的业务尖子。但是她有时太固执，不够圆通，容易得罪人，在副庭长的位置上停滞了几年。

  我将钟盛远一行送到饭店，坐定下来就考虑，钟盛远领着自立集团的人到庆远，意思很明白，要帮忙打赢官司。至于能否打赢，暂且不论，可是我确信一点，钟盛远亲自出面，钟院长一定会重视。因此，我认为眼下是一个机会，主动为钟盛远提供帮助，让自立集团胜诉，争取在钟院长任内，提到正处级，这样就有可能下派到某个中级法院当院长，这是我梦寐以求的目标。我也考虑到朱俊杰，他原来是市委党校副校长，年富力强，调任一中院院长，只是一个过渡，完全可能接任高院院长。我也很清楚一点，真到了那一天，我的仕途就基本到头了，因为后任一般不会再用前任身边的人，所以我必须抓住这次机会，好好表现一番。

  上级法院撤消一审判决，二审改判的案件，尤其案值较大，要上审判委员会过堂，作为审委会主任，钟院长的意见至关重要。目前，我首先要了解钟院长的态度，他重视堂弟钟盛远，但钟盛远只是一个局外人，是来帮忙的，因此钟院长的重视程度自然有区别。如果案子是钟盛远本人的,那情况就不一样了,钟院长会格外重视,这也是人之常情。我想我已经基本了解了钟院长的态度:给予关注,就事论事,持公正立场审理案件。然而据我所知,一审判决有失公正,或者说过头了,二审既有理由,也应该予以改判。错案纠正,钟盛远不白来,自然满意,而且于公于私都有利,钟院长又何乐而不为呢?

我决定了,帮助钟盛远打赢二审,并考虑具体办法。一、我和钟盛远开诚布公地谈一谈,把我知道的都告诉他,然后把陈丽萍约出来,让她和钟盛远见面,亲自介绍一审情况,知己知彼,有利二审。二、案子上诉到高院以后,我可以活动一下,让听招呼的人当审判长,避免节外生枝。三、二审合议庭拿出审判意见呈报审委会,由钟院长把关,依照法律,实事求是,顺理成章地进行改判。当然,我的这些想法和做法,不能让钟盛远之外的任何人知道,所以我提前告退,和钟盛远在外面单独谈,并且当他面给陈丽萍打电话。然后我和钟盛远约定,明天上午九点,我去鲜花酒店接他,同时我说明一点,考虑陈丽萍的身份,当事人不便参加。

司机送我回家,我上车第一件事情,给钟院长打电话。领导交办的事情,必须办好,还要及时汇报,让领导放心。到家以后,我再次给陈丽萍打电话,强调明天见面的重要性,要求她知无不言,敞开来谈。最后我对她说了这样一句话:你跟钟盛远先生谈,其实就跟钟院长谈一样,效果甚至更好。

妻子给我留了晚饭,我边吃边想着自立集团的那几个人,谢云华是资深法官,老成稳重;那个宋律师,虽然其貌不扬,但他和饭店陈老板的那段故事,有点意思;高个子的范副主任,很少说话,但眼睛会看事;还有那两个女人,都很漂亮,年龄大的是广告公司总经理,年轻的吴小莉,没介绍身份,我估计是钟盛远带来的,不方便介绍。

24

宋公明

没想到钟盛远真是好酒量,凡敬他酒皆来者不拒,他敬人酒也都杯杯见底,并且保持常态,面带微笑,很有点李太白遗风。我也好酒,喜欢和钟盛远这样的人觥筹交错,开怀畅饮。没曾想吴小莉也很能喝酒,不仅敬了在座的每个人,还多敬了钟盛远和我几杯,差不多喝了半斤酒,两边脸颊微红,愈发鲜艳娇媚。我还注意到一个情况,吴小莉的眼睛总是朝钟盛远看,目光里是满满的景仰,看来她很崇拜作家。钟盛远的确是个人物,著作等身,声誉在外,虽然年龄大了些,但风度翩翩,气宇轩昂。

吴小莉要求我讲一个印象最深、最难忘的案子,我不想讲,可是大家都要我讲,推辞不过,就讲了一个由我代理的案件。当事人叫李军,常海市计委原规划处处长,官虽不大,但有实权,每批一个项目,直接和对方以赢利比例分成,累计贪赃7 000多万元。此人很聪明,吃顿饭的时间,就能把一个上千万项目的成本和利润,计算得清清楚楚。他案发前潜逃,警方不知他的去向,一年多以后,他突然得到妻子病危的消息,冒险用假护照回国。其实他妻子没有病,警察也到场了,妻子让他赶快逃跑,并且冲上去拦住警察。慌乱之际,警察手里的枪响了,他妻子不幸中弹身亡,他也被捕了。我受他父母的委托,当他的辩护律师,一审判处死刑,他没有上诉,放弃了可能求生的机会。

大家沉默了一阵,然后开始议论,吴小莉先提出问题:"李军怎么会得到他妻子病危的消息?"

我答:"我也问过李军这个问题,他说是一个最好的朋友告诉他的。"

吴小莉摇摇头:"那就是圈套。"

赵莹提问:"看来他们夫妻感情很好。有孩子吗?"

"没有。他妻子生理上有问题。"

赵莹叹了口气:"这样也好,了无牵挂,就是苦了双方的老人。"

我侧脸看着谢云华:"谢主任,这个案子您应该知道啊?"

"知道,听说了。"谢云华点点头,"当时我在民庭,具体情况不太了解。"

赵莹说:"那个李处长虽然很聪明,吃顿饭的时间能把账算清楚,可是他根本上错了,贪赃总会被发现的,这样做得不偿失啊!"

我说:"赵总,我告诉您,李军当处长花了不少钱,而且很多是借来的,他当了处长就想捞回来。"

范正欣问:"受他贿赂的人,是不是也被抓了?"

我摇摇头:"李军只承认受贿,没有交代行贿,一件都没有。"

范正欣有点惊讶:"噢,这个人很特别啊!"

"范副主任,我再告诉你一点特别的,他临刑前一个晚上,看守所所长亲自让他点几样想吃的菜,他提出要喝酒,所长不惜违规,拿了几瓶啤酒来,而且陪他一起喝。他像没事人一样,喝酒聊天,谈笑风生,最后还把所长的眼泪弄出来了。"

吴小莉又问:"宋律师,我怎么听着他一点都不像坏人啊?"

我说:"吴小姐,坏人并非全坏,好人也不是样样都好,所谓人无完人。我和李军接触下来,发现他有不少长处,知识全面,对社会了解深刻,他还讲义气,有胆识,在犯人里面很有威望。"

谢云华脸带微笑,只听不说,钟盛远则是若有所思的模样。

我问:"钟先生,您想什么呢?"

钟盛远答:"我想起了林则徐。"

"怎么想起他来了?"

"其实跟您的话题有关。"钟盛远习惯性地微微一笑,"林则徐肯定是好人,虎门焚烟,抗击外辱,可是他也向上司送礼,譬如过年时的'年敬',夏天时的'冰敬',他的看门人也照收别人所谓的'门敬'。林则徐自己可能不愿这样做,但又不得不这样做,因为这是官场上盛行的风气,谁也不能免俗,除非什么都不做,回家种田去。"

吴小莉认真地听着,眼睛一眨不眨,频频颔首。

我伸出拇指:"钟先生,不愧是大作家,讲历史看现实,佩服佩服。"

钟盛远摆摆手:"宋律师,过奖了,我就是想到了,随便说说而已。"

我说:"钟先生,跟您交流受益非浅,我还有不少值得一讲的案例,可以作为创作素材,供您参考。"

钟盛远笑着:"好啊,我想听。"

我端起酒杯:"钟先生,以后有的是时间,慢慢讲,现在我提议再喝一杯,今天就告一段落。"

谢云华连连点头:"对对对,已经九点多了,钟先生旅途劳累,早点休息。"

钟盛进举杯站起:"好,我们共同干一杯圆满酒。"

大家纷纷响应,站起来碰杯,恰恰陈永兴来了,大家纷纷道谢,都说菜做得好,色香味俱全。陈永兴不善言辞,重复一个意思,我们在庆远这些天,一日三餐他包了,想吃什么都可以。其实我还没尽兴,但今天不能再喝了,我要保持头脑清醒,因为回宾馆以后,我要和钟盛远进行一次谈话,而且今晚必须谈。

这次来庆远,除了呈交上诉状,最重要的一件事情,钟盛远和他的堂兄钟院长谈案子,反映一审不公,要求钟院长关注二审,秉公执法。可是谈案子,涉及法律知识,我担心钟盛远谈不好,要有人指导一下,教一教。我也想到钟院长会提出一些问题,并且一定会问钟盛远和自立集团的关系,这个问题直接关乎钟院长的态度,如果钟盛远照实说,仅仅是来帮忙的,或者说是为了讨个公道,那效果就会大打折扣。所以我今晚必须和钟盛远谈一谈,因为他明天见过陈丽萍,直接去他堂兄家,后天返回常海,没有时间了。

我有点纳闷,如此重要的事情,又是关键的时间节点,谢云华主任和范正欣副主任居然毫无意识,就我一个人想到,岂不是"皇帝不急太监急"。范正欣年轻,缺乏经验,还算有点理由,谢云华就不应该了,凭他的资历和经验,没想不到就不正常了。果然,晚餐结束以后,谢云华找我了,要求我出面和钟盛远谈一谈。我问你们为什么不出面去谈?谢云华讲了这样一番话:"宋律师,我们彼此相识才一天,但我对您已经有所了解,您是一位有担当的人,也是一位负责的律师,因此我对您有信任感。我和范正欣不去找钟先生谈,是因为我认为您去谈的效果要比我们好,这不是恭维,而是您的能力所在,这点我深信不疑。至于谈什么、怎么谈,您都明白,都知道,无需我多嘴。"

真没想到谢云华对我的评价还很高,而且态度认真,言辞诚恳。他还提及风险代理合同,认为范正欣做法欠妥,有强加于人之嫌。他说:"现在虽然有了钟先生这层关系,但谁都不能保证二审一定赢,因为我们要考虑到对方也有关系,所以没有必要冒风险。"

谢云华说的是实话,也是为我考虑,我对他怀有敬意,答应去和钟盛远谈。高院的面包车走了又回来,等着送我们去鲜花酒店,其实路并不远,是给钟盛远面子,表示尊重。

25

吴小莉

昨晚喝了不少酒,是我生来最多的一次,不同之处在于,以前在KTV被逼着喝,这次是愿意喝、高兴喝。听钟老师和宋律师交谈,感觉很有收获,钟老师学识渊博,宋律师是个好人,特别是他和饭店陈老板的那段经历,让我很感动。

第二天上午,大家一起吃早饭,范副主任叮嘱我,要记住陈丽萍审判长说的每句话。我和钟老师一起下楼到大堂时,周秘书已经来了,看见我们连忙迎上来。钟老师和他握手,他朝我瞥了一眼,钟老师明白他的意思,便介绍说我是他的学生,不是当事人。周秘书笑了笑说,没关系,一起去吧。

我们上了车,还是那辆面包车,还是那个司机小林。周秘书坐副驾座位,我和钟老师坐在后排,周秘书说路途比较远,大约要开一个多小时。钟老师拿出香烟来,但没点火,又放回去了。我说:"钟老师,您想抽烟就抽吧,我爸也抽烟,我都习惯了。"

钟老师朝我笑了笑,又拿出香烟,并给了周秘书一支,周秘书说戒了。钟老师问:"哎,怎么戒了?"

周秘书答:"因为院长患咽炎,怕闻烟味,我经常和院长在一起,所以就戒了。"

"堂哥原来没有什么咽炎啊。"钟老师说。

周挺解释:"去年院长从常海开会回来,感冒以后得的。"

钟老师沉默了一会,再次把烟收起来,不抽了。

汽车开出市区,驶上起伏的山间公路,车窗两边山林连绵,满目青翠,到处盛开着各种野花,五颜六色。山头上有泉水倾泻而下,形成一条银白色的瀑布,源源不断。攀越一道岭,凭高望远,田陌星罗棋布,民居散落在道路两边,一派赏心悦目的自然景观。我很少外出旅行,更是第一次来庆远,触目所及,一切都很新鲜,很壮美。

汽车颠簸了一下,钟老师扭头看了看我,没有说话,目光里是关切,让我心里暖暖的。从昨天到今天,我和钟老师接触的这段时间,感觉他很好相处,平易近人,很随和。感触更深的是,我们集团完全寄希望于他,但他却没有一丁点摆谱的样子,诚心诚意地帮助我们。我年轻,了解的事情很有限,但我经历的、看到的、听到的,都不怎么美好。我也不真正了解钟老师,但是我相信作家应该是好人,这也可能和我爱好文学有关。我喜欢的作家郁达夫,也是个好人,他被日本人杀害了。

汽车减速,我看见了高悬在半空的四个大字——凤凰山庄,很快车驶到大门口。周秘书对保安说找陆总,栏杆马上升起,汽车继续向前。我以为快到了,拿起随身的小包,准备下车,可是车却加速行驶,而且越开越快。我朝窗外张望,不由地一惊,满目尽是一棵棵粗壮的大树,恍如进入原始森林,这是要把我们带到哪里去啊?钟老师和我想的一样,他开口问道:"周秘书,怎么还没到?"

周秘书答:"到我们要去的六号别墅,还要开十几分钟。"

钟老师不无惊讶:"这个山庄这么大啊!"

周秘书说:"上世纪五十年代,苏联专家来庆远支援军工生产,为了安排他们度假,专门建造了这座山庄,考虑到苏联专家喜爱打猎,所以把一大片自然森林圈了进来。这里一共有六幢别墅,当时分别以苏联名人的名字命名,六号别墅就是原来的高尔基别墅。"

钟老师又问:"现在收归国有了?"

周秘书摇摇头:"大约二十年前,政府拍卖山庄产权,一位副市长的儿子得手。此人颇有眼光,维持了一段时间以后,提出搞大型休闲度假宾馆,其实就是虚晃一枪。政府出于对历史遗留的保存,以及对自然生态环境的保护,不同意建宾馆,双方谈判的结果,政府回购。此人通过买进和卖出,赚了个钵满盆满,旋即举家移民澳洲,靠利息就能体面地生活一辈子,甚至几辈子。"

钟老师淡淡地笑了笑,没出声。

周秘书又说:"现在的凤凰山庄,是市委、市政府开会的地方,也称常委办。我和这里的陆总经理熟悉,给他打了电话,要他接待一下,准备午餐,下午安排乘船游览凤凰湖。"

钟老师说:"好啊,看一看,玩一玩。"

汽车在六号别墅门前停下,我们刚下车,一个四十来岁的男人从里面快步走来,周秘书介绍是陆总。我们随陆总走进别墅,在客厅的沙发上就座,一位服务小姐开始泡茶。陆总说:"我为你们准备了上百年的普洱。"

周秘书笑问:"真的假的?"

陆总反问:"真的假的你还不知道?"

周秘书转向钟盛沅:"钟老师,我是说笑话,到这里还喝不到真正的好茶,那就没有什么是真的了。"

钟老师点点头。

陆总又说:"钟先生,我认识钟院长,他也常来这里开会,他也喜欢喝茶,上个月我还让周秘书给他带了几斤普洱。"

钟老师说:"我堂兄不喝酒,不抽烟,就爱喝茶。"

"钟先生,您到这里来,随意,我中午有事,不能陪您,晚上和您一起好好喝几杯。今天你们就别走了,住下来,楼上有两个卧室,够住了,条件也不错,五星级的标准。"

周秘书摆摆手:"不行,钟老师明天就要回去,再说晚上还要到院长家里吃饭。"

陆总问:"怎么刚来就要走?"

钟老师答:"星期一单位有事,请不了假,所以明天就得赶回去。"

"我知道,钟先生是常海作协副主席,贵人多忙事,那就下次吧。反正以后来庆远,就到我这里,吃住都包了。"

钟老师双手作揖:"陆总,谢谢,谢谢!"

陆总站起:"周秘书,我就先告退了,这里交给你,好好招待钟先生,有什么事尽管跟服务员说。"

我们都站起身,一一和陆总握手道别。

陆总又说:"钟先生,这次没机会陪您喝酒,下午我来陪您游湖,也算表表心意。"

陆总离开以后,钟老师看了看手表,周秘书马上说:"钟老师,放心,陈丽萍会来的,现在还有时间,我们不妨看一看,参观一下。"

钟老师点点头:"好,那就看看吧。"

我和钟老师跟着周秘书,穿过客厅,踏下两步台阶,就是一个颇大的花园,有水池、假山、竹林,还有各种花卉。我们沿小径绕水池走了一圈,池里有游鱼,成群结队地朝池边游来。周秘书说:"原来后花园就种了几棵树,什么也没有,政府回购以后改建,做成了中式景观庭园。"

我说:"有点像苏州园林。"

钟老师依然笑了笑:"庭园虽然是中式的,做得也不错,可是别墅建筑风格是欧式的,这就有点不伦不类了。"

周秘书连连点头："钟老师，您一眼就看出来了，当时也有人提出过，但领导说这是中西合璧。"

钟老师摆摆手："中西合璧，不是放在篮里就是菜，要讲究协调性，体现艺术性。"

我们回到别墅里面，看了餐厅、厨房和卫生间，装饰十分精致，所有用品都是德国制造，极尽豪华。楼上是两间卧室，规格几乎一样，都铺着红地毯，都有独立的卫生间。这里的特别之处就是大，卧室大、床大，卫生间大，浴缸大。三楼整个是平台，只有两把木制的躺椅，再无其他东西。赵秘书说："当时这样设计，是因为苏联专家的太太喜欢日光浴，没事的时候就躺在椅子上晒太阳。"

我走到围栏边上，朝四处张望，满目都是茂密的树林，看不见一间房屋。周秘书指着前面说："那里是五号别墅，原来叫斯大林别墅，是面积最大的一幢。"

我顺着他手指的方向看去，距离大约五百米，透过丛林掩映，隐隐约约看见了一幢建筑，外观和我们身处的六号别墅基本一样。赵秘书又说："陆总现在就在那里，因为今天市长来了，他负责接待。"

钟老师问："市长带家属来度假？"

周秘书答："好像不是家属，具体是谁我也不清楚，听陆总说市长经常来。"

"周秘书，看来您和陆总关系不一般啊。"

"钟老师，人和人的关系，就是你帮我我帮你，说简单也简单，说复杂也复杂。"周秘书看了一眼手表，"陈丽萍快到了，我们下去吧。"

26

陈丽萍

周挺说钟盛道院长的堂弟专程为自立广告公司的案子来庆远,希望和我见面,开始我不以为然,什么表兄堂弟,有的连八竿子都打不到。周挺介绍了这位堂弟的身份,著名作家、常海市作家协会副主席,还说跟他谈和钟院长谈一样,甚至效果更好,我这才重视起来。

我和周挺是大学同学,关系一直不错,我为参加他的婚礼,车祸受伤,也没有一句怨言。我承认周挺聪明,有才气,在县法院搞出点名堂,跳过中级法院,直接调到高院,还当上了党组秘书。其实我也有过机会,老院长对我印象很好,有意提拔,可是关键时刻我怀孕生产,休完产假再上班,老院长退休了。新院长朱俊杰,原来是市委党校副校长,他到任后便把党校的一个后勤科长调来当民二庭庭长。这个人叫秦娥,有几分姿色,当时就有传言,说秦娥是朱俊杰的老相好。我不关心他们之间的关系,但秦娥来当庭长,夺走了本来属于我的位置,我心里当然不爽。我自以为是一个合格的法官,工作主动积极,办案率在院里数一数二,基本没办过错案。我受理常海自立广告公司的案子,当审判长,拿出合议庭的判决意见,秦娥横加干涉。我向分管副院长反映,副院长说再协商协商,其实和稀泥,因为秦娥背后有朱俊杰撑腰。我很无奈,也很气恼,便想到了周挺,请他帮忙,让我面见高院钟院长,当面汇报案情。可是周挺拒绝了,理由都是官面上的那套东西,我对他很失望,不行就不行,何必说得那么冠冕堂皇,太虚伪了!我答应和钟院长的堂弟见面,希望这个案子在他的干预下改判,那就能够证明我是正确的,也是给秦娥一记响亮的耳光。当然,作为一名法官,我也希望维护社会的公平公正。

我乘出租车到达凤凰山庄,按周挺所言找陆总经理,门卫让我上了一辆山庄内部的车,又开了好长一段路。我知道凤凰山庄,人称"常委办",周挺说这里僻静,说话方便。汽车停在一个院落门前,我刚下车,周挺便迎出来了,后面跟着两个人,我想那个年龄大的男人,应该就是钟院长的堂弟钟盛远。周挺作了介绍,我和钟盛远握手,他长得倒有点像钟院长,个头也差不多,脸上带着微笑,一副斯斯文文的样子。还有一个年轻姑娘,叫吴小莉,长得很漂亮,也很乖巧,礼貌性地和我握了握手,便退到一边去了。

我们走进屋里,是一间很大的会客厅,周挺请我入座,他自己坐在我旁边,钟盛远和吴小姐坐在我对面。吴小姐亲自泡茶,动作规范娴熟,注水、闻香、斟茶,每个动作皆有章法,好像就是做这行的茶小姐。喝了几杯茶,聊了几句闲话,便开始进入正题。周挺说:"这次钟老师专门为自立广告公司的案子来,我请陈庭长出来,介绍一些情况。我们不是正式会议,随便聊,钟老师想问什么就问,陈庭长知无不言。"

我来之前就考虑过,先摸一摸钟盛远的底,于是说:"钟先生,恕我直言,您是作家,从事文学创作,还担任作家协会的领导工作,平时定很忙,怎么还有时间关心自立广告公司的案子,是不是有什么特殊关系?"

钟盛远微微一笑:"陈法官,您直言,我坦言。来庆远的几天前,我和自立广告公司,包括自立集团,没有任何交集,只是知道常海有这家企业。我来是因为常海市高级法院的一位处长找到我,说这个案子一审判得非常不公,希望我为常海的企业说句公道话。这位处长周秘书也认识。"

周挺点点头:"去年我和钟院长到常海开会,认识了郑处长,他负责接待工作。钟老师确实很忙,利用休息时间跑到庆远来,晚上还要去院长家吃饭,明天就回常海,时间安排得很紧。"

我说:"钟先生,冒犯了,对不起。"

钟盛远摆摆手:"陈庭长,没关系,我理解,我理解。"

我开始谈案子:"自立广告有限公司作为原告,起诉益生制药有限公司,要求判令被告偿还拖欠的广告费4 000万元,并承担案件受理费。被告益生制药公司应诉并提起反诉,理由是自立广告公司代理发布的一则广告,扩大药用效果,违反相关规定,被食品药品监察局查处,新华社报道了这一消息,全国十几家媒体转载了新华社的报道。益生公司认为错误广告带来负面影响,造成药品滞销,因此拒绝支付自立广告公司垫付的广告费4 000万元。同时反诉要求,判令自立广告公司返还已支付的4 000万元广告费,赔偿退货损失2 820万元,并承担本案受理费。"

钟盛远说:"陈庭长,据我所知,被查处的一条广告,内容经益生制药公司代表签字认可。再者,广告公司自行扩大药用效果,既无可能,且在理论上也说不通啊。"

我说:"钟先生,自立广告公司提供的证据,确有益生制药公司代表签字,但未加盖企业印章,属不规范行为。法律讲证据,尽管以前均以签字为准,那是没出问题,一旦出现问题,就要以规范为准。尤其在可信可不信的情况下,法院一般都倾向本地企业,这是不言而喻的。"

钟盛远点点头。

我接着说:"本案的焦点问题是责任和处罚。我们一审合议庭认为,错误广告被查处,作为广告代理人,自立广告公司负有不可推卸的责任,应该依法予以处罚。合议庭同时也注意到,益生制药公司未能按约定时间支付广告费用,自立广告公司自行垫资4 000万元,履行和完成广告合同,是有诚意的行为,错误广告被查处,亦非主观意志所为。因此合议庭形成一致意见,驳回自立广告公司原诉请求;驳回益生制药公司反诉请求;本案受理费由双方共同承担。"

钟盛远马上说:"陈庭长,我这样理解合议庭的意见,自立广告公司要不回垫付的4 000万,也不用拿出已收到的4 000万,并且无须承担所谓的退货损失,对吗?"

我朝钟盛远点点头:"对。"

钟盛远又说:"如果这样判,就比较合理了,也用不着上诉了,可是很遗憾。那为什么呢?"

我没有马上回答,沉默着,脑海里清晰地浮现那天的情景……我向审判委员会汇报合议庭对本案的判决意见,在座的委员都不出声,因为朱俊杰院长的脸色已经很难看。冷场了好一会,分管民庭的副院长何建发对我说,小陈,你把判决书拿回去吧,再研究研究。我回答他说,这是合议庭的一致意见,若有不当之处,请各位领导指正。朱院长直呼我的姓名,陈丽萍,庆远是经济落后地区,为企业维护合法权益,保持可持续性发展,是我们法院的工作中心之一。自立广告公司发布错误广告,造成严重的负面影响和经济损失,难道不应该为此负责任吗?何副院长让你拿回去研究,代表审委会的意见和态度,是给你留面子,你难道还不明白?我说感谢领导给我留面子,但是我坚持合议庭的判决意见,理由是,经自立广告公司发布的广告共284条,只有其中1条被查处,考虑实际影响,处罚赔偿4 000万元,是合理合法的判决。朱院长朝我挥挥手说,无论发布多少条,1条被查处,其他都抵消掉了,甚至还不够,这就是老话说的意思,好事不出门,坏事传千里。我当时非常诧异,一个堂堂中级法院院长,竟然说出这种话,不分是非,眉毛胡须一把抓。可他是院长,一把手,一言九鼎,我不能直接反驳,便换了个话题。我说益生制药公司要求赔偿退货损失,自立广告公司举证与事实不符,而且违背民法通则同一行为不得重复处罚的原则精神。朱院长大声质问,错误广告造成退货损失,是同一行为所致,哪里重复处罚了?接着他又直呼我的姓名,陈丽萍,我有必要提醒你,法院是在党的领导下工作,审委会是在院党组领导下工作,这是原则,也是纪律。那一刻我深深地感到悲哀,在权力面前我是那么渺小,完全无能为力。

周挺在茶几上敲了几下,我才回过神来,钟盛远正直直地看着我。

我歉意地笑了笑说:"钟先生,合议庭的意见被审判委员会否定了,现在的判决内容是审委会决定的,判决书上有说明。但是我认为这个判决不公正,而且远远超出了所谓地方保护的概念,因此我想面见钟院长,越级反映情况,可是周大秘书不肯帮忙。"

周挺当即声辩:"陈丽萍,我当时跟你讲得很清楚,越级反映会把事情弄复杂,再说即使我向钟院长提出来,钟院长也未必同意见你。"

我问:"你没提出来,怎么知道钟院长不见?"

周挺摇摇头:"陈丽萍,我知道你有气,随你怎么说吧。"

我指着他:"周挺,你就是明哲保身。"

钟盛远朝周挺摆摆手:"过去的事情就不说了,我想问一句,审判委员会为什么要这样判?"

我答:"钟先生,可以这么说,朱俊杰院长代表审委会,审委会就是朱院长。我还可以告诉您,判决书也是朱院长亲自动手改的。"

"这也太不正常了。"钟盛远的声音有点大起来,"陈庭长,朱院长他为什么要这样?"

我答:"钟先生,我只说我知道的,不知道的不能随便说。"

钟盛远朝我看着,若有所思地点点头。

我最后说:"钟先生,作为本案的审判长,我可以负责任地说,一审判决是不公的,错误的。庆远是经济落后地区,但法院的审判工作没有理由落后,庆远的法官同样也有尊严。今天我来见您,就是想通过您,把我说的这些情况转告钟院长,希望引起钟院长的重视,认真进行二审,体现法律的公平公正。"

钟盛远有点激动,探身握住我的手说:"陈庭长,请放心,我一定转告,一定转告。"

服务员走来请我们去餐厅用餐。

27

钟盛远

　　餐厅在客厅的东头,中间是过道,我很奇怪没看见厨师忙碌的身影,也没听见锅碗瓢盆的声音,长方形的餐桌上却已经摆满了丰盛的菜肴。周挺告诉我们,厨房根据客人的点菜单,做好以后由专人专车送来,冬天送半成品,厨师跟过来简单烹饪加热。一共六幢别墅,一号别墅改成会议厅,厨房供应五幢别墅的吃喝,没有多少人,绰绰有余。

　　大家入座,周挺让我和陈丽萍坐在一起,他自己和吴小莉坐在我们对面。服务员开酒,是茅台,周挺对我说:"钟老师,您晚上去院长家吃饭,肯定要喝酒,中午就少喝点吧。"

　　我说:"那就别喝了,我们吃饭。"

　　"无酒不成席,我们少喝一点。"周挺让服务员斟上酒,"陈庭长能喝,吴小姐也能喝。"

　　陈丽萍端起杯:"钟先生,初次见面,我是庆远人,尽地主之谊,先敬您一杯。"

　　我连忙站起身:"陈法官,我敬您,我敬您。"

　　陈丽萍和我碰了碰杯,爽快地一干而尽。

　　吴小莉也端起杯:"陈庭长,我也敬您一杯。"

　　陈丽萍和吴小莉碰杯,又一干而尽。

周挺给陈丽萍夹了一条海参:"丽萍,我们是老同学,不要为一点小事生气。"

"在你是小事,在我是大事。"陈丽萍斟了杯酒,"我要罚你三杯。"

周秘书笑着:"行行,为了同学友谊,我认罚。"

陈丽萍看着周秘书连喝三杯也笑了。

周秘书指着桌上的菜说:"今天以海鲜为主,大家多吃点。"

桌上有虾有蟹,有清蒸的石斑鱼,有和猪肉一起炖的鲍鱼,还有服务员正在加热的鱼翅。

吴小莉说:"我们没点菜啊?"

"都是陆总安排的,按最高标准。"周秘书拿了只蟹给她,"庆远是内陆城市,海鲜基本都是当天空运,从机场直接送到凤凰山庄。"

我对刚才和陈丽萍的交谈感到满意,该了解的都了解了,陈丽萍这人不错,很坦率,思路也很清晰,有职业女性的那种魅力。晚上我要把一审的真实情况告诉堂兄,也要为陈丽萍讲几句好话。

昨晚到宾馆入住,刚进房间,宋律师就来找我,说有事要谈。我请他坐,给他泡了杯茶,他很爽快,开门见山谈正事。他说我明天去钟院长家里谈案子,非常重要,因此一些相关问题,需要提示一下。他着重讲了一点,我为什么飞越两千公里,专程跑到庆远来,为自立广告公司说话,这个问题我堂兄一定会问。我当时说因为常海高院郑处长找我,况且我堂兄和郑处长也见过面,再者案子确实判错了。宋律师说这是实话,但太一般了,没有特别之处,恐怕不会引起我堂兄很大关注。他建议我换一种说法,譬如可以说我和自立集团董事长向德先是好朋友,向董事长多次慷慨资助文学活动,总之要有一些关系,这样我堂兄就会加以重视。其实我来庆远之前就想到了,堂兄会问我和自立广告公司是什么关系,这是一种思维习惯,要了解底细,知道所以然。宋律师讲得也有道理,没有什么特殊原因就跑到庆远来找堂兄,确实有点说不过去,也不够分量。我对宋律师说,意思理解了,我考虑考虑,到时候看情况再说吧。

午餐很丰盛,可是我们几个胃口都不怎么好,没吃多少,一桌菜剩下大半。我最后端杯,再次感谢陈丽萍,也感谢周挺所做的一切。稍事休息以后,陆总来陪我们游湖,坐车到游船码头,游艇很漂亮,上下两层。陆总亲自驾驶,船开得又快又稳,转弯几乎没有倾斜的感觉。陆总告诉我们,原来湖上有几十条机动游艇,为了保护水质,改用人工船,只保留了两条进口游艇,供市领导和重要客人专用。

快艇在开阔的湖面上飞驰,两岸山峦叠翠,风光无限,凤凰山庄被抛在艇后,很快便没了踪影。我和吴小莉站在船舱一侧,略带湿润的风迎面扑来,心情豁然开朗。吴小莉离我很近,劲风吹拂她的长发,轻轻擦过我脸颊,带着一股芬芳的气息。那一瞬间,我有点冲动起来,想伸手把她揽进怀里,实际却悄悄挪后了一步。吴小莉似乎有所意识,扭头看了我一眼,脸蓦地红了。

我刚调入《常海文学》时,曾心仪一位姑娘,是美术编辑,长得很漂亮,还特别爱笑,笑声像银铃般清脆。我试图接近她,向她示爱,但是一切尚未发生,主编大人热心地牵线搭桥。这些年来,我也曾相遇让我心动的女性,但未敢越雷池一步。可是面对眼前的这位吴小姐,我真有点把握不住自己,她很美,很可爱,而且越看越觉得她很像我曾心仪的那位美术编辑。

游艇在一座公路大桥下折返,回到码头上,太阳已然西坠。我们一行和陆总道别,感谢他的盛情款待,周秘书请陈丽萍上了我们的面包车。汽车进市区,先送陈丽萍,然后送吴小莉回鲜花酒店,最后送我到我堂兄家。周挺也到家了,因为他也住在法院小区,离我堂兄家很近。

28

赵莹

中午和谢主任、范副主任一起吃饭，宋律师没在，他去陈永兴那里喝酒了。吃完午饭，范正欣说上街逛逛，我借口有点累，想休息。

回到房间里，无所事事，躺到床上去，想睡也睡不着。打开电视看，常海卫视台正现场直播《庭审记实》，一个中年妇女垂头站在被告席上，检察官宣读起诉书，这个看似普普通通的妇女，竟然非法集资三十二个亿。法庭里座无虚席，画面上出现受害人或泪流满面或悲愤交加的面容，大多是上了年纪的老人，记者相机的闪光灯不断闪烁。我两眼直直地看着电视，凝神沉思了一会，从床上下来，拿起手机拨通肖辉的电话号码。我问："肖辉，你在哪里？"

肖辉答："今天休息，我在家啊。"

我说："赶快打开电视机，看常海卫视。"

肖辉问："怎么啦，什么事？"

我说："你快看吧，看了再说。"

肖辉停了一会，打开电视以后才说："这档节目是我让栏目组做的，难道有什么问题吗？"

我说："非法集资三十二个亿，这么大的事情，我以前一点都不知道，看了电视才知道。"

肖辉笑了笑,没说话。

我问:"你笑什么?"

肖辉答:"中国很大,事情很多,你怎么可能都知道啊。"

我说:"肖辉,你听好了,我要你为我们的案子做档节目。"

肖辉"啊"了一声,显然很意外。

我说:"这个非法集资案在电视上播出,势必引起社会高度关注,同样,如果我们的案子播出,也会引起社会反响,有些人就要考虑考虑了,不敢再胡作非为。"

肖辉迟疑了一会:"做这类节目有难度,审查也很严。"

我马上接口:"不是天天喊以法治国吗?法律要公平公正吗?我们这个案子判决明显不公正,应该让社会了解,让大家听一听,评一评,这样不仅对我们二审有利,对整个社会的法制建设也有利,是一件好事啊!"

肖辉又迟疑了一会:"这件事情非同小可,让我好好想一想,找人商量商量,拿个方案出来,你别急,等我电话。"

挂断电话,我在房间里来回走了几圈,要是我们的案子真的上了电视,造成社会影响,产生舆论压力,二审真的可以打赢。我有点激动起来,想告诉谢主任,听听他的意见,拿起手机,可是想想又放下了。谢主任是好人,就是比较保守一点,考虑方方面面,我怕他万一不同意,这件事就夭折了。我也不想让范正欣知道,因为我和他共过事,他年龄虽然不大,但很有心计,让人看不透。

手机铃声响了,是肖辉打来的,我连忙接听。肖辉说:"刚和政法大学的曹教授打了电话,把你们的案子情况大致介绍了一下,也提出请一些法律专家来讨论这个案子,上节目。曹教授很爽快,答应帮忙,由他出面请几个全市甚至全国有影响的专家来参加讨论。"

我高兴地连声说:"好好,太好了,太好了!"

肖辉又说:"做这档节目,要持客观态度,从法律和法理方面进行分析探讨,不能带有倾向性,更不能公开批评。这是曹教授的意见。"

我连声说:"可以,可以,没问题,但是要尽快,什么时间能播出?"

肖辉答:"我先把邀请的专家落实下来,你把判决书、律师辩护词,以及所有的相关材料,全部发给我。专家请来以后,要先看材料,了解情况,准备发言稿,再正式进行讨论,栏目组同步摄录。至于什么时间播出,现在很难说,还要通过审查,反正我尽快就是了。"

我马上说:"所有材料我电脑上都有,马上发给你。还有,邀请专家的费用我出,免得被人说闲话。"

肖辉笑了笑:"这些你就别管了,我会考虑的,放心。"

我也笑了:"肖副台长,那我就先谢谢你了。"

肖辉问:"你什么时候回来?"

我答:"下周一到高院交上诉状,应该就没事了,但是什么时间回来,我说了不算,要听专案组的。"

肖辉沉默了一会又说:"赵莹,你最近一直不理我,打电话不接,发信息不回,我知道你心里有气,可是……"

我打断他:"你就不能让我出出气啊?不然我快要憋屈死了。"

肖辉连忙说:"好好,让你出,让你出,想怎么出都可以。"

我笑了:"好了,现在出完了,没气了。"

肖辉沉默了一会:"赵莹,我想你了,快点回来吧。"

我沉默着,眼里忽然蒙上一层泪光,其实我又何尝不想他呢。

29

钟盛道

最高法院几位老领导来庆远,这几天忙于接待陪同,昨天游览了清江源、仙女池、龙华古寺,然后登上剑峰山。今天计划去苗岭山寨,因为堂弟钟盛远从常海来,我安排一位副院长陪同,叮嘱一定要接待好,这些老领导虽然退下来了,照样享受待遇,我们要给予足够的尊重。

我妻子一大早就忙开了,和保姆一起上街买菜,还说要亲自下厨,做几样好菜给小远尝尝。我比钟盛远大几岁,爷爷叫他小远,我们也这样叫,习惯了。我这个堂弟也不容易,一个人跑到常海上大学,举目无亲,以一己之力,居然成了著名作家,还当上了作家协会副主席。我和我妻子,包括我儿子钟晓阳,一家人都喜欢他,关注他,甚至以他为荣。我和他的关系一直很好,来往也最多,感情笃深,亲密无间。他从来没有为案子的事找过我,这是第一次,还口口声声说一审判决不公正,专程从常海跑来。说心里话,我多少有点不悦,你一个大作家,管人家的案子干什么?可是既然来了,我也不便推托,置之不理。我不了解这个案子,目前也不会调阅案卷,法院审判有程序,高院按规定进行二审。如果一审判决确实存在问题,二审应当予以纠正,若非一审错判,要我帮忙改判,那是不可能的,我不会这么做。

门铃响起,我正要去开门,妻子抢先一步,从厨房里跑去开了门,果然是钟盛远,手里还提着东西。我妻子说:"小远,你到这儿还客气,用不着的。快进来,快进来。"

钟盛远叫了声"大嫂",看了我一眼,又叫声"大哥"。

我点点头,朝他看了看,从他手里接过东西,放在一边,然后转身朝里走,他也跟了进来。

我边说边说:"到我书房坐吧,跟你谈一谈。"

他说:"大哥,今天怎么这么严肃啊?"

我没出声,走进书房,指了指桌子对面的椅子,要他坐下来。

他朝我笑了笑说:"大哥,怎么不泡杯茶喝?"

我横了他一眼:"你坐你的,一会你大嫂会泡。"

他坐下来,拿出香烟,想想又放下了。

我问:"怎么不抽啊?"

他说:"听周秘书说你得了咽炎,不能闻烟味。"

我挥了挥手:"没关系,想抽就抽。"

他还是没抽。

我妻子端来两杯茶:"你们谈什么呢?"

我答:"没什么,随便聊聊,你忙去吧。"

小远看堂嫂走出便问:"大哥,我这次为打官司的事情来,你没告诉大嫂?"

我反问他:"有必要告诉她吗?"

小远看着我:"大哥,我讲案子的事情,你好像不高兴,打电话时就我感觉到了。"

我摆摆手:"小远,你不懂,我管这方面的事情,最忌讳托关系,说人情。"

他马上说:"大哥,我是不懂法律,但是我懂道理,我来也不是托关系,说人情,因为这个案子确实判错了,不公正,作为高级法院院长,你有责任和义务主持公道。当然,我承认有区别,区别在于别人见不到你,我可以见到你。"

我摇摇头:"你既然不懂法律,怎么可以肯定判错了?告诉你,打官司输的一方都不服输,都说判错了,这么浅显的道理你难道不懂?"

小远没接口,端杯喝茶,沉思了一会又说:"大哥,实不相瞒,我今天见了一审的审判长陈丽萍,她也说这个案子判错了,而且不是合议庭的意见,是那个姓朱的院长一定要这样判。"

我很是意外,立即想到周挺,便沉下脸问:"是周挺让你见的?"

小远点点头:"周秘书是好意,你不要误会人家。还有一个情况,一审判决之前,陈丽萍想通过周挺,向你汇报案子,但是周挺没答应,说要按程序来,不然会把事情搞复杂。"

我沉默着。

他从提包里拿一叠纸张:"大哥,我把判决书带来了,你看了就明白,这个案子真的判错了。"

我把判决书从他手里拿来,放在桌上,然后直视着他:"先不说案子,我要问问你,你是怎么搅进这个案子里来了?"

小远也严肃起来:"大哥,我和自立广告公司,包括自立集团,没有一个人认识,也没有任何关系,是常海高院的郑处长找我。他说这个案子判得不公,有问题,希望我向你反映反映。就这么回事,没别的。"

我拿起判决书看了一眼,翻到最后一页,审判长是陈丽萍,但我没见过,不认识。

小远接着说:"大哥,自立集团是一家大公司……"

我摆摆手:"不管什么大公司还是小公司,都要讲事实,讲法律,都要实事求是。"

他直直地看着我,目光有点异样。

我意识到这样讲太过生分,有伤感情,于是把判决书收起来,放进书桌抽屉里,然后用缓和的语气说:"小远,这件事我知道了,二审我会关注,错了就改嘛。"

　　此时我儿子钟晓阳一头冲进来,直接跑到钟盛远身边,在他肩上拍了一下:"叔叔,我妈叫你们吃饭去。"

　　我马上指着儿子:"你怎么没大没小?"

　　钟盛远站起,把手搭在钟晓阳的肩上笑着说:"大哥,不对,这不是没大没小,是亲切。"

　　我说:"晓阳把今天同学聚会推掉了,专门回来陪你喝酒。"

　　钟晓阳接口道:"叔叔,金琴参加聚会了,我回来陪你,她让我跟你说一声,打个招呼,还要我代表她敬你几杯酒。"

　　钟盛远笑着在钟晓阳头上抚摸了一下:"没关系,这样好,一个回来陪我,一个参加聚会,两头都顾到了。"

　　钟晓阳拉着钟盛远的手出去,我在后面看着,感慨地摇摇头,儿子对这个叔叔真是很亲。晓阳和金琴结婚,去欧洲旅行了一次,回国先到常海,在叔叔家住了几天。钟盛远热情接待,白天陪他们到处玩,晚上请他们吃大餐,金琴回来说几天就重了好几斤。叔叔对侄儿好,那是没说的,但是他对谁都这样,那就是单纯,没有城府,让我有些担忧。

　　到桌上坐下,晓阳斟酒,也给我斟了一杯。他说:"爸,叔叔难得来一次,你也喝一杯吧。"

　　我妻子也说:"对,喝一杯,陪陪小远。"

　　我说:"你们这是强人所难,没办法,我就喝一杯吧。"

　　钟盛远敬酒,先敬我妻子。他说:"大嫂,你忙了一天,准备了这么多菜,辛苦了,谢谢你。"

　　我想接下来他该敬我了,可是他却和晓阳连喝了几杯,就是不跟我喝,显然对我不满。我想都五十岁出头的人了,还这么情绪化,不成熟。作为他的大哥,我不跟他计较,还要拿出姿态。我主动和他喝酒,碰了一下杯,我说:"小远,你明天就要走,来去匆匆,下次和立娟一起来,多住几天。晓阳有车,让他和金琴陪你们,想去哪儿就去哪儿,多玩几个地方。我昨天去了剑峰山,很不错,下次来,我陪你们去看看。"

钟盛远没答话,一口喝掉杯中酒。

晓阳又给他斟满杯,叔侄两个一杯接一杯,边喝边聊,很投机。晓阳在银行工作,以前也喜欢文学,写过几篇散文,钟盛远拿去给他发表了。晓阳说起一个反贪题材的电视连续剧,我也看过几集,故事很一般,而且不真实,所以没再看下去。

晓阳问:"叔叔,写小说和写剧本有什么区别,那个好写一点?"

钟盛远答:"小说和剧本的表现形式不同,小说注重内在思想,剧本追求故事情节,要求几分钟内就要有一个高潮。至于那个好写,我认为剧本相对比较好写,因为小说探索人生和思想,有一定难度。但凡成功的影视剧,大多来自小说原著,因为有内在思想,加上剧本独有的表现形式,两者完美结合。"

一瓶酒不知不觉喝完了,晓阳还要去拿,钟盛远却拉住他,说不喝了,态度很坚决。

晓阳说:"叔叔,你的酒量我知道,再来点吧,没关系,一会我打车送你,要不然就住这儿。"

钟盛远摇摇头。

晓阳做了个无奈的表情,又说:"叔叔,我给你买了几条香烟,但不是白给的,希望你要多写一些好作品。"

钟盛远笑了,又在晓阳头上抚摸了一下:"还是晓阳对我好啊!"

我听着这话似乎是对我说的,心里有点不是滋味。

30

吴小莉

钟老师和周秘书把我送回鲜花酒店,已经过了五点。我进房间,洗了把澡,正吹头发,范副主任来电话了,让我到餐厅吃饭,他还说一句,我们大家都在等你。这句话使我有点激动,有些受宠若惊的感觉,我一个小小文秘,哪有让领导等的份?我想是因为我陪钟老师去见了陈审判长,他们想知道谈些什么,有哪些消息。尽管如此,我也感觉受到尊重,虽然只有一点点,还是借光蹭来的,但也足够让我愉悦起来。我立即换衣服,穿了一件绿颜色的连衣裙,化了一些淡妆,迈着轻快的步履下楼。

谢主任和范副主任、赵总经理、宋律师坐在桌边了,我朝空着的座位走去,可是范副主任却要我坐在他和谢主任中间的座上。他说:"今天吴小姐是主角,必须上座。"

我推辞不过,只能坐下,脸有点红了。

宋律师指着范副主任说:"小范,你就喜欢搞这一套,人家吴小姐都不好意思了,要随意一些,随意最好了。"

范副主任把菜谱递到我手上,他说:"小莉,我们每人各点两个菜,大家都点了,你也点两个,挑你自己喜欢的。"

我翻开菜谱,随便点了两个,像完成任务一样,还真巧了,竟然没有重复。

服务员问:"需要什么酒水?"

范副主任摆摆手说:"我们不喝酒,就来点饮料吧。"

宋律师举起手:"小范,什么我们,你能代表我吗?"

范副主任两眼直直地看着宋律师,一时没说出话来。

宋律师从提包里拿出一瓶茅台酒:"你只能代表你自己,你不喝就不喝,但是我要喝,请你别干涉。"

范副主任沉下脸:"你怎么没有一点集体观念?"

宋律师反问:"照你的意思,听你的就是集体观念?"

范副主任的胸口明显起伏,似乎要爆发,但他竭力克制,沉默着。我看在眼里,感觉他还是有修养,同时我也看见赵总经理忍俊不禁,掩住脸窃笑。

谢主任说:"宋律师要喝就喝吧,也不是什么原则问题。"

服务员上菜,餐厅可能生意清淡,一会菜就上齐了。赵总经理拿起筷子说:"大家都饿了,快吃吧,吃吧。"

宋律师自斟了一杯酒,把酒杯放在桌上:"诸位,如果想喝请自便。"

谢主任瞥了他一眼:"宋律师,您喝您的,我们都不喝。"

宋律师看着我:"吴小姐,您喝一杯如何?"

我摇摇头,但心里愿意陪宋律师喝一杯,可是领导都不喝,我怎么能喝呢。

宋律师又说:"吴小姐,我猜中午招待得一定很好,美味佳肴。您说说,都吃了些什么?"

赵总经理用筷子敲了敲菜盘:"别说吃的,要说今天都谈了什么。"

谢主任朝赵总经理笑了笑说:"先吃吧,边吃边聊。"

宋律师执杯在手:"谢主任,刚才还有人说,吴小姐是今天的主角,我想应该先敬主角一杯酒,不然体现不出来。您看呢?"

谢主任又笑了,摇摇头说:"宋律师,您太能搞了,不过我没意见。"

宋律师把酒杯递给我,我犹豫着没接。

赵总经理说:"吴小姐,喝吧,我们还要听你说事呢。"

我接过酒杯,和宋律师碰了杯,一口喝完。

赵总经理又说:"吴小姐,开始讲吧,我们洗耳恭听。"

我迟疑了一下:"赵总,我恐怕讲不好,还是一会儿钟老师回来,听他说吧。"

宋律师挥挥手:"吴小姐,没什么讲不好的,你就把你听到的说一遍,就OK了。"

谢主任和范副主任朝我点头,让我说。

我想了想,然后开始说道:"今天会面地点在凤凰山庄,离市区比较远,我们先到,陈丽萍审判长后到。她来了以后,寒暄几句,就开始谈案子。她说合议庭形成一致意见,自立广告公司要为错误广告承担责任,垫付的4 000万作为处罚,但也驳回了益生制药公司的所有反诉请求,也就是说我们损失4 000万,案件受理费由两家共同承担。可是合议庭的审判意见,中院审判委员没有通过,现在的判决是审委会决定的,而且判决书也是朱院长亲自动手改的。"

赵总经理腾地站起:"谢主任,我跟您说过吧,陈丽萍审判长在调解时就是这个意见,现在这样判,完全是审判委员会的意思,简直乱判!"

谢主任沉默着。

范副主任问:"钟先生问那张签字认可的证据了吗?"

我答:"钟老师当时问了,广告内容经益生制药公司代表签字认可,法院为什么不采信?陈审判长说,广告内容确有益生制药公司代表签字,但未加盖企业印章,属不规范行为,虽然以前以签字为准,那是没出问题,一旦出了问题,就要以规范为准。陈审判长还说了一句,这种情况,法院一般都倾向本地企业。"

范副主任又问:"陈丽萍对二审怎么看?"

我又答:"陈审判长最后讲了一段话,我记得很清楚,她说作为本案的审判长,可以负责任地说,一审判决是不公的,错误的。庆远是经济落后地区,但法院的审判工作没有理由落后,她今天来见钟老师,是希望通过钟老师,把她说的这些话,转告钟院长,引起钟院长重视,认真进行二审,体现法律的公平公正。"

范副主任露出笑容:"能够了解一审的真实情况,非常好,说明法院内部对这个案子有不同意见。我对这个案子的看法和一审合议庭一致,我们要为错误广告承担责任,这是推不掉的,但是其他处罚,明显属于重复。"

赵总经理感慨地说:"这次要不是钟先生来,法院内部这些事情,我们根本就听不到。"

宋律师又斟了杯酒:"吴小姐,你怕说不好,我看你说得很好,而且记忆力也非常好。因为陈丽萍所讲的,都是一些法律术语,你几乎原版拷贝,所以我还要敬你一杯。"

我为难地朝谢主任和范副主任看了一眼。

赵总经理站起身:"吴小姐讲得这么好,这杯酒该喝,我也陪一杯。"

宋律师马上给赵总经理斟了杯酒。

"今天很高兴,因为看到了希望,事实也证明了,一切都要靠关系啊!"赵总经理举起杯,"我相信在钟先生的帮助下,二审可以胜诉,我们一起喝一杯,庆祝一下。"

范副主任说:"坊间流传几句话,大案讲政治,中案讲关系,小案讲法律,我们这个案子应该是中案,就是讲关系,用关系。"

"别扯远了。"谢主任面露不悦,"如果我们这个案子一审判决没问题,讲关系也没用。"

宋律师端起酒杯:"赵总、吴小姐,先干了这杯酒,我有几句话要说。"

赵总经理和宋律师以及我碰了杯,一干而尽。

赵总经理放下酒杯便说:"宋律师,请讲,请讲。"

宋律师说:"赵总,恕我直言,您是因为蒙受不公,而关系为您提供了帮助,您对关系,或者直接说对钟盛远,怀有感激之情。但有人则不同,既利用关系,又批评关系,正应了一句话,吃爷的、用爷的,还骂爷。这种是什么人?"

范副主任当即沉下脸指着宋律师:"宋公明,你什么意思?"

"范副主任,我没提你大名,你要对号入座也可以,莫非你就是这种人?"

范副主任拍了一下桌子,正要开口说话,谢主任朝他瞪了一眼,他没说出口,愤愤地扭转脸。

谢主任朝宋律师摆摆手,意思别再说了,然后问范副主任:"小范,钟先生明天回去的机票订好了吗?"

范副主任答:"订好了,明天下午二点半起飞,订了头等舱。"

谢主任点点头:"时间很好,我让司机去接,钟先生回家正好吃晚饭。"

赵总经理举起手:"谢主任,我有一个建议,这次来庆远,最辛苦的是钟先生,白天和陈丽萍谈,晚上又去跟他堂哥谈,明天又要风尘仆仆地赶回去。我想让他一个人走,似乎不太好,不够礼貌。所以我建议安排一个人,陪他一起回去,这样不仅礼貌,也是表示尊重。再说,我们这次来就是交上诉状,多一人少一人无所谓。"

谢主任想了想,点点头:"谁陪钟先生回去呢?"

赵总经理马上接口:"范副主任陪啊,身份合适,够尊重了。"

谢主任沉思了一会,摇摇头说:"范副主任是组长,先回去不太好。"

大家都不出声,沉默着。

范副主任看着谢主任:"谢主任,我看让吴小莉陪先生回去吧,您说呢?"

谢主任又想了想,然后将目光转向我:"小莉,你的意见呢?"

我没有多想,点点头说:"我听领导安排。"

谢主任笑了笑:"好,那就辛苦你了。司机接到你们以后,先送钟先生,你把钟先生安全送到家,就完成任务了。"

我又点点头。

"那就这么定了。"谢主任说着拿起桌上的酒瓶,"我们大家一起喝一杯,就算为吴小姐饯行了。"

大家纷纷响应,都说好。

大家都碰了杯,但宋律师不和范副主任碰杯,范副主任也不和宋律师碰杯。

谢主任喝了酒,又给自己斟了一杯,也给宋律师斟了一杯。他说:"宋律师,我再敬您一杯,不过我也有几句话要讲。"

宋律师做请说的手势。

谢主任说:"宋律师,您身上有不少优点,真诚坦率,也很仗义,就是有点沉不住气。刚才小范讲了几句外面流传的话,没有什么特别的针对性,您有点误会了。"

宋律师笑了笑:"谢主任,什么都不说了,这杯酒我干了。"

此时有敲门的声音,我们都朝门看,以为钟老师回来了,可是进来的却是服务员,问还需要什么。大家脸上都有点失望的表情,我心里甚至生出些许莫名的牵挂。

31

钟盛远

　　一觉醒来，阳光透过窗帘，照进房间里来了，我看了时间，已经快八点了。我即起床，去卫生间洗漱，手机铃声响起，返回到房间里接听。是堂兄打来的，他说十点钟来宾馆为我送行，并由周挺代表他，请我在机场附近吃午饭。我劝他不要来，有周秘书送就可以了，可是他坚持要来。我明白他的意思，因为昨晚的谈话不顺，我有点不高兴，他想弥补一下。

　　昨晚钟晓阳打的送我回来，我请他到房间里去坐一坐，他说不打扰了，让我早点休息，便跟车返回了。我久久不能入睡，想了很多，一直以为堂兄是一个有能力、有水平而且有正义感的人，从来就没有怀疑过。但是这次谈案子，感觉很有落差，他当着我的面，说那些官话套话，让我难以接受。我理解他有顾虑，担心我和自立集团有什么利益关系，我是这种人吗？我没有按照宋律师的话讲，而是实话实说，因为我不愿对堂兄说假话，既是自我尊重，也是对他的信任。

　　手机铃声又响了，这次是范副主任打来的，请我下楼去吃早餐，说大家都在等我，我知道等我的意思，要了解我和堂兄的谈话结果。我开始收拾东西，原来就一个提包，现在多了一个包，里面装着堂兄给的茅台酒和茶叶，还有晓阳送的几条烟。我不在意这些东西，而是在乎这份情,珍惜和堂兄一家人的感情。因此我多少有点后悔,不该多管闲事,跑来找堂兄,弄得不愉快。

下楼到餐厅,谢主任他们坐在靠门的一张桌上,范副主任正对着门,看见我马上站起来招手,谢主任等人也都站了起来,俨然迎接贵宾。那一瞬间,金桥303的一幕恍如眼前,吴小莉说她代表自立集团三千六百多位员工敬我一杯酒,表达最诚挚的谢意。而此时此刻,我的感受和那次有些不一样,心里沉甸甸的,有一种沉重感。

宋律师边和我握手边问:"钟先生,今天好像精神欠佳嘛,晚上没睡好?"

我答:"睡得还好,就是酒喝多了。"

聊了几句闲话,我没等他们问,主动提起昨晚和堂兄交谈的情况:"昨晚去堂兄家,一进门,他就把我带到书房里谈话。我直接讲了对案子的看法,一审判决不公,希望高院秉公执法,二审改判。我也把陈丽萍介绍的一审情况,如实讲了一遍,我堂兄说知道了,二审会关注,错了就改嘛。"

宋律师问:"钟先生,钟院长问没问您和自立集团是什么关系?"

我点点头:"问了,我考虑还是实话实说比较好。"

我又说:"宋律师,不必多虑,我了解堂兄,他的态度取决于案子,况且他也说了,判错了就改。"

"高院院长说错了就改,有这句话就够了。"赵莹看着我,"钟先生,这次多亏您来,不然二审再输,我真不知道怎么办了,想死的心都有,真的谢谢您,谢谢您。"

我摆摆手:"赵总,我已经说了几遍,既然来了,尽力而为,您就不要再客气了。"

"钟先生,赵总说的是真心话,因为她是当事人,也是第一责任人,她的感触和体会最深。"谢主任拿了只菜包放在我的碗里,"赵总心里很急,昨天晚上就等您回来,想听到好消息,您多理解,多体谅。"

我勉强一笑:"我理解,理解。"

赵莹眼里泪光盈动。

吴小莉马上抽了几张面巾纸递去,然后说:"赵总,您放心,钟老师一定会帮我们的,不然怎么会跟我们跑到庆远来,再说昨天陈审判长也讲得很清楚,一审判决不公,是错误的。"

谢主任换了话题对我说:"钟先生,您今天回常海,一个人多有不便,万一有事连个照应的人都没有,所以我们安排吴小姐和您一起走,路上也好有个照应。"

我很意外,也感到惊喜,但摇摇头说:"不用不用,上飞机两个多小时就到了,不会有事的。"

"钟先生,机票已经订好了,常海那边也有人接,小莉负责把您安全地送到家。"范正欣说。

我仍然摆手推辞。

宋律师说:"钟先生,有吴小姐这么漂亮的姑娘陪着,路上说说话,聊聊天,多好,我只有羡慕的份。"

谢主任半笑半认真地指着宋公明:"宋律师,您能好好说话吗?一件很正常的事情,到您嘴里就变味了。"

谢主任又转向我:"钟先生,一会我和范主任,还有宋律师,一起送你们去机场。"

我想再推也不好,便说:"谢主任,谢谢,心意领了,送就不必了,我堂兄十点钟来宾馆,周秘书送我去机场。"

范副主任惊讶地插话:"噢,钟院长要来?"

我点点头:"他来送我一下。"

"钟先生,这说明钟院长对您很重视啊!"

谢主任睨了范副主任一眼,然后对我说:"钟先生,您堂兄来送您,是心意,我们送您是礼仪,也是应该的。"

我想了想:"好吧,恭敬不如从命。"

谢主任和我握了握手。

我又说:"谢主任,明天交上诉状,我让周秘书陪你们一起去。"

谢主任摇摇头:"交上诉状就是一个程序,不会有什么问题,周秘书去了反而会引起猜疑,没必要。"

赵莹说:"钟先生,您今天走,我们明天交了上诉状,也回去了,到时候常海见,我请您吃饭。"

我微笑着朝她点点头。

吃完早餐,大家各自回房间,我刚进门,范正欣就来了,手里拿着两个精致的小盒子。他说:"钟先生,您这次帮了大忙,我们表示一点心意,这是两块瑞士浪琴手表,一块给您,一块给周秘书。"

我连忙推回去:"不行不行,我不要,周秘书也不会要的。"

范正欣又推过来:"钟先生,一点小意思,不要见外。"

我坚决地推回去:"范副主任,不要这样,这样不好,您这么一弄,我反倒不敢帮你们了,周秘书也一样,真的。"

范正欣有点尴尬,僵持了一会,将拿盒子的手缩回。

我为了不使他太难堪,故意在他肩上拍了一下:"范副主任,心意领了,这样对大家都好。"

范正欣很感慨:"钟先生,您高风亮节,令我敬佩。不过我还要说一句,您对我们的帮助,我们不会忘记,来日方长。"

我把范副主任送走,已经快十点了,想去大堂等堂兄,不料宋律师又来了。他朝我神秘地笑了笑说:"钟先生,范正欣给您送东西了?"

我一愣:"您怎么知道?"

"我看见他鬼鬼祟祟地进您房间,就明白了。"

"宋律师,您就爱说笑话,他哪里鬼鬼祟祟了?"

"到底送了没有？"

"他拿来两块手表，一块给我，一块给周秘书，我没要，退回去了。"

宋律师摇摇头："他这种人，没什么大花头，充其量玩点小聪明。眼界决定境界，钟先生是何许人，他根本看不懂，所以也不奇怪。"

我问："那我是何许人？"

"现在还不好说，因为了解毕竟有限，但我可以肯定一点，您是有思想、有品位的人，而且不刻意追求身外之物，或者说不贪婪。"宋律师停顿了一下又说，"苏格拉底讲过一段话，大概意思是，人人有思想，但思想却千差万别，有的高入云端，有的低陷泥淖。"

我笑了："宋律师，您过奖了，我就是一个普通人，同样食人间烟火，同样有七情六欲，还有一个不良嗜好，喜欢杯中之物。"

宋律师哈哈大笑："钟先生，真没看出来，您还很幽默啊。"

我问："宋律师，您和范副主任好像有过节？"

"其实也没什么，就是看不惯他，老是端着一副领导的派头。"宋律师说着又朝我神秘地一笑，"钟先生，您刚才下楼吃早餐时，好像心情不太好，不过现在好了。"

我说："有吗？我一直这样啊。"

"没有就好。"宋律师拿起我的提包，"我送您下去。"

我摇摇头："谢谢，不用送，没多少东西。"

"那我送到电梯口。"

我和宋律师一起走出房间。

32

范正欣

  我知道宋公明因为风险代理对我有意见,处处与我作对,几次让我难堪。我是站在公司的立场上,考虑官司胜算可能性不大,为维护公司利益,所以提出风险代理,不让他多赚钱。可是偏偏弄巧成拙,现在胜算的可能性变大了,风险代理对他反倒有利,但实际签的却是一般代理,一大笔钱落空,他当然更来气了。我不和他发生冲突,甚至示弱谦让,主要因为他是向董事长请来的,真和他闹开了,向董事长脸上也不好看。何况他只是代理一个案子,结束了就滚蛋,跟他这种人斗下去,对我而言不值得。

  昨晚我就想给向董事长打电话,汇报情况,但是想想又没打,因为不知道钟盛远和他堂兄的谈话结果。今天早晨到餐厅,我便给钟盛远打电话,请他吃早餐,其实是想尽快了解情况。吃完早餐,我去他房间送表,他不接受,我虽然有点尴尬,但对他有好感,敬重他。回到自己房间以后,我便给向董事长打电话,现在可以详细汇报了。我讲到庆远的整个过程,周秘书来接机,他不仅知道我们这个案子,而且和一审的审判长陈丽萍是大学同学,周秘书安排钟盛远和陈丽萍见面,得知一审的真实情况。我着重讲了钟盛远去他堂兄家吃饭谈案子,钟院长表态错了就改,而且今天亲自来宾馆送钟先生。我也提及送表的事,钟盛远坚决不收,最后我告诉向董事长,吴小莉陪同钟盛远回常海,谢主任的司机到机场接。

向董事长没插一句话,汇报完了,他沉默了一会才说:"小范,你记住,以后别再给钟先生送东西了,他不是一般人,不能用一般的办法,这是一。第二,终止和一审律师的代理合同,我们有宋律师就够了。第三,你们交了上诉状,马上回来,我要隆重宴请钟先生,为他接风洗尘,你和谢主任、宋律师、吴小莉参加。还有,钟院长不是要来宾馆嘛,你去看一看,他们毕竟不是亲兄弟,关系是好还是一般?但是不要声张,懂吗?"

我连声答:"我懂我懂,请董事长放心。"

向董事长挂断电话,我还愣怔着,原来打算告宋公明一状,幸好没告,听董事长的语气,他对宋公明很信任,不然我就自讨没趣了。向董事长把赵莹排除在宴请之外,是一个信息,说明她的总经理快当到头了,我要紧紧抓住这个机会,取赵莹而代之,当上广告公司总经理,还房贷就轻松了。

已经快到十点钟了,我连忙下楼,悄悄走到大堂一侧,躲在一道屏风后面,探出头去看。不一会,周秘书和一个头发花白的人走进酒店,我想那人应该就是钟院长。钟盛远朝他们迎去,然后一起走到服务台对面的沙发上坐下,周秘书站在一边,保持一段距离。我可以清楚地看见钟盛远和他的堂兄钟院长,但听不见他们说话,钟院长比钟盛远略高一些,两个人长得确实有点像,都是国字形的脸,鼻梁也都比较直。钟院长侧对钟盛远,说着什么,钟盛远边听边点头,开始脸色有点严肃,后来渐渐露出笑容。他们大约谈了十几分钟,钟院长先站起来,钟盛远也跟着站起,钟院长伸手在钟盛远的头上摸了一把,钟盛远用肩头顶了钟院长一下,接着两人都笑了。然后他们朝门外走,周秘书也跟上去,我从屏风后面出来,看着他们走出大门,随即匆匆乘电梯上楼。

我招呼谢主任、吴小莉,以及宋公明,出发去机场,我为吴小莉提着旅行箱。下楼到大堂,看见钟盛远和周秘书站在酒店门口等着我们,还是那辆面包车,还是司机小林,但他今天穿着法警制服。汽车往机场方向驶去,周秘书坐在前面,他扭转头说:"钟院长交给我一个任务,请钟老师吃午饭,我考虑不耽误上飞机,就在机场附近吃吧。"

汽车从高速公路匝道口下来,行驶了大约几分钟,拐进一个院子,便停了下来。周秘书招呼大家下车,我朝窗外张望,是一个普通的农家院落,地上有一群觅食的小鸡跑来跑去。我们从车上下来,跟着周秘书往一幢两层楼房那里走,经过一个水池,有人在洗鱼,那鱼足有一米多长,我们都驻足看着。周秘书说:"这是西江里的野生鱼,名称叫'芝麻剑',我们今天就吃它了。"

一个扎围腰的中年妇女笑盈盈地迎来:"周秘书,来了。我接到我弟弟的电话,马上让人到江里起鱼,挑了一条最大的。你们要白汤还是红汤?"

周秘书答:"要白汤的,原汁原味。"

中年妇女扬起手:"好嘞,你们上去坐吧,一会就上菜。"

我们从墙边的水泥梯子直接上楼,是一个宽畅的露天平台,有桌子椅子,还有一把遮阳挡雨的大伞。从这里望出去,远处的山川河流,近处的田野房舍,尽收眼底。宋公明在平台上走了一圈说:"这里不错,虽然简陋了一些,但是别有一种风味。"

司机小林提着两瓶茅台酒来,放在桌上,转身便走。周秘书拉住他说:"小林,别走,坐下来一起吃。"

小林摇摇头:"不了,我下去吃,跟我姐说说话。"

我这才反应过来,中年妇女是小林的姐姐。

服务员端来几盘凉菜,周秘书斟酒,每个人都斟了个满杯。他端起杯说:"有幸通过钟老师认识诸位,但是很短暂,吃过这顿饭,就要告别了,我想这第一杯酒,理所当然该敬钟老师。"

我们都响应,纷纷端起杯。钟盛远连连摆手说:"别敬我,大家一起喝,共同干一杯。"

谢主任站起身:"周秘书,您这几天辛苦了,我和我的同事对您说一声:谢谢!"

"谢主任,别谢我,要谢就谢钟老师。"周秘书笑着说,"我还要告诉你们,上午我去接院长,院长说看了一审判决书,要我关注二审,有情况随时向他汇报。"

我马上说:"太好了,太好了,钟院长的态度已经很明确,我们这次庆远之行,可以说很成功,很圆满,我们大家一起敬周秘书。"

大家都站起来碰杯,一干而尽,可是赵莹却哭了,成串的泪水涌出眼眶,然后趴在桌上埋头抽泣起来。

谢主任在她肩上轻轻拍了几下,感慨地摇摇头,桌上的气氛变得凝重起来。我怕影响情绪便说:"赵总,别这样,大家还要吃饭呢。"

赵莹抬起头连声说:"对不起,对不起,我是高兴,不知怎么就忍不住了。"

"赵总,把心放宽一点,现在形势很好,二审有希望。"宋公明说。

吴小莉拿纸为赵莹擦脸上的泪,她自己也是泪水盈眶,钟盛远叹了口气,背转身去,似乎不忍心看。

小林的姐姐上鱼来了,满满的一大盆,还配有一些蔬菜和豆腐。她边开启桌下的液化气边说:"这汤可鲜了,你们先喝汤,再吃鱼,最后想吃什么就下锅烫什么。"

下面有人喊来客了,小林姐姐便匆匆下楼去。

宋公明盛了一碗鱼汤端给赵莹:"赵总,喝点鱼汤吧。"

我扫了他一眼,心里想他总是对赵莹示好,献殷勤,可能是看上了赵莹的美貌,动了非分之念。

大家喝了鱼汤都说好,很鲜,宋公明又招呼喝酒,一连敬了钟盛远和周秘书几杯。周秘书看了手表说:"时间差不多了,我还有一件事要说,案子到庭里,落实承办法官以后,我考虑请钟老师再来一次,和承办法官见一面,很重要。"

我们大家的目光都转向钟盛远,看着他。

钟先生沉思了片刻,抬起头,将目光转向谢主任。谢主任正注视着钟先生,目光里是热切的期盼,并且朝钟先生缓缓地点头。钟先生终于说:"好吧,那我就再来一次。"

谢主任难得激动,两手作揖道:"钟先生,太感谢了,太感谢了,就是又要辛苦您跑一趟了。"

钟先生微微一笑:"没关系,没关系。"

周秘书举起手说:"我申明一点,当事人不能参加。"

我接口:"周秘书,这是规矩,我们懂。"

谢主任朝我使了个眼色,并指指楼下,我马上借口去卫生间,实际去买单。司机小林和他姐姐坐在账台里面说话,我要买单,小林和他姐姐都不让买,相持不下之际,周秘书来了。他说:"我是奉院长之命,请钟老师吃饭,况且我在钟老师家里吃过饭,现在请钟老师吃饭,理所应当。"

我只能作罢。

33

吴小莉

飞机晚点一个多小时,降落在常海机场时,天色已经擦黑了。走到出口处,远远看见有人向我们招手,我想应该是谢主任的驾驶员,走近了才认出,原来是向董事长的专车司机黄师傅。黄师傅说,董事长特地让他来接我们。

坐进大林肯,感觉就像坐在飞机的头等舱一样,很舒适。黄师傅曾开车送过钟老师,记得路,从机场高架路下来,行驶在华灯初放的街道上。黄师傅说:"董事长交代,钟先生旅途劳顿,早点休息,今天就不安排吃饭了,请钟先生谅解,过两天隆重宴请。"

钟老师答:"黄师傅,请您代我向董事长表示感谢。"

汽车很快便到了钟老师住的小区,我送钟老师来过这里,但记不住哪幢楼,可是黄师傅却记得很清楚,连续转了几个弯,准确地停在钟老师家的楼下。钟老师下车,我也跟着下车,是礼貌,也为道个别。黄师傅从车后厢里拿出钟老师的东西,钟老师将其中的一只纸箱仍然放进车里,说这是给我的。在庆远机场时,我看见周秘书把这只纸箱给钟老师,说是当地的一些土特产,作为礼品送给钟老师,我当然不能接受,可是钟老师不由分说,把我推进车里。

黄师傅接着送我,距离有点远,车程大约半个小时。到我家小区大门口,我就下车了,因为老旧小区路很窄,大林肯掉头不方便。爸妈正等我吃饭,做了一桌子菜,我爸接过我提着的纸箱,问是什么,我答是一些土特产。我妈说土特产是吃的东西,赶快拿出来,我爸马上打开纸箱,顿时愣住了,纸箱里装着四瓶茅台酒,四条高档香烟,还有两支野山参。我爸大声嚷起来:"小莉,你怎么买这些东西,得花多少钱啊!"

我凑近一看也愣住了。

我妈又说:"小莉,你不会拿错了别人的东西吧?"

我答:"拿倒是没拿错,但是要问一问。"

我爸把纸箱盖上:"人家的东西我们不要,还给人家。"

我当即给钟老师打电话,说明纸箱里装的东西,钟老师"噢"了一声,我想他自己可能也不清楚。我说:"钟老师,您看什么时间方便,我把东西给您送去。"

钟老师说:"吴小姐,不必送来,你留下吧。"

我连声说:"不行不行,我不能留下。"

钟老师笑了笑:"不就是烟酒嘛,你爸爸也喝酒抽烟,你妈妈身体不太好,人参可以滋补一下,再说我也不缺这些东西。"

在飞机上闲聊,钟老师问过我的家庭情况,我照实说了,现在真是非常后悔。我说:"钟老师,谢谢您的好意,但是东西太贵重了,我真的不能接受。"

钟老师马上说:"吴小姐,这个话题结束,从此不要再提了。这两天你也很辛苦,早点休息,好好睡一觉。再见!"

电话挂断了,我怔怔地站着,心里充满了感激之情。我知道这些东西对钟老师可能算不上什么,但却是第一次进我的家门,我爸喝了大半辈子酒,没有喝过一次茅台。其实他想喝,或者说想尝一尝,他曾多次说,茅台酒凭什么这么贵,到底好喝在哪里?此时我突然冲动起来,再次打开纸箱,拿出一瓶茅台酒放到桌上:"爸,你喝。"

我爸愣住了，眼睛直直地看着我。

我说："爸，这些东西人家都给我了，你随便。"

我妈问："小莉，你打电话的这个钟老师，是什么人？这么大方？"

我答："钟老师是作家，是常海作家协会副主席，他堂兄是庆远市高级法院院长，钟老师这次到庆远去，就是帮我们集团打官司的。"

我爸和我妈相互看了一眼，没出声。

我又说："爸、妈，你们别把这些东西太当回事，我这次去庆远，住五星级宾馆，天天喝茅台，顿顿吃山珍海味，没什么稀奇的。"

我爸看着我："小莉，真给我喝啊？"

"当然。"我打开瓶盖斟了杯酒，"爸，你不是没喝过茅台嘛，今天就喝吧。"

我妈冲我爸喊："你还真喝啊！"

我爸没理会，坐到桌边，端起酒杯，慢慢地品了一口，然后感慨地说："这茅台是不一样，很醇很厚，味道也正，就是太贵了，喝一口就要几十块钱，普通人怎么喝得起啊！"

我妈嘟囔了一句："那你还喝！"

我从纸箱里拿出两支人参："妈，这是真正的野山参，你好好补补。"

我妈直摇头："这么贵重的东西，我可消受不起。"

我笑着把妈妈推到桌子边坐下："妈，我会好好孝敬你，孝敬我爸。"

我们一家人开始吃晚饭，我妈连连给我夹菜，要我多吃点。我爸平时话不多，今天喝上茅台酒，高兴了，话也多了，问这问那，我一一回答，满足他的好奇心。

吃完饭，我回自己房间，准备洗澡，看时间已经过了九点，这才想起范副主任要我到家以后报平安。我马上拿手机发信息：范主任，您好。飞机晚点一个多小时，向董事长的大林肯来接我们，已把钟老师送到家，我也到家了，一切安好。谢谢！范副主任很快回复：辛苦了，早点休息。

　　洗过澡,上床却睡不着,回想这几天的事情,脑海里像过电影一样。我在谢主任和范副主任手下工作,已经快半年了,对两位领导并没有太多了解。这次去庆远,短短两三天,对他们的了解超过半年。谢主任是好人,当过大法官,话虽不多,但每句话都能说到点子上。他最大的优点,有长者风范,对下属和气,也能体谅别人,从来不摆架子。范副主任年轻有为,工作能力也强,对我也比较关照,一口一个小莉叫着,让我感到亲切。但我对他有些看法,因为他对赵总经理的态度不好,实在有点过分了。我很同情赵总,她垫资是有错,本意是为了公司的业务,没为自己。我也很欣赏赵总的气质,她虽然比我年长,或许不如我长得漂亮,但她那种优雅的气质我学不来。宋律师长得又矮又黑,真的很像《水浒》里的宋江,虽然其貌不扬,但很有能力,看问题分析案子都很到位,就是有点自负,目中无人。他当过警察,我想象他穿上警察制服,一定是很滑稽的样子,不过他为陈老板申冤那件事,让我非常感动。

　　我想得最多的还是钟老师,脑海里总是闪现他的身影,而且挥之不去。在天上飞的时候,是我第一次和他单独相处,头等舱就我和他两个人。他心情很好,健谈,问及我的家庭情况。后来聊到文学,我再次说起他的小说《老街的故事》和《生死情缘》,他问我喜欢哪个?我说喜欢《老街的故事》,他又问为什么?我说因为《老街的故事》写平民生活,写小人物,平民生活,离我很近。譬如工人赵启元,感觉有我父亲的影子;里弄干部张瘸子,很像我家动迁以前的那个居委主任,除了腿不瘸,其他都一样,思想比较左,但本质不坏;还有二和尚,非常善良的一个人,寺庙砸了,被迫还俗。反正每个人物都刻画得很生动,很真实。我也讲了对《生死情缘》的看法,描写大陆和台湾的一对失散夫妻,虽然情节很曲折,也很感人,但是离我的生活太远,所以我喜欢《老街的故事》。钟老师很高兴,说我懂文学,有写作基础,不妨试着写写。他还说了一些鼓励我的话,令我感动和兴奋,产生了跃跃欲试的想法。

  旅途很愉快,不知不觉就到了常海,我心里真有点抱怨,这飞机飞得太快了。我自己也感到奇怪,他身上究竟有什么引力,竟然将我深深吸引?其实昨天下午游凤凰湖,我和他站在游艇的甲板上,闻到他身上的烟味,并不反感,甚至觉得好闻。船发生颠簸,我和他碰到一起,他退后了一步,我却想依偎到他怀里……

  外面的挂钟敲响,已经是深夜十二点,我大睁着眼睛,屋里一片漆黑,什么也看不见,我却笑出了声,是为自己那些胡思乱想而感到好笑。我对钟老师确实有好感,也有些好奇,这位著名的大作家,与常人有哪些不同之处?我更确信无疑,钟老师一定会帮助我们打赢官司,什么都不重要,唯一重要的,就是打赢官司!

34

谢云华

周一上午，我和赵莹、范正欣、宋律师一起去庆远市高级法院立案庭，递交上诉状。一个简单程序，半个多小时就办理完了。接待我们的工作人员，是个年轻姑娘，模样讨人喜欢，可是整个过程都板着脸，冷若冰霜。她最后说一句话，好了，你们走吧，回去等通知。这是惯常的衙门作风，看多了也不奇怪。走出高院大门，我便让范正欣订机票，今天回常海。赵莹要去一审律师那里办个手续，宋律师主动提出陪她去，我和范正欣先回酒店。

我出差很少打电话回去，除非重大事情需要请示，这次来庆远一个电话都没打，向董事长可能有想法了。我原来安排我的司机去机场接钟盛远和吴小莉，向董事长改派他的专车去接，我理解是表示尊重，可他却不知会我，让范正欣来跟我说。昨天送走钟盛远和吴小莉以后，范正欣又转达向董事长指示，交了上诉状尽快回去，准备宴请钟盛远，参加的人里却没有赵莹。我认为董事长这种做法欠妥，赵莹虽然犯了错误，但情有可原，她是为公司业务发展，更何况一审判决不公，并非她的责任。而且我感觉赵莹最近情绪很不好，昨天中午吃饭时当众哭了，是失态的表现，我很同情她，想尽力帮助她打赢二审。

下午登机，难得准点起飞，准点降落。我的司机来接，将宋律师、赵莹、范正范一一送到家，最后送我，一大圈转下来，我到家已经很晚了。我让司机明天不必来接，睡个懒觉，我自己乘公交车上班。妻子周丽云等我吃晚饭，做了几样我喜欢的菜，她说儿子刚走不一会，本来想陪我吃顿饭，但是太晚了，怕媳妇一个人弄不好孩子。儿子在一家石油化工企业上班，当助理工程师，他结婚买房，我们出首付，贷款说是小两口自己还，其实真正出钱的还是我们。许多家庭基本都如此，老的拿退休金为小的还房贷，也有把房子给儿子结婚，自己住到养老院去的。我家情况好一些，我和周丽云都是公务员，退休工资比较高，况且我还在自立集团工作。

我习惯早起，在阳台上侍弄花草，浇浇水，吃完早饭上班。周丽云自退休以后，要我跟她一起出去走走，说上了年纪更要多活动，多锻炼，常常念叨这些。我很少出去，但今天却爽快地答应了，还换上了运动鞋。我家附近有个公园，许多老人晨练，我和周丽云沿着小径跑步，树林里有人唱京剧，是《捉放曹》里的唱段，声腔韵味十足，伴奏的京胡拉得有板有眼，我被吸引了，停下脚来听。周丽云问我还跑不跑，我朝她挥挥手，让她自己跑。我在一块石头上坐下，想好好欣赏一番，可是唱段已近尾声，最后那句拖腔音很高，直冲云霄。不一会，两位老人从林子里出来，走在前面的人迈着台步，嘴里哼着节拍，后面的人手里提着京胡，估计他们七十多岁，但身腰很直，精神矍铄。看着他们渐行渐远的身影，羡慕之情油然而生，我也过六十了，我也喜爱京剧，该和他们一样，自娱自乐，安享晚年。那一刻我再度萌生退意，打完庆远的官司，尽到我的责任，画上一个圆满的句号，真正退休。

周丽云跑了一圈回来，说快到上班时间了，赶紧回家吃早点。我说今天不回家吃，司机也不来接，地铁站附近新开了一家面馆，我们去品尝一下，然后我乘地铁上班你回家。到面馆坐下来，我点了菜汤面，周丽云吃猪肝面，口味确实不错。我对周丽云说，以后就这样，早上一起出来跑步活动,然后吃早点,回家吃或在外面吃都可以,不要再让司机接送了。妻子说早上出来活动好,但是该接送还是要接送,那是享受待遇。我不以为然,并且决定了,到公司就跟办公室打招呼,取消配给我的专车。

上班高峰时段,地铁车厢很挤,下车又走了一段路,出了身汗,感觉很好,一身轻。到办公室,先洗了把脸,再泡上茶,刚坐下来,范正欣就来了,说董事长有请。我让他先去,然后给办公室秦主任打电话,取消配车,秦主任很诧异,问为什么,是司机车开得不好,还是工作态度不好?我说样样都好,是我自己想多走走,多一些活动,为健康考虑,所以不需要用车。秦主任还想说什么,我不听了,挂断电话,随即去董事长办公室。

范正欣和吴小莉坐在靠门的长沙发上,没想到宋公明律师也来了,站在办公桌那边和向德先董事长说话。向德先看见我马上走来,满脸笑容地握着我的手说:"谢主任,辛苦了,快坐快坐。"

我也在长沙发上坐下,挨着范正欣,向德先和宋公明各自坐在单人沙发上。向德先说:"你们这次去庆远,大致情况我已经听说了,很好,我非常满意。"

秘书李建成端来茶,人手一杯,茶香袅袅,董事长这里都是好茶。向德先将目光转向我:"应该肯定,主要功劳是谢主任,找到了钟盛远钟先生,而且钟先生确实帮了忙,尽了力,很有成效,因此我完全有理由相信,二审可以反败为赢。"

我摆摆手:"向董事长,这些都是我应该做的。"

向德先朝我笑了笑,看了在座的人一眼:"今天把你们请来,商量一件事,为钟先生接风洗尘,当然也包括你们。既然是接风洗尘,就不能滞后,否则就失去意义了,我看就放在今天。"

范正欣马上说:"不知道钟先生有没有空,我给他打个电话问一问。"

向德先摆摆手:"昨天接钟先生,我已经让司机跟他打了招呼,吴小姐当时也在,是吗?"

吴小莉点点头。

向德先又说:"吴小姐,我看这个电话还是你打比较好。"

吴小莉显然有点意外:"我打?"

向德先笑了笑:"吴小姐,你代表我邀请他,随你怎么说,就是一点,让他推托不了。"

范正欣插话:"小莉,董事长让你打你就打。"

吴小莉从提包里拿出手机。

向德先又说:"吴小姐,请你告诉钟先生,晚上吃饭地点是常海宾馆宴会厅1号包房,你用我的车去接钟先生。"

吴小莉走出去打电话。

"上次你们请钟先生,是金桥303,去过了再去就没意思了,换个地方。"向德先做手势示意我喝茶,"这次去常海宾馆,政府接待场所,正规一些,正规能体现隆重。我已经打了招呼,总经理亲自安排,保证提供最好的服务。"

宋公明说:"钟先生很能喝酒,好酒量,这次到庆远领教了。"

"晚上我请他喝五十年的原浆茅台,有钱也买不到,常海宾馆一年也只能拿到几件。"向德先说着手朝上指,"是接待大领导的。"

范正欣做出惊讶状。

宋公明不屑地看了他一眼。

吴小莉走来:"董事长,钟老师答应了,但他说晚上自己来,不要接。"

向德先摇摇头:"不,要接,但是现在不要说,下午临去接的时候,你再打个电话。"

吴小莉点点头坐下。

向德先面带笑容看着她:"吴小姐,我听说了,你这次表现很好,值得表扬,而且要奖励。"

吴小莉摇摇头:"董事长,我没做什么。"

"吴小姐,谦虚是美德,但不要过分谦虚。我已经发现你的公关潜质,大有发展前途。"向德先说着扬起手。

秘书李建成马上拿来一台笔记本电脑。

向德先接来递给吴小莉:"吴小姐,这是最新款的苹果电脑,内存大,上网速度快,你们年轻人喜欢,算一个小小的奖励吧。"

吴小莉受宠若惊不知所措:"董事长,这、这……"

"吴小姐,什么都别说,收下收下。"向德先转向在座的人,"大家都有奖,每人两瓶法国波尔多酒庄的红酒,窖藏上百年。"

李秘书忙着把酒放在靠门口的地方,便于大家一会带走。

我知道向德先平时不怎么喝酒,但购置了不少名酒好酒,用于请客送礼。

宋公明说:"向董事长,其实不必客气,都是份内工作。"

"不不不,工作有优劣,有好有不好。"向德先摆摆手说,"你们都尽心尽力,我略微表示,是工作关系之外的一份情义。我给方大律师也准备了两瓶,劳烦您带给他,代我向他问好。"

宋公明拱手致谢。

向德先站起来,走到我们坐的沙发后来,然后说:"诸位,我想请问一下你们对钟先生的看法,因为今晚我和他是第一次见面,要有所了解。"

大家沉默了一会,宋公明率先发言。他说:"钟先生这人,总体上看不错,知情达理,善解人意,不是那种很有心计的人,属于文人中的性情中人,比较坦真,也好说话。但是他的情绪容易波动,昨天在宾馆吃早餐时,心情明显不好,我猜测可能和他堂兄谈话不顺,或者说受挫,后来他堂兄来了,心情又好起来了。"

"哎,不是说钟院长表态了嘛,错了就改,还要周秘书关注二审?"向德先马上坐回座上,神色有点紧张。

我说:"向董事长,我也看出来了,钟先生的情绪是有些变化。从我的角度分析,我原来是法官,有人私下找我谈案子,我也会拒绝。估计钟先生也是这样,他堂兄可能说了一些话,钟先生有想法了,但这不影响他们之间的感情。作为高级法院院长,二审还没有开始,不便多说什么,更不会承诺什么。但是钟院长看了一审判决书以后,交代周秘书关注二审,有情况随时汇报,说明他也看出一审有问题。"

向德先边沉思着边颔首。

范正欣举起手:"董事长,我完全同意谢主任的分析,昨天钟院长来宾馆送钟先生,我亲眼看见两个人开始都有点严肃,后来有说有笑,钟院长摸钟先生的头,钟先生用肩膀顶钟院长,非常亲热。"

宋公明笑着:"没想到范副主任还有偷窥的本领啊!"

范正欣不予理睬。

向德先又问吴小莉:"吴小姐,你对钟先生怎么看?"

吴小莉想了想:"董事长,我说不出什么,但我同意宋律师说的。"

"好,我基本了解了。"向德先加重语气,"看来还是要做好钟先生的工作,要给他提神鼓气,这是重中之重啊!"又沉思一会:"现在哪有义务帮忙的,这个问题我们要考虑。"

范正欣说:"我实话实说,现在没有义务帮忙的,可是钟先生不收礼,是礼送得不对路,还是送轻了?"

"先不说这些。"向德先摆摆手,"晚上我们在座的,要把钟盛远招待好,让他高兴。"

我问:"向董事长,您没通知赵莹参加?"

向德先挥了挥手:"算了,她就不参加了。"

我又说:"向董事长,这样不好吧?"

向德先看着我:"有什么不好?"

我严肃地说:"向董事长,赵莹这次去庆远,也认识了钟先生,如果晚上不出席,恐怕钟先生会有想法,再说我们内部的问题,没有必要表露出来。"

宋公明插话:"向董事长,谢主任讲得有道理,不然钟先生肯定会问。"

向德先勉强地点点头:"小范,那你通知她吧。"

碰头会结束,大家告退,李秘书把酒分发给每个人。向德先把我留下来。他说:"谢主任,您知道的,我最信任您,但是我不理解,您为什么处处护着赵莹?"

我答:"向董事长,您误会了,我不是护着赵莹,而是照常识常规做事。她是犯了错误,但她以前工作表现很好,我们要全面看,不应该一棍子打死。"

向德先沉下脸:"有些错可以犯,但有些错不可以犯,她就是犯了不可以犯的错,造成这么大的损失,必须承担一切责任。"

我摇头不语。

向德先换了缓和的语气:"谢主任,您知道的,公司上下几千号人,每个月发工资就要上千万,压力大啊!"

我仍然不出声,心里想集团下面的房产公司,一年要赚很多钱。

向德先接着说:"我有个想法,现在我们有钟盛远这层关系,如果二审采信我们的证据,那就彻底翻盘了,我们垫付的4 000万也可以拿回来。"

我愣住了,没想到向德先会这么想,有点得寸进尺,我不表态,未置可否。

向德先又说:"钟盛远不是要和二审的审判长见面吗,趁这个机会提出来,工作要做在前面,先入为主。"

我不得不说:"向董事长,上次讨论已经定下来,不要纠缠在那张证据上,主攻方向是重复处罚。"

"谢主任,您就是太保守,现在情况变了,我们有钟盛远,而且钟院长也表态了,能多争取一些就多争取一些,有关系什么都好说,放开手来用。"

"既然向董事长坚持这么做,二审时提出来,尽量争取吧。"

向德先看着我:"谢主任,请您和钟盛远谈一谈,要求他和审判长见面时提出来,但是您要教他怎么说,什么话最有说服力,这些您都懂,都能把握。"

我很勉强地点点头。

办公桌上的电话铃声了,向德先去接电话,我便告辞,他朝我扬扬手说:"下午我们一起从公司去饭店。"

我走出他的办公室,长出了一口气,如释重负。

35

赵莹

我下飞机便给肖辉发了信息,到家不一会,他就赶来了,一进门就拥抱我,一阵热吻。风平浪静以后,我依偎在他怀里,将这次去庆远的过程,详细地叙述了一遍,重点是一审的真实情况。我说:"一审合议庭的意见,审判委员会不同意,强行通过现在这个判决,是典型的权大于法,我真的感到很悲哀。"

肖辉安慰地抚摸着我的手:"不要悲哀,一切都会好的。你说找到了庆远高院院长的堂弟,这个关系很硬啊,可以跟他们抗衡了。"

"其实开始我也有点怀疑,因为我上过当,你介绍的一审律师洪自光,也说认识中院的谁谁谁,都是吹嘘。钟先生倒是真的,而且不说大话,我们在庆远几天,都是法院的警车接送,院长的秘书始终陪着,而且第二天就约见一审的审判长,一般人根本做不到。更重要的是,高院院长表态了,会关注这个案子,错了就改。"

"那你就更不要悲哀了。"

我摇摇头:"肖辉,我悲哀的是打官司不讲法律,而是讲关系。"

肖辉笑了:"为什么诉讼叫打官司?因为'官'是宝盖头,就是官帽,下面两个口,意思是谁口大谁说了算。"

"没心情跟你说笑话。"

"我没有说笑话,你们这个官司,就是谁官大谁赢。"

"你这么说也有点道理,二审不是法律意义上的对与错,而是权力之间的较量。"

肖辉问:"钟作家帮这么大的忙,你们怎么谢人家?"

我答:"这方面的事情我不知道,他们都瞒我,尤其是范正欣,处处防着我。"

"范正欣我认识啊,原来广告公司办公室主任。"

"不想提这个人。"我从肖辉怀里出来,"还没吃晚饭呢,我去下点面条。"

肖辉又搂住我:"还不饿,等一会再说。范正欣怎么了?"

"他现在是集团法务部副主任,又是专案组组长,眼里根本没我,尾巴翘到天上去了。"

"我原来看他还可以啊。"

"人都会变的,《红楼梦》里有句话,小人得志便猖狂,说的就是他这种人。"

肖辉笑了笑:"好了好了,不提他了。"

"不过我知道一件事,昨天上午交了上诉状,到洪自光那里办手续,结账。宋律师陪我去的,他告诉我范正欣给钟先生和周秘书送表,是瑞士的浪琴,大概十万一只,但是钟先生坚决不收,把范正欣弄得灰头土脸。"

肖辉说:"我在你发来的材料上,看到了宋律师的大名,叫宋公明,跟《水浒》里的宋江宋公明一样。"

我笑着点点头:"对,是他,但是你可别小看他。他是常海律师界泰斗方知行的学生,向董事长亲自请来的,我这次去庆远才认识。他原来是狱警,后来当律师,精通法律,能力很强,而且性格豪爽,敢做敢当,几次把范正欣弄得下不了台。"

肖辉故意沉下脸:"看来你对这个宋律师印象很好?"

我在他胸上拍了一下:"想到哪里去了!"

肖辉把我的手捏住:"你说钟作家不要手表,是不是嫌少了?我也觉得这礼送轻了。"

"我看他不是嫌少,而是不愿意收礼。"

"噢,现在还有这种人?"

"我对他了解不多,但是感觉很不错,他帮了我们这么大的忙,没有一点居功自傲的样子,对谁都很礼貌。"

肖辉若有所思地点点头。

我问,"发给你的材料都收到了?"

"收到了,复印了几份。"

我又问:"节目什么时候做?"

肖辉沉思了一会才说:"听你讲了这些情况,高院院长也表态了,我考虑这档节目还有没有必要做?"

我马上说:"案件公开讨论,发挥舆论监督作用,制约权力大于法的现象,不是有没有必要的问题,而是很有必要。"

"赵莹,我是怕节外生枝,画蛇添足。"

我挥挥手:"好了,别说了,一切照原计划进行,尽快上节目。"

肖辉又沉默了一会:"准备得倒是差不多了,请了三位法律专家,政法大学的曹教授,他把原来的副校长张宏光也请来了,还有一位大律师毛雁奋,参与民法修改,理论水平很高。我已经把材料发给他们了,这两天都在看材料,准备发言稿。"

我笑了:"知道你会办好。"

"没办法,听你的,不过曹教授又强调一遍,讨论持客观态度,不带倾向性。"

"对,就要客观态度,从法律的概念分析讨论。"我从床上下来,"我去下面条,你不饿,我饿了。"

吃完面条,我便赶肖辉走,他想住下来,我不答应。我说:"这次去庆远,虽然没做什么,但是精神紧张,所以很累。"

肖辉临走时对我说:"赵莹,我们说好的,官司打完就结婚,说话要算话。"

我边推他出去边说:"我什么时候说话不算了?二审结束我就嫁给你。"

当晚我睡了个好觉,上床不一会就睡着了,是近几个月来唯一的好觉。不知什么时候,大概天快亮了,我做了个梦,驾驶一辆红色摩托车,腾空而起,飞越地面上蜗牛爬似的车流。所有的车都停下了,所有的司机都从车上下来,个个举头仰头望我,并且一起大喊飞啦,突围啦……我被喊声惊醒,睁开眼睛,天已蒙蒙亮了。近来多梦,但很少做这种稀奇古怪的梦,弗洛伊德《梦的解析》,说梦与精神世界有关,是"潜意识"作用下"欲望的变相满足"。我精神压抑焦虑,是多梦的原因,而我的潜意识提示深陷重围,强烈期盼突出重围。

起床以后洗漱,我把脸浸在水里许久,抬头呼吸新鲜氧气,顿感头脑清醒。我不就是梦中的骑手吗,深陷于官司的重围之中,忽然有如神助,让我飞起来了,飞越重重包围。我去公司上班,心情舒畅,步履轻松,很长时间没有这种洒脱的感觉了。一审判决下来,我在公司里只字不提,怕影响大家的情绪,但消息还是走漏了,估计是从范正欣那里漏出来的,我真不明白他想干什么!

广告公司笼罩在败诉的阴影之中,大家忧心忡忡,业务几乎停滞,有人已经开始另谋出路。我考虑应对办法,马上召集所有员工开会,把这次去庆远的情况告诉大家,一审简直乱判,二审一定会改判,一定会还自立广告公司以公正。我要扫除阴影,让大家重新振作起来,集中精力开展业务。我还有个想法,垫资的4 000万拿不回来,我要想方设法发展和扩大业务,把这笔损失补回来。

到公司以后,我让办公室发通知,下午一点召开全体员工大会,任何人不得无故缺席。接着便给一些老客户打电话,要求广告业务,并且承诺给予优惠。一位老客户不知怎么知道公司打官司输了,一改常态,表示出不信任,我再三解释,对方仍然不合作。类似情况不是一个,好几个老客户提出质疑,虽然我有思想准备,但实际严重性远远超出我的预料。我瘫坐在椅子上,两眼看着天花板发愣,早上的好心情荡然无存,取而代之的是一座大山,压得我喘不过气。我的心在大声疾呼,发出呐喊,二审必须打赢,而且还要快!此时此刻,我急切地盼望讨论案子的节目赶快播出,让所有客户了解真相,甚至让全世界都知道,一审判决是多么不公,多么荒唐。

我立即给肖辉打电话,问节目何时播出,肖辉很惊讶,他说昨晚不是谈好了吗,正在准备,尽快录制。我失态地大声喊道,算我求你了,赶快播出,不然我简直要疯了。肖辉连忙问怎么了,怎么了?我没答话,扔下手机。

手机铃声响了,我以为肖辉打来的,不接。可是铃声停了又响,反反复复,逼得我不得不接听。是范正欣打来的,他说今天晚上向董事长宴请钟先生,我也参加,地址已经发到我手机上了。我查看信息,一条是范正欣发来的:今晚六点常海宾馆宴会厅1号包房。还有一条是肖辉发来的:赵莹,为什么不接电话,真急死人,到底发生什么事了?我想了想,回他一条信息:我没什么,别担心。晚上向董事长请钟先生吃饭,要我也参加。

36

钟盛远

上午在办公室看文件,是市委宣传部下发的,主要精神是鼓励文学创作,热情讴歌改革开放三十年来的伟大成就。文件列举了各项奖励举措,其中反映常海市改革开放成就的电视连续剧,每部政府补贴一百万元,获奖作品最高奖励达三百万元。我给创联部打电话,要求召开作者座谈会,传达文件精神,掀起创作高潮。

刚放下电话,手机铃声又响起,吴小莉打来的。她叫了声钟老师,然后说向董事长今晚在常海宾馆设宴,专门为我接风洗尘,务必要出席。我记得前天接机的黄师傅曾提及,所以并不意外,但故意问:"既然向董事长请我,他怎么不打电话来?"

吴小莉答:"钟老师,您不要误会,向董事长让我代表他邀请您。"

我又故意说:"看来你们董事长没有诚意,算了,不去了。"

她连忙说:"不是的,不是的,您误会了,向董事长很有诚意,专门让我给您打电话。"

我笑了:"吴小姐,跟你开个玩笑,我去我去。"

吴小莉也笑了:"钟老师,谢谢,谢谢!我把地址发到您手机上。"

我说了声晚上见,然后挂断电话。

昨天我从庆远回来,女儿钟可可也从安徽回来,正好一起吃晚饭,女儿聊起农村的一些见闻，还说走了几个红色革命老区，其中一个乡出了几位将军，但是由于地处山区，经济发展滞后，目前仍然很穷，很多房子还是泥墙草顶。她问我一个问题，将军乡的好几位将军，只有一个"文革"被打倒时回过一趟老家，其他都没回去过，难道他们没有乡情、不思念故土？我难以回答，考虑了一会才说，人都有感情，但人各有难处，当上了将军大官，可是家乡还很穷，如果亲戚老乡求助，要点什么，不好办，所以怕回去。我同时说明，这只是我的推测，一种可能而已。

吃了晚饭以后，坐在阳台上抽烟，吴小莉打来电话，说纸箱里装着茅台酒、高档香烟，还有两支野山参。我也感到意外，但很快反应过来，周秘书说土特产，是托辞，恐怕我不接受。他送这份厚礼，用意不言而喻，要我在堂兄那里为他美言几句。但我不会白白接受，下次去庆远，也给他准备一份礼品，有来无往非礼也。吴小莉要把东西送回来，我当即说送给她，没有一点勉强，完全心甘情愿。我喜欢这个姑娘，聪明伶俐，尤其是爱好文学，和她有许多共同语言，可谓忘年知音。

仰望晴朗的夜空，星星布满苍穹，月亮很圆很亮，我忽然冒出一个想法，周六去杭州开笔会，带吴小莉一起去，让她也了解了解当下的文学状态，有利于写作。可是这个想法仅仅一闪而过，随即自行否定，我凭什么带她去？她又凭什么跟我走？

今天下午在办公室写了篇小文，是晚报约稿，标题是《进门难出门易》。内容是说现在进大学校门难上加难，犹如千军万马过独木桥，可是一旦考上了，踏进大学校门，学习热情就像皮球泄了气，然后轻轻松松混几年，平平淡淡拿文凭，快快乐乐出校门。"哈佛"有言：此刻打盹，你将做梦；此刻学习，你将圆梦。文章很短，不足千字，未加评论，只描述现象，言外之意，任人品味领会。写完细读一遍，没有错漏之处，即给报社编辑发去，完成任务。

快到下班时间,我收拾桌子,清洗茶杯,吴小莉又来电话,五点钟来作协接我。我说不是讲好了嘛,我自己去,她说是向董事长的意思,一定要接,是礼节,我答应了,她很高兴,说五点在作家协会门口见。她正要挂断电话,我让她等一等,她问还有什么事,我脱口而出,讲了去杭州开笔会的事。我说与会的都是作家,有几位还很有名气,吴小姐如果有兴趣的话,不妨也去看一看,听一听,权当一次学习。她说真的啊!语气中充满兴奋和喜悦,我说当然,欢迎你一起去。可是她却沉默了,好久不出声,我问怎么了,她期期艾艾地说,我去恐怕不好吧?我说没什么不好,很正常,我可以代表笔会邀请你。她又沉默了一会,终于说好吧,我去。

　　放下手机,我心里一阵狂喜和激动,这种感觉已然多年不见了。我下意识地看了一眼桌上的日历,离周六还有几天,先跟杭州方面打个招呼,让他们提前安排。我马上给杭州作协的马建文打电话,告诉他我带一个学生与会,是女同志,需要多开一间房。马建文答应马上办,但又说现在是旅游高峰,有可能订不到房。然后他哈哈一笑,调侃地说,你是作协副主席,享受待遇,给你安排了套间,如果万一订不到房,你们一个在里间,一个在外间,将就一晚也可以。我也哈哈一笑,说你要是订不到房,就把你自己的房间让出来。其实说笑而已,马建文是杭州的名人,上通下达,没有他办不成的事,多开间房实在是小事,不在话下。

　　走出作协大门,"林肯"已经停在路边,刚下过一阵雷雨,地上还流淌着雨水,树上的枝叶碧绿如洗。吴小莉站在车头前面,穿一身夏装,淡蓝色短袖衬衫的下摆束在时尚的白短裤里,两条腿显得格外修长。她为我拉开车门,我请她先上车,她推辞不过,只得先上车,我和她一起坐在后排,司机还是黄师傅。正是下班时间,道路拥挤,汽车开开停停,缓慢地行驶。我朝吴小莉看了一眼,不知怎么,她的脸蓦地红了,随即埋下头去。她以前不这样,可能是因为答应去杭州,有点不好意思了。其实我也有同感,确实有点贸然,何况男女之间,可是我实在难以抑制那种冲动。

汽车到达常海宾馆,没在大门口停下,继续向前驶,绕到主楼后面才停。我知道这里有个小门,专供领导出入,无需穿过嘈杂的大厅,有一回宣传部长请我吃饭,就是这么走进去的。我们从车上下来,谢云华主任和范正欣副主任快步迎来,连声说欢迎。进门朝前走了几步,便是宴会厅,宋公明和另一个人站在门前等着。那人满面笑容地地握住我的手说:"钟先生,久仰大名,今日终得一见,欣喜之情难以言表。"

我知道这人就是向德先,在电视上见过,只是第一次面对面。他五十岁上下,中等身材,穿一件雪白的上衣,头发梳理得很整齐,一丝不乱,脸上肤色白皙,双目炯炯有神,握手之际,感觉他的手很柔软,像女人的手。我说:"向董事长,您客气了,相逢是缘,我也很高兴。"

向德先又说:"这次远赴庆远,有劳钟先生,这份情谊弥足珍贵,定当涌泉相报。"

我摇摇头:"向董事长,别这么说,机缘巧合,顺手而为。"

"说得好,说得好,大作家就是不一样,出口锦绣。"向德先执住我的手,"钟先生,请入席,我们坐下来慢慢聊。"

在一张放置席卡的大圆桌入座,向德先居中,我在他右边,依次是吴小莉、宋公明,左边是谢云华和范正欣,赵莹的座位空着。

向德先问:"小范,赵莹怎么还没来?你赶快给她打个电话。"

范正欣答:"董事长,正要向您汇报,赵莹感冒发烧,来不了了。"

向德先"嗯"了一声,将目光转向我:"钟先生,那我们就开始吧。"

37

向德先

下午我和谢云华、范正欣提前到达常海宾馆，无需张罗点菜，总经理金萍按最高标准配置，并且按我的要求，做了特别安排，专门搬来一台钢琴，放在大包间的墙角，用屏风遮挡着，外面看不见。我让谢云华和范正欣在外面接，我自己和宋公明律师在里面接，里外两重迎接，显示格外的礼貌和隆重。我一直很少喝酒，应酬也只喝点红酒，但今天我要陪钟盛远先生喝白酒。

钟盛远的形象与我想象中的差不多，文质彬彬，气度不凡，略有一点差别之处，他比实际年龄显得年轻一些，身体也比较结实。宋律师说他是性情中人，情绪容易波动，在我看来感情世界丰富，多愁善感，正是作家的气质。文人尚美，李白有诗"风吹柳花满店香，吴姬压酒劝客尝"，我亲自调整席卡，将吴小莉的座位换到钟盛远身边。不得不说，钟盛远的确有才，机缘巧合，顺手而为，两句话信口而出，很有智慧，也很巧妙。而我的弥足珍贵，涌泉相报，既直白又有点俗气。

服务员上五十年的原浆茅台，钟盛远瞟了一眼，不动声色，我想他可能喝过，见怪不怪。我讲了一段事先精心准备的话，当开场白。我说："今天在这里设宴，为从庆远归来的钟盛远先生，以及在座的诸位，接风洗尘。今天恰好是农历五月十五，古人以每个月的十五为望，既是月圆之日,也是团圆之时。钟先生长途奔波,舟车劳顿,辛苦了,诸位也辛苦了。把酒敬贵客,聊表恭敬和感谢,希望钟先生和诸位,度过一个美好的夜晚。现在我提议,大家共同举杯,一起敬劳苦功高的钟先生一杯酒。"

钟盛远连连摆手:"向董事长,您太客气了,我看还是随意一点好,我们大家一起喝。"

我说:"钟先生,这杯酒一定要先敬您,是我和大家的一片心意。"

钟盛远站起身,说声"谢谢",和我和大家一一碰杯,一干而尽。

我又说:"钟先生,请坐请坐,尝尝这里的菜,味道怎么样。"

吴小莉反应很快,马上给钟盛远夹菜,我笑着朝她点点头。

宋公明说:"钟先生,向董事长作了热情洋溢的致辞,您是不是也讲几句?"

钟盛远又站起身来拱手道:"向董事长、宋律师、谢主任、范副主任、吴小姐,感谢你们的热情款待,我是却之不恭,受之有愧。这次去庆远,还算比较顺利,情况大家都知道,就不多说了。我希望二审胜诉,我也相信二审能够胜诉。"

我连声说:"好好好,有钟先生这番话,我就放心了。来来来,钟先生,我再敬您一杯,表达由衷的感激之情。"

钟盛远笑了笑:"向董事长,再说谢我就坐不住了。"

我举起手:"好好,不说了,不说了,那就随意喝,尽兴尽兴。"

谢云华端起杯:"钟先生,我就不说谢了,敬您一杯。"

钟盛远双手端杯,面朝谢云华举起,然后一口喝掉,我看出他对谢云华很尊重。

范正欣接着敬酒:"钟先生,我也不说谢了,谢意在酒里,满满的敬您。"

钟盛远和他碰杯,又一口喝完。

接着吴小莉敬酒,她说:"钟老师,我要对您说声谢谢,因为您把周秘书送您的东西都给了我,真不好意思,所以一定要说谢谢,一定要敬您一杯酒。"

钟盛远摇摇头:"吴小姐,不值一提,不值一提。来,我们干杯。"

两个人碰杯一干而尽。

我问:"吴小姐,怎么回事?"

钟盛远抢先答:"周秘书送我一些土特产,昨天吴小姐和我一起回常海,我就顺手拿给吴小姐了,一点点小事,真不值一提。"

吴小莉还想说什么,钟盛远朝她看了一眼,她便不出声了,两人似乎颇有默契。

我笑着说:"钟先生,吴小姐很优秀,我为有这样优秀的员工,深感欣慰。我建议,我们一起敬吴小姐一杯。"

吴小莉连连摆手:"董事长,我没您说的那么好。"

我和吴小莉碰杯,大家都站起来敬她,相互碰杯,觥筹交错,气氛热烈。我很满意,尤其让吴小莉陪钟盛远一起回来,这个安排非常好。

"难得今天这么高兴,我给大家助个兴吧。"我离席走到墙角,移开屏风,坐到琴凳上,掀开琴盖,手指从左向右顺势划动,发出一串清脆悦耳的乐声。

在座人都侧脸看着我,很意外,特别是钟盛远,一脸惊讶,甚至震惊。

我的手指在琴键上跳跃,一曲《今夜无眠》的旋律在餐厅回荡,悠扬轻快,结尾我用了华丽的滑音,大家都鼓起掌来。我又弹奏一曲舒伯特的《天鹅之歌》,是另一种意境,轻盈婉转,优美恬静,大家又热烈地鼓掌。

钟盛远走来,握住我的手说:"向董事长,真没想到您钢琴弹得这么好,完全是专业水平,太好了,太好了!"

我说:"钟先生,过奖了,我就是喜欢而已。"

回到桌上,钟盛远看我的目光、说话的语气明显变化,原来客气的成分居多,现在则是真诚和热烈,彼此间的距离顷刻消失。我的特别安排奏效了,因为我知道和钟盛远这样的人打交通,必须另辟蹊径,用艺术的语言交流,远远胜过说一万句好话,送一笔丰盛的厚礼。

钟盛远非常感兴趣地询问,钢琴弹得这么好,一定受过专业训练,得到名师传授?我用沉缓的语声讲起往事,父亲和母亲的遭遇,他们在音乐学院相识相恋,父亲学声乐,母亲弹钢琴,但双双被打成右派,下放到农村改造。我出生在一个风雨交加的夜晚,家徒四壁,父亲用仅有的一块手表,换我喝了一年羊奶。后来父亲病倒,好不容易回到母亲的老家苏州吴江,确诊肝癌晚期,没多久便撒手人寰。母亲在外公外婆的帮助下,开了个小杂货店,把我养大。"文革"时期母亲又被揪出来批斗,由于不堪凌辱,一头扎进太湖里。后来我成为恢复高考的第一届大学生,就读常海大学化学系,有一年独自一人过除夕,不知哪里飘来一阵钢琴声,节奏深沉震撼,使我想起了母亲,于是便产生了学钢琴的愿望。我毕业留校当教师,省吃俭用,攒够了买一台旧钢琴的钱,出售钢琴的女士主动教我弹琴,还送给我许多琴谱。教琴的女士说,她教过许多学生,年龄最大的是我,对钢琴最有灵性的也是我。其实我学琴很大程度是怀念母亲,大概也有点遗传因素,慢慢熟而生巧,我现在用的还是那台旧钢琴,因为我在这位女士身上,看到了母亲的身影,具有纪念意义。

钟盛远的眼里满含泪水,紧紧地握住我的手说:"向董事长,个人和家庭的命运与国家息息相关,您的经历也是这个国家的经历,有着太多的苦难,要正视这段历史,汲取教训,前事之错,后事之师。"

我感慨地说:"苦难熬一熬也就过去了,但是贻害更严重,建国以来历次运动,尤其是'反右'和后来的'文革',摧毁了中华民族传统的道德观念和诚信观念,贻害几代人。我在商场二十多年,对此认识非常深刻,现在有些商家也讲诚信,但只是生意需要、利益需要,因为诚信不是嘴上讲讲的,而应该是做人的根本。"

钟盛远再一次握住我的手:"向董事长,讲得好,讲得好!"

他情绪激动了总是要握手。

我又说:"譬如庆远的官司,广告内容向来由委托方提供,签字认可,这是一种约定俗成,可是对方一旦找到机会,马上背信弃义。他们为了利益还好理解,最不能理解的是,一审法院用法律的形式和权威,维护了这种不道德、不诚信的行为,这才是最可悲也是最可怕的事情。"

钟盛远没答话,沉思着,看他的表情流露,他认同我的说法。

宋公明朝我举起杯:"向董事长,官司的事就不要多讲了,今天是接风洗尘,高兴,我敬您一杯。"

我端起杯:"好,今天高兴,不讲了,喝酒。"

吴小莉又敬一轮酒,先敬钟盛远,然后敬我,再敬谢云华、范正范、宋公明,而且都杯杯都喝完,又掀起一次高潮。吴小莉的脸有些微红,愈发显得娇艳,我从内心里感叹这个姑娘真漂亮!

我看时间已经快十点了,便从提包里拿出早已准备好的礼物。我说:"钟先生,我知道您的人品,所以不送贵重的东西,这是一本山水册页,不值什么钱,就是好玩,请您赏脸收下。"

钟盛远略显犹豫。

范正欣插话:"钟先生,这是文人雅赏,向董事长的一点心意,谈不上受贿,收下吧。"

钟盛远起身双手接去:"向董事长,那我就愧领了,谢谢!"

我按住他的肩:"一点小东西,不成敬意。请坐请坐。"

钟盛远坐下来,随手翻看,边看边说:"甄达是晚清时的画家,名头虽然不是很大,画山水重墨色,别有一番气象。"

我不无惊讶:"钟先生,您也懂画,说得很内行啊!"

钟盛远摆摆手:"谈不上内行,经常和几位画家朋友在一起,听多了,略知一二。"

我举起杯:"钟先生,以后我们多交流,我再敬您一杯,圆满了。"

钟盛远也举起杯:"大家一起喝吧。"

宋公明扬起手:"等一等,我有句话要说。"

大家都朝他看。

宋公明说:"我想请钟先生和在座的各位吃顿饭,不知道诸位赏不赏脸?"

钟盛远表态:"宋律师,承蒙您看得起,我去。"

我没说话,谢云华和范正欣、吴小莉都不出声。

宋公明看着我:"向董事长,请您发句话啊。"

我说:"宋律师,首先感谢您的好意,但是我去了你们反而拘束,放不开,我就不去了,谢主任和小范,还有吴小姐,都可以去。"

宋公明又扬起手:"好,那就放在星期六晚上,我请大家吃俄罗斯大餐,观赏俄罗斯美女唱歌跳舞。"

钟盛远说:"宋律师,对不起,星期六我要去杭州开笔会,星期天下午回来。"

宋公明想了想:"星期天下午回来,不行,太累,那就改到下周三晚上,行不行?"

钟盛远点点头:"可以。"

谢云华推辞:"宋律师,我一把年纪了,你们去吧,玩得高兴点。"

宋公明认真地说:"谢主任,您是我尊敬的前辈,我诚心诚意地邀请您。"

谢云华还是摇头。

我说:"谢主任,去吧,别拂了宋律师的好意,您去就当代表我,陪陪钟先生。"

谢云华有些勉强地点点头。

宋公明又说:"还有赵总,如果她身体恢复了,也请她一起来。"

我瞥了宋公明一眼,明明知道我不待见赵莹,偏偏还要提她,什么意思?最后我对吴小莉说了一句话,"吴小姐,你接钟先生来,也请你送钟先生回去。"

38

肖辉

　　上午到台里,我便将法制栏目的导播徐斌叫到办公室来,简单讲了一下自立广告公司在庆远的案子,要他做一档专家讨论这个案子的节目。徐斌马上摇头,说法制栏目做的都是刑事案例,目的是震慑犯罪,企业间的经济纠纷,拿到节目上讨论,不仅没做过,而且也不允许做。我说法制节目不仅仅震慑犯罪,也应该宣传法制,普及法律知识。再者节目不能总是老面孔,内容可以广泛一些,对有争议的案例,从法律的角度,公正地、不带倾向性地进行辩论,也有利于提高收视率。徐斌回了我一句话,做这档节目就已经带有倾向性了,接着又问非做不可吗?我说要做,还要上卫视播出。他沉默了一会,勉强答应做,但是说有风险,尤其是法院已经判决的案子,要我再考虑考虑。

　　徐斌讲的是实话,做这档节目的确有风险,而且他还不知道我和自立广告公司的关系,有利用职务之嫌,将来或许会有问题。我认真地想了想,让他先把节目做出来,样带请陈台长过目,通过了再播出。他摇摇头,似笑非笑,拿起我给他的材料,说声拜拜就走了。我明白他的意思,样带要是让陈台长看了,肯定没戏。

　　徐斌刚走,赵莹就来电话,没头没脑地问,节目什么时候播出?接着又喊算我求你了,赶快播出,不然我快要疯了!我很吃惊,也很担忧,她怎么了?我连连给她打电话,可她就是不接,我想去看她,可是办公室里来人不断,这事那事,脱不开身。午饭也是送到办公室来吃的。一直忙到下午,得点空隙,马上想到赵莹,可是打电话她还是不接。我了解赵莹,她好强,什么事都要做到完美,有强烈的荣誉感。庆远的官司对她打击很大,一蹶不振,精神濒临崩溃。我很心痛,也很想帮助她,尽管意识到做这档节目确实有风险,我也心甘情愿。

陈台长是负责全面工作的正职台长,常海电视台建台之始就有他,属于元老级人物,两个月后就退休了。他是好人,不贪不拿,工作极其认真,也尊重人才,敢用人才,但是相当固执,认定的一成不变,有些事情很好说话,有些事情根本不容商量。我从深圳调来常海,的确是机缘巧合,我在央视举办的"多媒体时代"论坛上发言,题目是《多媒体时代电视的未来》,引起与会的陈台长关注。会后他和我交谈,并有意要我去常海电视台工作,我一直向往常海,当即表示同意。就这样,我从深圳调到了常海,任电视台副台长。我对分管的频道和栏目进行改组,要求节目跟上时代步伐,更加贴近生活,陈台长给予支持。可是我与他的矛盾也无可避免,或者说是两代人的认知差异所致,而且他脾气不太好,有时批评不分场合。我理解他,尊重他,也感恩他,从来不和他发生冲突。但是我很清楚,讨论案子的节目在他手里通不过,也等不及他退休,只能看他哪天不在台里,我签字播出,责任我承担。

我担心赵莹,正要去看她,恰恰她来电话了,声音很轻,说病了,我急忙开车赶往广告公司。已经过了下班时间,公司里空荡荡,她一个人趴在办公桌上睡着,摸摸她的额头很烫。我连忙搀扶她上车,朝就近的医学院一附院驶去,正值晚高峰,道路十分拥挤,我心急火燎,好不容易赶到一附院。我开奥迪Q7,也算是好车,门卫敬个礼,要我出示红本。我知道红本是一种特殊医疗证件,但我没有,只能摇摇头,门卫马上说没有车位。我强调急诊,要求通融,门卫不由分说,大声喝斥

"把车倒出去!"我非常愤慨,却又无奈,情急之际,忽然想起影视频道的置景刘美霞,她父亲就是一附院院长,好像在台里还见过一面。我便对门卫说找刘院长,门卫愣了愣,将信将疑,要我给刘院长打电话,院长同意就放行。我给刘美霞打电话,说明情况,不一会刘院长就跑来了,满脸笑容地握住我的手说:"肖台长,不知道您来,抱歉抱歉。"

门卫一看,连说几声对不起,忙不迭地升起栏杆。

刘院长亲自陪同就诊,赵莹体温高达三十九度,医师诊断感冒发烧,但是病人体质较弱,用药以后需要观察两天。一位护士带我去付费取药,省却了排队,虽然已是晚间,急诊室依然人满为患,连过道上也躺满病人。刘院长领着我们到住院部,乘电梯上楼,两个保安守在楼道口,整个楼面很安静,给人一种神秘的感觉。刘院长说这里都住满了,只有两间备用的,可是我明明看见大多数病房里没有人,灯也暗着,大概可能回家了,也或许外出应酬去了。护士打开一间病房,是套间,外间摆放着沙发和桌几,里面是卧室,床上洁白的睡具,一尘不染,床头备有吸氧设施。赵莹躺到床上,开始输液,刘院长这才离开,我再三向他致谢。刘院长说一点小事,不足挂齿,以后有什么需要尽管盼咐。我主动提到刘美霞,说她工作很好,很努力,刘院长高兴地笑了,再次握住我的手,要我多多帮助他的女儿。

赵莹睡着了,听到她均匀的呼吸声,我的心才放下来,长长地舒了口气。我拿来一把椅子,坐在床边,静静地看着沉睡中的她,心里充满暖暖的爱意。我在大学里就爱上了赵莹,但只是单相思,明知不可能成功,可就是放不下她。大学毕业,我回老家庆远,在电视台工作,贷款买房,将父母和两个妹妹从农村接来城里生活。母亲再三催我娶妻结婚,我听烦了,便跑到深圳去,那里收入高也是一方面。电视台有位漂亮的主持人,曾令我心动,可是一想到赵莹,我就打消了念头,心如止水。我调到常海来,很大程度是因为赵莹,但也很盲目,没有任何关于她的信息。按常理推断,她应该已为人妻或已为人母,可是我心存一念,如果万一呢?当我和她不期而遇,拥她入怀,整整十五年的苦恋,终于得到了圆满的结果,我相信自己是这个世界上最幸运的人!我爱她,很爱,全身心地爱着她,视她比我的生命更重要。她病了,我是多么的焦急,可是一个门卫,一道栏杆,冷酷地把病人阻隔在外,要不是辗转找到刘院长,我真不知道该怎么办了。

我曾招聘一位摄影师,法国人,技术非常好,工作中常有接触来往,我和他成了朋友。合同期满,他没有要求续约,临回国前我请他喝了一次酒。他说中国经济发展很快,令世界瞩目,常海也建设得非常漂亮,到处都是高楼大厦。但有一点他看不懂,什么事都要托关系,走后门,正常的事也非如此这般,不然就办不成,那就太不正常了。我没有解释,可能也解释不清,这是一个非常复杂的问题,而且非常广泛,甚至已经成为一种习惯性思维,一种行为必然。

存在一定有存在的理由,现实生活中关系无处不在,即便上一个条件好的幼儿园,也要请托,走后门。当然,也可以去条件差一点的幼儿园,可是谁又不想去好的呢?不能让孩子输在起跑线上呀!当下医院最热门,老龄人口众多,以及健康意识提高,优质医疗资源有限,大医院、好医院一床难求。今天带赵莹来看病,要是没有刘院长,我的车进不去,赵莹恐怕连过道都轮不上,更别说住进舒适的病房了。那个神秘的楼层,一些人可以无限期地占有,而另一些重病缠身的人,实在是一床难求。

门卫前倨后恭,是因为刘院长来了,是因为我的称呼里也带个"长"字。难怪人们对权力膜拜臣服,因为权力掌管并分配所有的社会资源,主导一切,决定一切,能不膜拜臣服吗?我是常海电视台的副台长,有那么一点小小的地位,小小的权力,关键我是刘院长女儿的顶头上司,所以我得到唯有一部分人才能得到的待遇。悬壶济世,医者仁心,公平合理地调配有限的医疗资源,让病患及时得以救治,已然刻不容缓!

　　护士来换吊瓶,赵莹也醒了,她睁开眼睛,第一句话就问我,节目做得怎么样了?我一阵心酸,都这样了还想那些干什么?我说已经交待导播,约好几位专家,马上进行录制,尽快播出。她笑了。我劝她不要想那么多,好好休息,养好身体最重要。天快亮时赵莹醒了,退烧了,精神也略好了些,说公司里有许多事,上午就出院。我抬出医生的话,需要观察两天,她连连摇头,坚决要出院,要我一早就去办出院手续。

39

吴小莉

今天是周六,约好去杭州,钟老师早晨八点来我家小区门口接。我早早起床,洗漱以后化点淡妆,挑了一套比较庄重的衣服,深色的宽松长裤配浅绿上衣,头发也盘了起来,照照镜子似乎长了几岁。作家一般都上了点年纪,钟老师也五十岁了,我在他身边年龄差异太多不好。需要带的东西,昨晚已经放进旅行箱里,早点也吃了,还未到约定时间,我又进了自己的房间。

我心里多少有点忐忑,一个局外人去参加笔会,坐在作家中间,真不合适。那天答应去,是一时冲动,没有经过考虑,草率了,而且我去了别人又会怎么看?所以我也有点担心,会不会影响钟老师?我想只有一个办法,可以陪钟老师去杭州,但不参加笔会,这样对我对钟老师都好。决定了,就这么办,一会上车就提出来。

我妈要送我出去,我不让她送,自己提着旅行箱出门。走出小区大门,一眼看见钟老师,他倚在一辆黑色的轿车旁抽烟,穿一件深红T恤,长长的头发在风中飘摆。我感觉似乎见过这道剪影般的模样,但想不起在哪里、是谁?可是却莫名地激动起来,脚步也加快了。钟老师抬头看着我,愣了愣,好像没认出来似的。他接过我手里的旅行箱,放在后排座位上,拉开前排车门,我坐进车里,钟老师从另一边上车。

汽车迎着夏日的阳光行驶,钟老师侧脸看了我一眼,露出赞赏的笑容。他说:"吴小姐,你今天这么穿戴打扮,我一下子没认出来,但是很好,很漂亮。"

我有点不好意思,垂下头,因为毕竟第一次和钟老师一起外出。

汽车很快驶入高速公路,过了收费站,进入浙江地界。钟老师说:"吴小姐,我把日程安排说一下,会址在西湖饭店,上午报到,然后吃午饭,下午开会,晚上是招待酒会,明天自由活动,就基本结束了,可以留下来吃午饭,也可以不吃。"

我说:"钟老师,你们开会我不参加可以吗?"

钟老师问:"为什么?"

我答:"我不是作家,坐在那里不好。"

钟老师笑了:"吴小姐,开笔会很随意,你坐你的,没有拘束。"

我又说:"钟老师,我怕对你影响不好。"

钟老师看了我一眼:"什么影响不好?"

我想了想,有话没说出口。

钟老师又笑了笑:"吴小姐,我明白你的意思,放心,没有任何影响。"

我点点头,没再坚持。

"明天出去走走,游西湖,到灵隐寺看看,想去哪儿就去哪儿。"钟老师拍了一下方向盘,"我们不回去吃会议餐,找个有特色的馆子,我请你。"

我问:"钟老师,杭州离绍兴不远吧?"

"不远,很近,开车不到一个小时。"钟老师说着又问,"想去绍兴?"

我点点头。

钟老师笑着说:"到绍兴看鲁迅笔下的乌篷船,吃茴香豆,还有陆游写下千古绝唱《钗头凤》的沈园。"

我脱口吟道:"红酥手,黄縢酒,满城春色宫墙柳。东风恶,欢情薄。一怀愁绪,几年离索。错、错、错。"

钟老师接着吟:"春如旧,人空瘦,泪痕红衣鲛绡透。桃花落,闲池阁。山盟虽在,锦书难托。莫、莫、莫。"

钟老师和我对视了一眼,我的脸忽地红了,连忙扭转头去,钟老师也没再说话,我们都沉默了。

汽车在高速公路上疾驶,远远看见了去向杭州的指示牌,钟老师将车拐进匝道,驶入杭州市区,很快便抵达位于西湖边上的西湖饭店。

钟老师正把我的箱子从车上取下,一个中年男人满面笑容地迎来,握住钟老师的手,看样子他们很熟。钟老师作了介绍,那人是浙江作协的马主任。他握住我的手,目光在我脸上停留了好一会,然后"哈哈"地笑着说:"吴小姐,欢迎,欢迎。您真漂亮,您来为我们的笔会增添了一道靓丽的风景。"

我把手从他的手里抽出:"马主任,我是来旁听学习的。"

马主任还想说什么,钟老师拽了他一把,朝饭店里面走去。大堂一侧设有会议签到处,钟老师在名册上签名,也替我签了名,领了房间钥匙,乘电梯上楼,我的房间在钟老师隔壁。

稍事休息以后,我和钟老师一起到餐厅,已经坐满了四桌,大约三十多人。马主任把我们引领到一张桌上,我扫了一眼席卡,都是宣传部和文联作协的领导。午餐不备酒水,但菜肴很丰盛,应有尽有。马主任是东道主,职务最高的是宣传部金副部长,他和钟老师认识,显得很热情,也给了我一张名片。

下午笔会在饭店的会议厅举行,上面挂着一条横幅——"散文创作与时俱进"。大家在一张很大的长方形桌上就座,领导都坐在桌子上方,马主任执意将钟老师也请了上去。马主任先讲话,对各位领导出席笔会表示欢迎和感谢,然后谈了笔会主题。他说:"既然谈散文,我们就散谈,不拘形式,畅所欲言。"

接着是金副部长讲话。笔会临近结束时,马主任请钟老师讲话,钟老师推辞不过。他说:"很高兴参加这次笔会,和在座的文友相聚,不过我要说明一点,刚才金副部长过奖了,本人实在不敢当。《叩问历史》是我的一篇小散文,不够成熟,可以说有点血气方刚,但远远不达大气磅礴,真的过奖了。"

大家鼓起掌来。

钟老师又说:"我讲一点体会,供大家参考。当下散文创作量很大,写的人很多,质量参差不齐,有好的,也有差的,但是说句实在话,好的太少了。散文不是刻意而为的产物,而是发自内心的、自然而然的有感而发。我们必须清醒地看到,当下物质主义、消费主义,不断解构着文学的原创性和个性化,这是一个严峻的问题,不容忽视。我们提出散文创作与时俱进,当然是正确的,文学活动历来与时代紧密相关。我个人认为,当下散文创作的方向,或者说着力点,应该是思想和精神的架构,呼吁良知,崇尚善良真诚,体现正确的人生观和价值观。《歌德之人生启示》提问人生是什么?人生的真相如何?人生的意义何在?人生的目的是何?这些重大的问题,应该反映在散文创作中,于一朵花中窥见天国,一滴露水参悟生命,这就是散文。"

大家热烈鼓掌,掌声响成一片,我为钟老师而感到骄傲,那一刻我似乎和他成了一体,他荣我也荣。

马主任对笔会作了总结发言,都是一些好话,溢美之辞。他特别提到钟老师,充分肯定,高度赞扬。他最后说:"来年春暖花开,我们再聚杭城,再聚西湖。"

招待酒会开始,大家按午餐时的座位入席,金副部长换到我们这桌,他要和钟老师坐在一起。此时我才知晓,金副部长和钟老师是常海大学的同学,也是中文系毕业,所以讲文学也是头头是道。晚餐的菜肴更丰盛,且以海鲜为主,鱼翅、鲍鱼、海参皆有,白酒、洋酒、红酒俱备,白酒自然是茅台,尽显浙江之富庶。金副部长兴致满满,钟老师亦为同学相逢高兴,两人推杯换盏,开怀畅饮。马主任频频举杯,三番五次要我喝酒,我都推却了,说不会喝,是想表现得矜持一些。可是马主任不依不饶,非要和我喝一杯,钟老师说给马主任一点面子,喝一杯。我喝了一杯,可有了开始便收不住,桌上的人都和我喝,一连喝了好几杯。金副部长对我说,女作家能喝酒,一定能写出好作品。我脸红了,不是因为酒,而是因为我不是什么女作家。

金副部长等领导去其他桌上敬酒,酒会掀起高潮。钟老师悄悄对我说,一会去西湖边上看夜景,我也正有此意。领导们敬酒回来,金副部长先行告退,并说明天晚上宴请钟老师,马主任也表示要请。钟老师谢绝了,说要去绍兴,留待下次再聚,并向金副部长和马主任发出邀约,欢迎他们来常海做客。

我和钟老师走出饭店,沿着湖边漫步,孤山笼罩在夜色中隐约可见,白堤自东向西静静地横卧在湖中,岸边垂柳影影绰绰,夜游的画舫偶尔驶过,西湖的夜色别有一番景致。

钟老师说:"吴小姐,明天去绍兴,就游不了西湖了,是不是有点遗憾?"

我说:"钟老师,别叫什么小姐了,叫我小莉好吗?"

钟老师笑着点点头:"好,那就叫小莉。"

西湖的夜风带着些许凉意,我不由自主地向钟老师靠近,挽住了他的臂弯,头也倚在他的肩上。

40

钟盛远

当我嗅到一股淡雅的香味时,吴小莉的手已经挽住了我的臂弯,头依偎在我的肩上,这似乎有些突然,却又显得那么自然。我的心怦然跳动,但意识却很清醒,仿佛挣扎在悬崖边缘,想轻轻地推开她,但是一种强大的、难以抗拒的力量,令我张开手臂将她紧紧地拥进了怀里。我们转身往回走,快步去宾馆,快步上楼,然后分别进入自己的房间。

我洗了把澡,换上睡衣,从提包里拿出一块和田玉挂件,坐在外间的沙发上观赏。这块挂件有故事。十年前我去乌鲁木齐,在街上邂逅旧识孜亚,他原来写诗歌,是新疆小有名气的诗人,后来改行经商,从事和田玉买卖,也是一位收藏家,我在常海接待过他,也在《常海文学》上发表过他的作品。孜亚遇见我非常高兴,执意请我吃饭,席间赠送我一块玉。当时我不懂玉,后来给一位画家朋友看了,此人懂玉,说是真正的和田老坑子料,市面上极为罕见。但是玉不雕不成器,这位画家朋友介绍我认识了玉雕大师冯之清。冯大师也说是难得的好料,亲手精心雕刻了一尊观音像,可谓料好工好,完美无缺。我在来杭州前,悄悄地把这块挂件放进了提包里,想象可能会发生什么……我再也坐不住了,走出去,轻轻地叩响隔壁吴小莉的房门。她打开门,身穿一件粉色的无袖连衣裙,裸露的双臂洁白光滑,洗过的头发披散着,还有点湿漉漉。我随手推上了门,一把抱住她,把她压迫在门上,一阵热吻。她接应我的吻,发出轻微的呻吟,同时按下照明开关,房间里一片漆黑。

我双手环抱她的腰,朝床那里移动,把她平放在床上,侧躺在她身边。我抚摸她的胸部,手伸进她的衣服里面,她任我抚摸,并且不断地吻着我。我的手朝下移,掀开她的连衣裙,她按住我的手,无谓地挣扎了几下,我动作坚决且快速地脱去了她的连衣裙,只剩下胸衣和内裤,她连忙扯被子盖住了身体。我脱掉睡衣,钻进被子里,搂抱着她接吻,同时褪去了她的胸衣和内裤。她的乳房不大但坚挺,腹部平坦,私处浓密茂盛。我冲动地挺进,她连连叫疼,我停止动作,发现她竟然还是处女。我久久地注视着她,然后在她脸上吻了一下,随即起身下床,可是她却拉住了我,目光里满含期待。我再也无法自持,猛烈地吻她,抚摸她坚挺的双乳,埋下头去吮吸那个茂盛的部位,她的呻吟声渐渐大起来,并且牢牢地抓住我的头发。我慢慢地进入,缓缓地抽送,她迎合着,动作由慢而快,身体一阵阵地颤抖,终于发出了一声低吼……

我拥搂着她倚在床靠上,心里充满了幸福感和满足感,但也掺杂着一丝负罪感。我把和田玉挂件送给她,可是她不要,态度坚决地说:"钟老师,我和您在一起,没有想过要您任何东西,真的。"

我说:"小莉,我知道,但是我想送给你,诚心诚意的,就算留个纪念。"

吴小莉还是摇头:"钟老师,我真的不要。"

我抓住她的手:"以后不要叫老师了。"

吴小莉笑着:"那叫您什么?"

我说:"叫名字,或者叫老钟。"

吴小莉又摇摇头:"那不行,别人听了会怎么想?还是叫钟老师吧。"

我点点头,沉默着。

"钟老师,我知道您想什么,别想了,是我愿意的。"

我紧紧地拥抱她,眼睛不由湿润了。

"钟老师,我有一个想法,明天不去绍兴了,来回赶路挺累的,我们就在西湖玩一玩吧。"

我说:"好,听你的。"

吴小莉也笑了,小鸟依人般地偎在我怀里。

我说:"小莉,你喜欢文学,不妨写一写,小说散文都可以,我给你发表出来。"

吴小莉摇摇头:"我怕写不好。"

"没关系,我给你修改润色。"

"那我把自己的事情写出来。"

"什么事?"

"现在不告诉你,写出来你就知道了。"

"好,我等着。"

我和她相拥入睡,早晨醒来,又进行了一次,与昨晚一样酣畅淋漓,极其满足和愉悦。沐浴的时候,我不由她推却,坚持将和田玉挂件戴在了她的脖子上。

吃早餐时遇到马建文,我告诉他改变行程,游览西湖,不去绍兴了。马建文拍拍我的肩,又朝吴小莉瞥了一眼,笑着说:"那就对了,西湖比沈园好玩多了。"

我知道他话里有话,不接口。

马建文发现吴小莉脖子上的挂件,故意用夸张的口气说:"哟,吴小姐,这可是好东西啊!"

我顿时想起马建文曾见过这块挂件,神色有点尴尬,又怕他再讲什么，连忙说："马主任，你话太多了，少说几句吧。"

马建文扬起手："好，不说了，那你们游了西湖回来，我等你们吃午饭。"

我摇摇头："谢谢你的好意，午饭就不回来吃了，游了西湖，直接回常海。"

"也好，那就不勉强了。"马建文说着戏谑地朝我看了一眼。

我明白他的意思，挥手让他快走，别多管闲事。

我第一次看见吴小莉，就被她的美丽和她身上特有的那种活力深深吸引，甚至想入非非，只是埋藏着。我答应去庆远，应该说多少和她有关，我希望看见她，想和她在一起。随着接触多了，了解多了，这种愿望愈发强烈，只要有她在我就高兴，她不在我就感到失落。她陪我回常海，有了单独在一起的机会，求之不得，飞机上两个多小时，我一直处于亢奋之中，充满喜悦和快乐。昨晚今晨，那种飘飘欲仙的享受，前所未有，尝所未尝。我真的很喜欢她，甚至爱上了她，但我不敢想象以后，因为我是有家室的人，更没有考虑为她而离婚。除此之外，我愿意为她做一切，提高她的文学素养，帮助她成为作家，改变她的人生走向，这也正是她的追求啊。

夏日的西湖美不胜收，苍翠环抱，垂柳婀娜，波光潋滟。我们来到游船码头，上了一条小木船，坐在船头的两把竹椅上，船工摇橹游湖。吴小莉探身把手伸进湖里戏水，几滴溅起的水珠扬落在脸上，她笑了，笑得很灿烂。

船工说："今天天气很好，万里无云，可以清楚地看到孤山。我们游览的第一个景点是苏堤春晓，所谓苏堤，就是苏东坡任杭州知府时，为疏浚西湖，利用挖出的葑泥，修建的一条人工堤，从南屏山麓到栖霞岭下，全长约三公里。"

吴小莉问："钟老师，这座山为什么叫孤山呢？"

我说:"小莉,我来告诉你,孤山是西湖中唯一的自然岛屿,唯一就是孤,山名由此而来。孤山不高,是西湖周围最低的一座山,可是名声在外,中国最大的藏书楼文澜阁就在孤山上。康熙皇帝到杭州,行宫就在孤山上,历史上许多名人,苏东坡、白居易、欧阳修,包括近现代的秋瑾、吴昌硕等等,都和孤山有缘,孤山是一座名副其实的人文山。"

船工说:"这位先生,你很了解西湖啊。"

吴小莉目光里满是敬佩:"钟老师,您学问真多。"

我真想把她揽进怀里,但后面有船工的眼睛,不得不顾及年龄差距。我问:"有许多赞美西湖的诗赋词曲,你最喜欢谁的?"

吴小莉立即答:"我最喜欢苏轼的《饮湖上初晴后雨》,欲把西湖比西子,淡妆浓抹总相宜,这种拟人化的描写,最美好了。"

我连连点头:"小莉,我的观点和你完全一致,苏东坡的一首七绝,短短四句,把西湖的美写绝了,无人超越。"

船至小瀛洲,就是"三潭印月"所在,我们离船上岛,吴小莉似乎熟门熟路,引领我穿过九曲桥,经过中心绿洲,来到"三潭印月"碑亭。她指着一个亭子上的横眉说:"这个亭子叫'我心相印亭',是什么意思?"

我到过小瀛洲,也来过此处,但未曾留意这个亭子和这句话,只能从字面上解释。我说:"这个亭子和这句话,是心心相印的意思。"

吴小莉点点头:"钟老师,您说得也对,我补充一点,这句话出自禅语,僧人说的话,意思是无需坦言,彼此意会。"

我好奇地看着她:"你来过这里,很熟悉,是不是有什么故事?"

吴小莉沉默了一会:"钟老师,您不是要我写嘛,我回去就写,写出来您就知道了。"

她已经第二次讲这句话了,我猜测她一定有记忆深刻的往事,而且可能和感情有关。

游了西湖,直接返程回常海。路上我对吴小莉说:"写文章首先是构思,也就是把你想写的事,按前后顺序,轻重缓急,在脑子里过一遍,然后根据需要,可以开门见山地写,也可以娓娓道来,或者先抑后扬,总之要构思好才动笔。还有一个重要问题,你为什么要写?或者说你想告诉别人什么?简单解释就是,作者通过故事和对人物的描写,反映现实生活,揭示人性,颂扬真善美,鞭挞假恶丑,这就是作品的意义所在。"

吴小莉连连点头,表情显然跃跃欲试。

太阳接近地平线时,我将吴小莉送到昨天接她的小区门口,看她拖着旅行箱走进去,直到没了身影,才开车回家。

41

向德先

  星期一上班，李建成照例泡茶，但我却没像往常那样坐下来喝茶，而是在办公室里来回踱步。我对那天宴请钟盛远，尤其是弹钢琴，这个别出心裁的设计收到奇效，既非常满意，又意犹未尽。当即打电话将谢云华和范正欣请来，并吩咐李秘书换茶，泡铁观音，喝功夫茶。

  谢云华和范正欣很快来了，茶也泡好了，我们坐下来，边喝茶边聊。我对庆远之行，以及钟盛远所发挥的作用，再次表示肯定。我说："从目前的情况来看，我对打赢二审充满希望，但是我们丝毫不能懈怠，要继续保持高度的警惕心和责任感，特别是要牢牢抓住钟盛远，调动他的积极性，进一步用好他的关系。"

  范正欣笑着说："董事长，您这次亲自宴请，效果非常好，尤其是您弹钢琴，钟先生的眼睛都直了，他根本没想到您会弹钢琴，而且弹得这么好，后来您和他就像好朋友一样，无所不谈。"

  我不无得意地点点头："识人识里，交人交心。钟盛远是作家，我勉强可以算个钢琴家，门类虽然不同，但都属于艺术，就有共同语言，所以就好说话了。总之，这次达到了预期效果，对钟盛远产生了推动作用，我相信他会更加尽心尽力地帮助我们打赢二审。"

  "董事长，您太谦虚了，您是出色的钢琴演奏家。"范正欣说。

谢云华微微一笑。

我问他："谢主任，高院立案受理要多少天？"

谢云华答："一般是七个工作日，并在立案受理五日内，将上诉状副本提交被上诉人。"

我说："你们上周一交上诉状，今天也是周一，正好一个星期了。"

谢云华点点头："法院会发受理通知书，开庭之前会发开庭通知书。"

我给谢云华添茶："照这个时间进度看，钟先生很快又要动身去庆远了。"

范正欣插话："董事长，这次钟先生和二审的审判长见面，非常重要，但是周秘书不让当事人参加，我们总不能让他一个人去啊。"

我马上说："上次见一审的审判长，吴小莉不是去了吗，这次也让她陪着去。"

"董事长，吴小莉可以去，没问题。我的意思是，这次谈话很重要，钟先生不知道怎么谈，吴小莉更不懂。"范正欣说。

我早已成竹在胸，将目光转向谢云华："谢主任，小范说得也有道理，应该考虑。您看这样行不行，先拟个提纲，把要谈的重点问题列上去，包括上次我跟您讲的那张证据。钟先生是作家，文字理解能力强，一看就明白。"

谢云华想了想："宋律师写的上诉状，言简意赅，抓住重点，表述能力也强，我看还是请他写吧。"

我有点不悦："好吧，那您去跟他说，让他写。"

谢云华又说："向董事长，关系是一方面，案子也是一方面，钟先生的堂哥钟院长改变态度，也是基于案子本身。我们要重视庭审，宋律师有辩才，擅长即兴发挥，请他为钟先生写谈话提要，有利于他更熟悉案情，了解我们的诉求。"

我意识到错怪谢云华,于是笑着说:"谢主任,姜毕竟是老的辣,我完全同意您的意见。"

谢云华摆摆手:"向董事长,您客气,我是怎么想就怎么说。"

我将脸转向范正欣:"小范,我发现你和宋律师有点问题啊。"

范正欣摇摇头:"没有啊。"

我脸色严肃起来:"你有什么意见、什么想法,说出来。"

范正欣想了想:"董事长,我承认宋公明有点能力,但是他太狂妄,目中无人,而且整天喝酒,口无遮拦,没有一点集体观念。"

"小范,有本事的人都有性格,这点你要理解,更要谦让。"我说着举起手,"用方大律师的话说,宋公明是常海最优秀的律师,没有之一,胜率也最高。我们不就是看胜率吗?"

范正欣垂头沉默。

我又说:"宋律师是暂时的,官司打完就结束了,你是长久的,还有很多很多时间,所以你要学会谦恭忍让,千万不要意气用事。"

范正欣点点头:"董事长,您的教诲我记住了。"

我在他肩上拍了一下:"宋律师不是要请客嘛,你应该去,要搞好团结。"

谈话结束,我把谢云华和范正欣送出办公室,特地和谢云华握了握手。

下午我去参加岳父的追思会,是应妻子林肖瑾的要求,不便拒绝。岳父一个月前因病逝世,他是基督徒,他的女儿林肖瑾也信基督教,追思会在基督教堂举行。与会者唱赞美诗《仰望天家歌》,我不会唱,默默地垂头站着。牧师诵读祷文,引《圣经》里耶稣的话:"我就是道路、真理、生命,若不藉着我,没有人能到父那里。"我读过《圣经》,耶稣所指的"父那里"就是天堂,耶稣的信徒皆为兄弟姊妹。然后众兄弟姊妹纷纷发言致辞,感谢逝者生前为家庭和社会作出的贡献,并表达对逝者永远的爱和思念，最后再次合唱赞美诗《再相会歌》。

离开肃穆的追思会场，又去出席冯副主席儿子的婚礼，两种完全不同的场合和气氛，难免有些感慨。人生如同花开花落，有过美丽的绽放，也一定会有无可奈何的凋谢。冯副主席在宴会厅前笑脸迎客，把我引到一张靠前的桌上，都是一些商界人物，大老板，邻桌是政界人物，陈市长和政协龚主席也在座。婚宴不过十几桌，场面不大，也不设签到和收红包的小桌子，这样既免俗又显得清廉。主持人照例进行各项程序，新郎新娘的父母登台，让我颇感意外的是，新娘的父亲竟然是现任的市政法委书记。

新郎新娘来敬酒，冯副主席一一介绍，两个年轻人虽然礼貌客气，但多少还是流露出一些优越感。婚宴结束，冯副主席笑脸送客，我上了车，按下车窗摆手道别。冯副主席凑到窗前小声地说，亲家将任下届市政协主席，已经内定，你的事情就顺理成章了。我点点头，伸出手去和他握了握，既是意会也是感谢。他所言顺理成章的事，是我进入政协常委，其实上届我已进入常委人选，不料龚主席说了句话，我便从名单上消失了，我不明白为什么，况且从来没有冒犯过龚主席。后来才知道，因为龚主席与冯副主席有过节，而我和冯副主席走得近，关系好，自然看我不顺眼。

回家的路上，我特别想念儿子，是参加婚礼的原故，触景生情。儿子已经二十五岁，也到了该结婚成家的年龄，我想等到庆远的官司结束，立即抽时间去英国，找儿子好好谈谈，争取让他早点回来接班。

42

宋公明

原来安排吃俄罗斯大餐,但是妻子刘芳提出不同意见,她说俄罗斯餐厅年轻人喜欢,聚在一起狂,看俄罗斯美女唱歌跳舞,而我请的主要客人,钟作家和谢主任,都是五六十岁的人了,不适合。我接受她的意见,改在皇朝大酒店,订了一间大包房。

客人如约而至,赵莹也来了,我通过谢主任请到她。看她精神状态还好,穿一条黑绸的宽腿裤,上身是一件白衫衣,透出优雅的气质。范正欣也来了,还带了两瓶他家乡出产的扣子酒,我倒是有些意料之外。我介绍妻子刘芳,赵莹率先认出,她惊讶地说:"您是电影演员刘芳!"

接着其他人也认出来了,都很意外,似乎我配不上刘芳。我摆摆手说:"她早就息影了,现在是专职家庭主妇,相夫教子。"

大家入席,我请谢云华和钟盛远上座,范正欣习惯性地坐到了谢云华身边,赵莹和吴小莉也坐了过去,我和刘芳坐在钟盛远一边,自然而然地形成自立集团一方,钟盛远和我以及刘芳是另一方。服务员上菜,范正欣要开他带来的酒,我拿出自己带来的茅台。谢云华说:"宋律师,我虽然不会喝酒,但是知道扣子酒也是好酒,小范既然带来了,也是一番心意,我看就喝扣子酒吧。"

我心里不太愿意,但考虑谢云华的面子,便说:"可以,但要征求钟先生的意见,看他想喝什么?"

钟盛远摆摆手:"我没意见,就喝扣子酒吧。"

范正欣充当服务员,给在座的每个人都斟上酒,然后说:"宋律师,您是主人,您说几句话,剪个彩,我们就开始。"

我看了范正欣一眼,感觉他有点变化,对我有示好的表现。我举起酒杯说:"自从接了自立集团的案子,有幸认识诸位,特别是著名作家钟盛远先生,还有德高望重的法官谢云华先生,非常高兴。我和刘芳一起宴请诸位,聊表心意,今晚尽兴喝酒,品尝美食,不醉不归。"

大家都站起举杯。

谢云华微笑着说:"宋律师,一般都是当事人请律师吃饭,您反过来了,宴请当事人,所以我认为,您和我们不仅是委托和被委托的关系,也是朋友关系。"

范正欣大声道:"谢主任,说得好!"

我哈哈一笑:"你们把钟先生忘了,他属于哪一方呢?"

范正欣马上接口:"钟先生不属于任何一方,他代表正义和公正。"

钟盛远笑着摇头:"范副主任,我才发现您也会说笑话。"

范正欣一脸认真:"钟先生,我讲的是真话,您高风亮……"

钟盛远连忙举起手:"范副主任,打住打住,什么也别说了,我们喝酒吧。"

大家碰杯,都一干而尽,唯独谢云华只是做做样子,我知道他不会喝酒,让他多吃菜,吴小莉机灵,连忙给谢云华夹菜。我对刘芳说:"吴小姐有沉鱼落雁之色,闭月羞花之貌,不当演员可惜了,你帮帮忙,推荐给导演。"

刘芳横了我一眼:"你自己把娱乐圈说得一塌糊涂,却要把人家吴小姐推进去,什么意思?"

我朝她使眼色,不让她说下去。

刘芳全然不顾又说:"宋公明这个人很霸道,不让我演戏,不然就要跟我离婚。"

我摆摆手:"好了,别趁机发挥。"

钟盛远朝我笑了笑:"宋律师有才,宋夫人有貌,可谓郎才女貌。不过我有一点好奇,宋律师是律师,宋夫人是演员,两种完全不同的职业,怎么走到一起的?"

刘芳指着我:"让他讲。"

我说:"很简单,我和刘芳是公安大学的同学,后来她被金盾影视中心招去,当了演员。"

钟盛远点点头:"噢,原来是这样。"

赵莹问:"宋夫人,您条件这么好,怎么会嫁给一个普通的狱警?"

刘芳又指着我:"你说。"

我又哈哈一笑:"这就不必讲了,虾有虾路,蟹有蟹道,我宋公明自有办法。"

钟盛远举起杯:"谁都有点秘密,我们就不打听了,这杯酒敬你们两位,感谢盛情款待。"

我把目光转向吴小莉:"吴小姐,你想不想当演员?"

吴小莉摇摇头:"我当不了。"

我说:"你天生丽质,只要遇上好导演、伯乐,肯定能走红,成为明星。"

吴小莉问:"宋律师,您怎么不让刘芳姐当演员呢?"

赵莹笑着:"小莉,你问到点子上了,孔夫子有言,己所不欲,勿施于人。"

我摆摆手:"你们听我说,娱乐圈是不好,有问题,这是一方面。主要问题是她拍戏,一走就是二三个月,我也忙,家里没人照应,孩子也没人管。"

赵莹说:"这倒可以理解,可以理解。"

钟盛远仍然习惯地笑了笑:"我随便讲几句,每个人都有不同的情况,正如有位哲人所言,我们有选择职业的自由,但往往没有与之发生直接关系之前,在某种程度上已经被规定了。"

赵莹接口:"我知道这段话,是指社会和家庭对选择职业的影响。"

我给吴小莉斟了杯酒:"吴小姐,我是好意,但是收回,就当我没说过。来,我敬你一杯。"

吴小莉爽快地一口喝掉,然后说:"宋律师,就是说说笑笑而已,我没当真。"

菜一道接一道上来,有鱼翅,也有海参,桌子都摆满了。范正欣朝我举起酒杯说:"宋律师,宋夫人,你们费心了,我敬你们一杯,表示感谢。"

我不便拒绝,跟他喝了一杯,刘芳也喝了。

谢云华站起身举起杯:"谢谢宋律师和宋夫人,我不会喝酒,但这杯酒要敬你们。"

赵莹立即响应:"我也敬一杯,谢谢宋律师,谢谢宋夫人。"

吴小莉跟着站起,钟盛远和范正欣也站起来了。

谢云华笑着说:"那我们一起敬宋律师、宋夫人。"

大家碰杯,又都一干而尽。

我请大家坐下,然后说:"吃顿便饭而已,何必搞得一本正经,高兴随意就好。"

一瓶酒没了,又开第二瓶,钟盛远兴致颇高,向在座的每个人敬了一杯酒,不要求别人喝,他自己杯杯喝完。

我说:"钟先生,人与人的了解,往往需要很长时间,但是两种情况例外,一种是出差或旅游,吃住都在一起,可以短时间彼此了解;还有一种就是喝酒,所谓酒至酣处人本真,暴露出本来面目。"

钟盛远点点头:"宋律师,您阅人无数,有见地。"

赵莹插话:"宋律师,您说说您自己,属于哪种人?"

我答:"坏人很少承认自己是坏人,所以我对自己不作评判。"

赵莹捂住脸笑,然后连连摇头:"宋律师,您非但不是坏人,更是一个难得的好人,真诚坦率,敢说敢当,但您又不失理性,看问题透彻明了。"

我故作惊讶:"噢,真的,我有这么好吗?"

赵莹认真地说:"真的,我就是这么认为。"

我说:"赵总,谢谢你。但是一般人对我不理解,因为我不按规矩出牌,超常规做事。不妨举个例子,去年我接手一个案子,公检法三家一致定性诈骗,一审判了十年。这种情况,一般律师往往在量刑上动脑筋,争取少判一两年,不太可能考虑定性问题。我就不一样,首先考虑定性是否准确,诈骗和合同纠纷在法律上虽有明确区分,但实际操作中往往比较模糊,界定不清。我找到证据,是一个被忽略的环节,但是很关键,可以证明我的当事人有过错,但构不成诈骗罪。法院最终定性为合同纠纷,撤消一审判决,宣告无罪。"

刘芳推了我一把:"宋公明,你就是太傲,谦虚一点嘛。"

我说:"该谦虚的时候谦虚,能傲的时候也要傲一把,特别是我们律师,能傲的机会太少。不信你问谢主任,这方面他最懂。"

谢云华笑了笑:"宋律师,您是说律师没地位,对吧?不过我相信,随着法制建设深入,律师的地位自然相应提高。您刚才说的案子,就办得很好,也很说明问题啊。"

我摇摇头:"偶然,偶然。"

赵莹站起:"谢主任,我想说件事情,可以吗?"

谢云华做请的手势:"请说,请说。"

赵莹朝大家看了一眼:"是这样,常海电视台邀请了几位法律专家,专门讨论我们这个案子,节目明天晚上七点四十分卫视播出,全国都可以看到。"

大家面面相觑,因为这个消息来得太突然,不知道说什么好。谢云华的表情比较复杂,意外和惊讶之余,还含带一些担忧的成分。

我说:"赵总,您的保密工作做得太好了,一点风声不露。"

谢云华认真地看着赵莹:"向董事长知道吗?"

赵莹答:"还没跟他说。"

谢云华摇摇头,欲言又止。

我说:"这没关系,现在告诉他也来得及。"

赵莹马上拿出手机:"我现在就给董事长打电话。"

谢云华摆摆手:"打电话太突然,不如先发条信息,缓冲一下比较好。"

赵莹当即写信息,让谢云华过目以后才发出,可是等了好久,不见回复,谢云华的手机铃声却骤然响起。谢云华看了一眼手机,便起身朝外走,边走边说:"对不起,接个电话。"

我马上说:"肯定是向德先打来的。"

范正欣朝我点点头,表示认同。

赵莹站起身,想跟着出去,我将她拦住:"赵总,您坐您坐,没什么大不了的事。"

赵莹直愣愣地看着我。

我又说:"赵总,您事先保密,是想给大家一个惊喜,向董事长应该也能理解。"

赵莹说:"我可能考虑不周。"

刘芳在赵莹的肩上抚了一下:"赵总,别想那么多,电视台讨论案子,别人想上也上不了。"

我端起酒杯:"来来,我们喝酒。"

钟盛远端起酒杯,范正欣和吴小莉也端起酒杯,大家一起干了一杯。

谢云华返回来,刚坐下来,赵莹便问:"谢主任,是向董事长打来的?"

谢云华点点头:"董事长就是觉得有点突然,其他没说什么。"

我说:"赵总,我不是说了嘛,没什么大不了的,您放心。"

赵莹木然地点点头。

谢云华主动向我和刘芳敬酒,说了一些表示感谢的话,大家都响应,又掀起一轮高潮,晚宴方告结束。

43

谢云华

我考虑赵莹的面子，没有说实话，其实向董事长很生气，开口就指责赵莹，总是事先不请示，不汇报，搞突然袭击。他也表示了担忧，目前二审形势趋于明朗，不应该节外生枝，打赢官司是唯一的。我也正有此担心，恐怕产生负面效果，但不能明说，不然向德先会更生气。我从积极的意义上分析，专家针对一审判决存在的问题，从法律和法理的概念进行讨论，这样对二审依法公正判决，有一定的监督促进作用。向德先听了以后，态度有所缓和，但他说了一句话，赵莹现在思维不太正常。这句话引起我警觉，后来仔细想想，赵莹有些时候，表现的确偏颇偏激，似乎是有点不正常。

第二天晚上七点四十分，节目准时播出，我早已坐在电视机前，大概所有知晓和关注这个案子的人，都和我一样，都在等着节目开播。

主持人江海款步走到画面前端，平静中带着几分严肃，用标准的普通话朗声说道："常海电视台法制栏目，我是主持人江海，由于合同纠纷在经济活动中频繁发生，诉讼率居高不下，为进一步普及法律知识，让更多的人知法守法，我们选择了一宗经济案件，邀请几位法律专家，进行讲解和讨论。今晚来到节目中的专家是，原政法大学副校长张自强教授，政法大学教授、博士生导师曹铁之先生，著名律师毛雁奋女士。"

三位专家欠身致意。

江海又说:"我简要地讲述一下案情,常海自立广告公司接受庆远益生制药公司的委托,为该公司生产的一款新药代理广告业务,双方签订了总计人民币8 000万元的广告代理合同。依据合同约定,益生制药公司于合同签订之日支付4 000万元,并于广告投放前三天再行支付4 000万元。自立广告公司履行合同,并在广告投放前三天,要求益生制药公司付款,对方称与银行方面发生一些小问题,但承诺一周内付款。自立广告公司出于对益生制药公司的信任,继续履行合同,垫款支付了广告费用,使益生制药的广告如期在各媒体上正常播出和刊登。但是益生制药公司并未于一周内付款,自立广告公司多次催讨未果,恰恰此时发生了一件意外的事情,刊登在某报纸上的一则广告,被食品药品监督局以扩大药品作用、增加未经审批的内容而查处。益生制药公司将被查处的责任归咎于自立广告公司,并以此为由拒绝支付广告代理费4 000万元。自立广告公司提出,广告内容经益生制药公司代表签字认可,并非我方责任。但益生制药公司置之不理,双方已经到了不可调和的地步,于是自立广告公司将益生制药公司诉之庆远市第一中级法院,要求判令被告立即支付拖欠的广告代理费4 000万元。庆远市第一中级法院作出一审判决:一、驳回常海市自立广告有限公司要求庆远市益生制药公司支付拖欠广告投放费用4 000万元的诉讼请求。二、常海市自立公告有限公司于判决生效后30天内支付庆远市益生制药有限公司退货损失2 820万元、错播广告费损失4 000万元,共计10 800万元。"

画面切换到观众席,在场的人都露出惊讶的神情,我看见赵莹和广告公司的一些员工,也坐在观众席上。

江海继续说:"自立广告公司不服庆远第一中级法院的一审判决,

上诉至庆远市高级人民法院。下面请专家对本案发表观点和意见。"

曹轶之站起身:"我先说两句吧。"

江海:"曹教授,请坐下说,坐下说。"

曹轶之坐回椅子上,翻开面前的一叠材料:"我看了这个案子的相关材料和判决书,谈一点个人看法。我注意到一个事实,益生制药公司没有按约定时间付款,违约在先,而错误广告被查处在后,因此本案应该视为两个阶段,法官应先行处罚益生制药公司违约,再行追究错误广告的责任。然而一审法院忽略了这个问题,胡子眉毛一把抓,工作显然不够细致。"

江海笑着:"曹教授不愧为法律专家,一眼看出问题所在,说实在话,我也没看出来。"

张自强举了举手:"本案的焦点,是错误广告的责任问题,一审法院认为,广告内容虽经益生制药公司代表签字,但未加盖公章,属于不规范行为,因此不予采信。法院如此认定,似乎也过得去。但是自立广告公代理益生制药公司的广告业务,不是一次,而是多次,不是一时,而是几年,所有广告内容均由益生制药公司代表签字认可,均未加盖公章。这是一种约定俗成,也是真实意愿的表现,而且在现实生活中经常发生,一审法院不予采信,显失公允且牵强。至于篡改广告内容,扩大药品作用,作为广告代理商,自立广告公司完全没有必要这样做,只有药厂方面有这种需要,可能这样做。我想我讲得够明白了。"

画面再次切换到观众席上,人们交头接耳,议论纷纷。镜头在赵莹脸上停留了几秒钟,她是既愤慨又激动的表情。

江海说道:"道理不辩不清,是非泾渭分明。我们总以为法律离我们很远,其实法律无时不在,大到关乎社会的公平安宁,小到菜贩的短斤缺两,都需要法律这把无形的尺子来衡量,来维护。下面有请毛雁奋大律师发言。"

毛雁奋朝观众点头致意:"刚才曹教授和张教授分别讲了两个问题,讲得很好,很透彻,入木三分。我想就一审判决援引《报刊广告投放合同》错一罚二的规定,判令自立广告公司承担赔偿责任,谈点意见。根据《合同法》第112条关于违约责任的规定,在没有特别约定赔偿条款的前提下,一审法院驳回原告的本诉之请,同时判令原告支付赔偿,显然违背了《民法通则》之规定,应视为重复处罚,或者属于适用法律条款错误。另外,我还注意到一个问题,自立广告公司向法庭提交了工商和税务的相关报表,证明益生制药公司销售情况与广告被查处前基本持平,也就是说实际没有发生退货造成的损失,可是法庭置之不理,倾向性显而易见。"

曹轶之又发言:"关于赔偿问题我补充一点,根据《民法通则》责任与义务相等的原则,即便将错误广告的责任推到自立广告公司头上,一审法院采取连根拔的处罚方式……"

专家的讨论还在继续,我眼睛看着电视屏幕,心里却在自问,如果我当法官,我来审判这个案子,我会如何判决?我想我也会像陈丽萍审判长一样,让自立广告公司承担一部分责任,因为没有绝对的公平,谁也摆脱不了司法环境的影响。作为有良知的法官,陈丽萍拿出了"最好"的判决意见,不可为而为之,令人敬佩。

江海扬起手:"各位专家,由于节目时间有限,讨论到此结束,请每位专家最后说一句话。"

曹轶之说:"一审法院的判决显失公正。"

张自强接着说:"希望真正做到以事实为依据,以法律为准绳。"

毛雁奋再接着说:"法律是神圣的,至高无上的,彻底杜绝权力大于法律,权力干预司法。"

江海面向三位专家欠身鞠躬:"谢谢各位专家精彩的讲解和点评。观众朋友们,下次节目再见!"

画面呈现三位专家的面部,然后转向观众,赵莹仍然一动不动地坐着,似乎意犹未尽。我既理解赵莹,她迫于无奈做出垫款决定,如果不垫款,与媒体方面签订的广告投放合同也要承担违约责任,两害相权取其轻。

手机铃声响起,是向德先打来的。他问:"谢主任,看电视了吗?"

我答:"看了。"

他说:"节目做得倒不错,话也讲得很到位。"

我说:"是的。"

他又问:"谢主任,您把我的意见跟钟先生谈了吗?"

我再答:"还没有。"

他紧接着说:"谢主任,我们的要求不过分,法律专家也说了,代表签字约定俗成,只要这个证据确立,所有责任都是益生制药公司的。"

我沉默着。

他又说:"谢主任,您赶快跟钟先生谈,既然有这层关系,我们就要充分利用。"

我答应尽快跟钟先生谈,挂了电话,不由地一阵摇头。向德先终归是商人,唯利为重,得寸进尺,但以我多年的经验判断,二审如果能够体现陈丽萍的一审意见,就是最好的结果了。

44

钟盛远

刚踏进门,妖妖就扑到我的脚下,直起两只前爪"咪咪"地叫,我放下手里的提包把它抱起来,它往我怀里拱,很亲热的样子。

妻子王立娟从厨房里探出头:"回来啦。"

我应了声,抱着妖妖走进厨房,王立娟正在煸炒墨鱼,喷了料酒,加入切碎的雪里蕻,翻炒几下,一道绿白分明的雪菜墨鱼便出锅了。我拿筷子夹了一块墨鱼,吹了吹,喂进妖妖嘴里。

王立娟瞥了一眼:"这猫越来越没规矩了。"

我笑了笑。

王立娟又说:"洗洗手,吃饭了。"

我把小猫放下,洗了手,坐到饭桌上,看王立娟做了好几个菜,便说:"本来不想喝酒,可是不喝对不起你做了这么多菜,那就喝点吧。"

王立娟拿来酒瓶和酒杯:"不要找理由,想喝就喝。"

我斟上酒,悄悄看了王立娟一眼,不料她也正看着我,四目相对,我连忙转移视线,端起酒杯喝了一大口。

王立娟说:"在自己家里,慢点喝,想喝多少就喝多少。"

自从庆远回来,我心里总在自责,感觉对不起王立娟,有内疚感,她对我愈好,我自责愈重。喝了一杯我就不想喝了,匆匆吃完饭,躲进书房里。王立娟跟着来了，手里端着给我泡的茶，目光中似有疑虑，但没发问，放下茶杯就离开了。我看着她的背影，不由叹了口气，人都有长处或短处，王立娟脾气急躁，性格不太好，但她生活俭朴，没有任何奢求，一心一意为家庭。她也很少过问我的事情，这是妻子的一种优点，也是对我的信任。我内心有挣扎，一面承受道德的谴责，一面却放不下，这种感觉既痛又甜，欲罢不能。说心里话，这些天格外想她，想得茶不思，饭不香，她的音容笑貌，她的美妙身姿，无数遍地在我脑海里浮现。

书房不大，十几个平方米，摆放着书桌、书柜，还有一对沙发和茶几，显得拥挤了一些。书桌上方挂着一幅山水画，出自名家沈其墨之手，取唐代诗人杜牧《山行》诗意，画面远端山间小径盘旋，近处红枫层叠，枫叶鲜艳如炽，并题有杜牧的诗：远上寒山石径斜，白云生处有人家。停车坐爱枫林晚，霜叶红于二月花。墙上还挂着一幅字，是我自己书写的诸葛亮名言：淡泊以明志，宁静以致远。字虽端正，墨迹亦有浓淡，但尚不达书法标准。

昨晚周挺来电话，说案件已到民二庭，原来安排审判员韦达兴当审判长，可是分管副院长认为案值较大，慎重起见，决定由民二庭长钱慕恒亲自主审，韦达兴作为合议庭成员。周挺说人员安排虽然有变化，但问题不大，他和钱庭长关系也不错，已经打了招呼，钱庭长同意和我见面。周挺还介绍了钱慕恒的情况，高院审判委员会委员，民二庭庭长，业务能力比较强，但有点自以为是的毛病，年龄五十五岁。

本来昨晚就想把消息反馈给自立集团，可是妻弟王立涛不请自来，喝了不少酒，时间也晚了，就没打电话。今天上班，开了一上午会，下午才得空，便想到打电话，可是拿起手机，想想又放下了。这次去庆远和钱慕恒审判长见面，当事人不能参与，谢主任、范副主任以及宋律师是否可以不去？实际也没必要去，但吴小莉可以去，这样我就可以和她在一起了,是绝好的机会。可是这话当然不能明说,而且一点都不能流露出来,正所谓可望而不可即。

前些天向德先宴请我,还弹钢琴助兴,让我刮目相看,一个商人老板,居然弹得一手好琴,堪比专业演奏家,我对他的好感和尊敬由此而来,也更愿意帮助他打赢二审。有电话来,是谢云华打来的,我即接听并说:"谢主任,正要给您打电话,没想到您来电话了。"

谢云华说:"钟先生,我正好路过作协,不知道您在不在,在的话就来看看您。"

我答:"在的在的。"

我去大门口接,边走边想哪来这么巧,莫非他是专程来的?谢云华站在大门内侧的花坛前。我快步走上去,握住他的手说:"谢主任,大驾光临,欢迎欢迎。"

谢云华微笑着:"钟先生,打扰您了。"

我摇摇头:"谢主任客气,请到办公室坐。"

我将谢云华领进办公室,给他泡了一杯茶,坐下来以后,便将周挺来电话的情况讲了一遍。谢云华说:"庭长亲自当审判长,说明对这个案子很重视,应该是好事,不过又要劳烦钟先生,再去一次庆远了。"

我说:"最近比较忙,要去的话,只能放在双休日,跟上次一样,周五下午去,周六见面,周日返回来,这样不影响工作。"

谢云华点点头:"钟先生,您看下个星期可以吗?"

我想了想:"下个周五,可以。"

"太感谢了,太感谢了。"谢云华说着又问,"钟先生,您看讨论案子的电视节目了吗?"

我没有马上回答,其实那天赵莹提起这件事,我的感觉就不太好,似有节外生枝、没事找事之嫌,看了节目觉得问题更大,有点挑战庆远法院的意思。我想既然如此,又何必找我请托关系,庆远那边又会作何感想？我更不懂赵莹，一个高学历、聪慧优雅、文文静静的人，竟然如此莽撞，不考虑后果，实在难以理解。

谢云华看出来了，歉意地笑了笑说："钟先生，这件事情确实很突然，我们事先都不知道，向董事长也很生气，担心给您带来不必要的麻烦。"

我对赵莹印象不错，尽管是她惹出来的事，但不想为难她。于是便说："任何事情都可能有利有弊，既然已经这样了，那就随它去吧。"

办公室的小李敲门进来，见我有客人在，便退出了。谢云华看我忙，起身告辞，我也没挽留，送他出去。到大门口，握手道别之际，谢云华又说："钟先生，这次去庆远和审判长见面，想请您提出一个问题，广告内容经益生制药公司代表签字认可，这是一个非常重要的证据，如果二审采信这个证据，会对我们非常有利。"

我当时一口应允，跟钱慕恒审判长会面时提出来，过后再一想，才回过味来，谢云华是专为说这件事而来。

夜已深了，书房里十分宁静，手机铃声响了一下，是吴小莉发来信息：钟老师，我试着写了一篇小说，已经发到您电脑上，请抽时间看一看，多批评指教。我回复她：好的，马上拜读。她紧接着又发来一条：小说是虚构的。不打扰您了，晚安！

我打开笔记本电脑，点起一支香烟，开始阅读吴小莉的小说《无花果》。她开篇描写夜总会，着意渲染夜生活灯红酒绿、醉生梦死的那种气氛。富豪沈老板欲非礼美丽动人的K房小姐程艳，危急时刻，大学生李劲涛破门而入，救了程艳，两人由此相识并相恋。李劲涛的父亲身居高位，鄙视程艳，甚至利用职权诬陷拘捕。李劲涛虽有抗争，最终屈服于现实，被其父送去美国留学。小说基本平铺直叙，缺乏构思裁剪，略显松散，但对人物刻画比较生动，尤其是程艳，表现出鲜明的性格特征。作者对夜总会的环境很熟悉，这种熟悉程度，绝非偶尔去一次、看几眼就能描绘出来的。小说里还有一个情节,程艳和李劲涛来到西湖"我心相印亭",两人拥抱着举起手机拍照。我忽然想起不久前的一幕,我和吴小莉在我心相印亭边,有过一段关于亭子的对话。当时我问她,你来过这里?是不是有什么故事?她没有直接回答,说回去写出来你就知道了。显然,她就是小说中程艳的原形,她借禅语解释我心相印亭的含意,无需坦言,彼此意会,其实已经说明一切。

我又点起一支烟,在书房里来回踱步,难以想象,也很难接受,活泼开朗的吴小莉,居然有这样一段过往。她写的小说,虽然还很稚嫩,但她倾注的是真情实感,她对我敞开心扉,我体会到是一种信任。

我在书桌上坐下来,开始修改她的小说,描写夜总会的那段还不错,可以保留,但关于程艳以及她的家庭情况,应该调整到前面来,这样有利于人物的完整性,同时说明程艳去夜总会坐台是因为生活窘迫。小说对男女之情的叙述,有点羞羞答答,犹抱琵琶半遮面,应适当放开来写,增加可读性。还有更重要的一点,作品要有思想性,同情弱者,体现人文关怀。我想这样改动,应该可以成为一篇比较好的短篇小说,拿给《常海文学》发表。

45

向德先

昨天晚上,我约宋公明律师在幸福路"夜巴黎"酒吧见面,因为下午谢云华来电话,二审的审判长已经确定,钟盛远周五去庆远,面见审判长。案子已到关键时刻,我想和宋律师谈一谈,听听他的意见。本来想去茶楼,安静,但考虑宋律师喜欢喝酒,那就请他喝洋酒,边喝边聊。

我和宋公明先谈到讨论案子的电视节目,我表明态度,多此一举,没有必要,而且担心得罪庆远那边。宋公明却持不同意见,他说要理解赵莹的良苦用心,况且几位专家谈得不错,尤其是政法大学副校长张自强谈到证据问题,是重点。宋公明说:"作为律师,从法律的角度看问题,本案的关键还是那张签过字的证据。民法原则强调体现真实意志,广告内容一直以对方签字为准,就是真实意志体现,而盖不盖公章只是形式,是真实意志重要,还是形式重要?"

我有点激动:"宋律师,您讲得对,讲得对,我也是这么想的。"

宋公明又说:"广告公司擅自增加广告内容,扩大药用效果,既无动机又没有利益目的,逻辑上不能成立。但作为专业广告公司,对广告内容未予严格审查核对,有过失,要承担相应的责任,是次要责任。"

我连连点头:"宋律师,我完全赞成您的观点,可是谢主任这位老法官,为什么提出不要纠缠那张证据,把重点放在重复处罚上呢?"

宋公明想了想答:"我个人看法,不知道对不对,法官一般不太注重精神,而注重法条,也就是抠法律条款。具体到我们这个案子,那张证据可以采信,也可以不采信,可进可出,法官宁可按所谓的规范来办,也没错啊,再者地方保护也是一方面。"

我由衷地赞赏:"宋律师,您说得太好了,太好了!这是我们这个案子的根本。"

"谢主任给我打电话,要我给钟先生写个谈话提纲。"宋律师说着摇摇头,"写很简单,但我看没必要。"

我马上说:"宋律师,是我提出来的,因为跟二审的审判长谈话很重要,我怕钟先生谈不好,所以写个提纲,把那张证据问题也列上去。"

宋公明仍然摇头:"钟先生悟性很高,一点就通,而且自尊心很强,让他看提纲,照本宣科,他会有想法的。"

"这点倒没想到,疏忽了。"我看着宋公明,"宋律师,那您给他点化一下。"

宋公明笑了:"我非僧非道,没有点化功能,到庆远去有时间,我会跟他聊聊。"

我立即接口:"宋律师,我考虑这次到庆远,就您和吴小莉陪钟先生去,谢主任和小范就别去了,去了也不能参加。"

宋公明想了想:"这样不太好吧?再说我去也不能参加。"

我说:"宋律师,钟先生对您印象很好,高看一眼,您去最合适,而且我还仰仗您点化他。"

宋公明又笑了:"向董事长,别拿我开涮,不过我可以去。"

我连连给宋公明斟酒,他真是好酒量,喝了一瓶XO,又上了一瓶。我很高兴,因为今天真正直观地了解宋公明,他确实有能力,牢牢抓住案子的关键和根本,和我的看法不谋而合,一旦成功,大获全胜。

当晚,我分别给谢云华、范正欣打电话,请他们明天上班来我办公室,商量去庆远的事。我的意见和决定,范正欣历来照办,谢云华则就事论事,讲他自己的观点,法律法规是他熟悉的领域,我不得不听。这次钟盛远去庆远,虽然当事人不能参与见面,但按常理常情常识,法务部负责人应该陪同,至少去一个。因此我要做谢云华的工作,也想好了说辞,这次是私下安排,个人行为,公司不便出面,吴小莉只是去付钱买单的,法律方面由宋律师把关,我想谢云华应该没有理由反对。

我刚进办公室,范正欣也到了,我和他闲聊了几句,只字不提昨晚和宋公明见面的事。领导和下属保持适当距离,不该知道的一概不说,这是管理和用人之道,也是经验。我也知道范正欣想接赵莹的班,当广告公司总经理,但我有考虑,谢云华年过六旬,用起来也不怎么顺手,且几次流露退意,范正欣是接任法务部主任的不二人选。至于广告公司总经理一职,我已物色好人选,现在尚不到时机,官司打完再说吧。

谢云华一向守时,但今天迟迟不到,我让范正欣打个电话问一问,可是手机无人接听。我正想着怎么回事,办公桌上的电话铃声响起,我即跑去接听。是谢云华的妻子周丽云打来的,说老谢被车撞了,我很是吃了一惊,连忙问伤哪儿了,情况严重吗?周丽云说她也正往医院赶,具体情况不清楚,我又问哪家医院,周丽云告知医学院一附院。我讲了一些安慰的话,让她别太着急,我会尽快赶到医院来。

范正欣也愣住了,一脸的意外和惊讶,我让他一起去医院。我交代秘书李建成,上午的事项取消,下午我会赶回来,原定计划不变。我坐进车里,便给卫计委赵主任打电话,请他向医院方面打招呼,加以关照。赵主任也是政协委员,我和他除了会议上见面,平时也有走动,他一口答应。周丽云等在手术室门前,看见我便迎上来,握了握手。她在税务局工作,是见过世事的人,此时还能沉住气,不显慌乱。她告诉我,谢云华出门上班,过马路时被一辆疾驶而来的摩托车撞倒,当即昏迷,交警叫来救护车送医,诊断脾脏破裂,没有生命危险,现在正在手术。我这才放下心来,随后就想到谢云华提出不要用车,我劝过他,可是他不听,很固执,如果司机开车接送他上下班,何至于出这种事!当然,这些话我不会说,尤其是此时。我吩咐范正欣,向医院提出要求,把谢主任安排到VIP病房。

一位女护士跑来指名找我,说院长有请,我跟她去了办公室。院长姓刘,五十多岁,谈了谢云华的伤情。他说:"撞击造成脾脏破裂,问题不严重,已经手术了,但是发现肝区有占位。"

我知道占位是什么意思,脸色顿时阴沉下来。

刘院长又说:"还需要进一步检查,看看发展到什么程度,能不能切除。"

我说:"刘院长,请您无论如何帮帮忙,用最好的医生,最好的药,救救谢云华,花多少钱都可以。"

刘院长点点头:"这些都不用说了,赵主任已经交代,我们会想办法。"

我再三向刘院长表示感谢,道别出来,在走廊上遇见范正欣,他说谢主任的手术已经做好,麻药还没醒,转到VIP病房去了。

我问:"医生说什么没有?"

范正欣答:"没说什么。"

我想没必要瞒范正欣,便说:"小范,情况很不好,手术时发现谢主任肝区占位,就是肿瘤啊!"

范正欣直愣愣地看着我:"真的?"

我点点头。

范正欣问:"医生怎么不说呢?"

"医生暂时不说,是因为需要进一步检查确诊,然后正式通知家属。"

范正欣又说:"董事长,谢主任的爱人知道院长请您去……"

我抬起手:"踢足球有一个规则叫越位,现实生活中也有越位,同样不能犯规。院长告诉我,是私人角度,提前打个招呼,不代表医学诊断。"

范正欣点点头:"董事长,我懂了,我懂了。"

我严肃地看着范正欣:"我们现在什么都不能说,一个字也不要提。"

范正欣又点点头。

我换了缓和的语气说:"小范,我这么做是为谢主任好,也是为周丽云考虑,不然他们一下子接受不了。还有,我已经跟院长讲了,要用最好的医生,最好的药,花多少钱都可以。"

范正欣一脸感慨:"董事长,您这样对谢主任,我很感动,真的。"

我和范正欣去病房看望谢云华,他已经醒了,一只手在输液,我握住他另一只手,以示安慰。周丽云坐在床边,看着我问:"向董事长,院长找您说什么了?"

我故意轻松地笑了笑:"刚才来的路上,我给卫计委赵主任打电话,请他跟医院打个招呼,所以刘院长请我去了,说手术很顺利,没什么事。"

谢云华说:"向董事长,对不起,给您添麻烦了。"

我摆摆手:"谢主任,别这么说,谁都可能遇到意外的事情,您现在什么都别想,就是一件事,好好休养。"

谢云华又说:"看来这次庆远也去不成了。"

我朝他笑了笑:"谢主任,工作上的事您也别想了,交给小范,总该放心吧?"

谢云华轻轻颔首。

我转向周丽云:"周大姐,有什么要求尽管提出来,如果人手不够,公司可以派人来。"

"向董事长,我没什么要求,VIP病房有专人护理,不需要再派人来。"

我从提包里拿出一张银行卡递去:"周大姐,现在正是用钱的时候,而且有些进口药是自费的,这张卡您拿着,随便用,密码是……"

周丽云将卡推回:"向董事长,谢谢,现在暂时不需要,需要的话再跟您说。"

我又推过去:"拿着拿着。"

周丽云犹豫着。

谢云华支起身:"向董事长,丽云说得对,以后需要了再说嘛。"

周丽云又将卡推回来:"向董事长,谢谢了,谢谢了。"

我无奈地摇摇头,收起银行卡,然后说:"谢主任,安心养伤,有事直接打我电话,也可以给小范打电话,随时保持联系。"

我和范正欣告辞,周丽云要送,被我拦住了。走出病房,离开医院,心情很沉重,因为我知道这种病凶多吉少。谢云华为公司做了不少事,是有贡献的,特别是通过关系找到钟盛远,庆远的案子才有了转机。我拿出银行卡,给谢云华一些钱,是表示感谢,而且以后恐怕难有机会了。

我在车上对范正欣说:"这次就让吴小莉和宋律师陪钟先生去庆远,按照钟先生提出的日程安排,订往返机票,都要订商务舱。"

范正欣有点意外:"董事长,我也不去?"

我答:"谢主任住院了,你要把法务部的工作全面管起来,再说你去也不能参加见面。"

范正欣没出声。

我又说:"小范,你把谢主任车祸受伤的情况知会钟先生,由于突发事件,你也脱不开身,让吴小莉和宋律师陪同去庆远,是不得已而为之,请钟先生谅解。"

46

吴小莉

我取了预定的蛋糕,去海华饭店,爸妈先我一步到了。今天是小姨妈五十岁生日,我们一家,以及另外两位姨妈,一共四家人聚在一起。我妈是姐妹中的老大,从商议筹措,到预订酒席,一手操办,还拿了两瓶我从庆远带回来的茅台酒。三位姨夫都没喝过茅台,很惊讶,都说我有出息了。我爸自然高兴,多喝了几杯,三位姨夫也没少喝,两瓶茅台都喝完了。我妈很高兴,她的三个妹妹虽然都是普通人家,但条件比我家略好一些,平时要看她们的脸色说话,今天多少有点扬眉吐气的感觉。

回到家以后,我惦记着昨晚发给钟老师的习作《无花果》,不知道他看了会怎么说,便打开电脑,看见了钟老师发来的邮件:小莉,读了你的小说《无花果》,总体感觉不错,你把程艳这个人物的性格写出来了,过目难忘。我在保留原作主题的基础上,作了一些修改,结构也有调整,故事有张有弛,属于技术性的,供你参考。

我一口气看完了经钟老师修改的《无花果》,由衷地敬佩,故事变完整了,人物形象更鲜明了,尤其是能激发对弱势的同情,对权贵的憎恶。我激动起来,立即在手机上发出一条信息:钟老师,改得太好了!可是我不敢承认这是我写的小说啦。钟老师随即回复:小莉,我动手改，而没有提出意见让你改，是因为我认为你有悟性。小说内容都是你的，我改动的地方并不多，几个关键点上，你比较一下就明白了。

我沉思了片刻，又发出一条信息：钟老师，我理解您的良苦用心，也明白什么是关键之处，您寥寥几笔，实则画龙点睛。

钟老师很快回复：小莉，你同意的话，我代为转交《常海文学》发表。我更加激动，再次发出信息：这样更让我不好意思了。钟老师又即回复：小莉，我只是点拨一下而已，贵在你有悟性，当之无愧。我发出最后一条信息：钟老师，太感谢了，做您的学生真好！

上床睡下，翻来覆去，久久不能入眠，我的处女作，第一篇小说就要公开发表了，岂能不激动啊！第二天早晨，我被母亲叫醒，匆匆吃了点东西，赶去公司上班。整个上午，没看见谢主任和范副主任，吃午餐时我留意观察，食堂里仍然不见他们的身影。法务部一位同事有急事要找谢主任，我建议他打个电话，但打了却无人接听。

下午，范副主任终于来公司了，一进办公室就把所有人都召到一起。他严肃地说："向大家通报一件意外的事，谢主任今天来上班的路上遭遇车祸，致使脾脏破裂，已经手术，目前没有生命危险。"

我们都惊呆了，沉默了片刻，随即纷纷表示要去医院看望谢主任。

范副主任说："大家的心情可以理解，但暂时不要去，因为谢主任需要安心静养。再者，向董事长做了妥善安排，谢主任已经住进VIP病房，有专人陪护，条件非常好。董事长明确表态，要最好的医生，用最好的药，无论花多少钱，都要把谢主任治好，放心吧。"

大家听了都很感动，我的泪水在眼眶里盈动，一位同事激动地说："有向董事长这样的老板，是谢主任的幸运，也是我们所有员工的幸运。"

临近下班时，范副主任把我叫到他的办公室里，微笑着请我坐，还给我泡了杯速溶咖啡。我说:"范主任,别这样,我都不好意思了,有什么事您说好了。"

范副主任在我对面坐下,取下眼镜擦了擦,再戴上,脸恢复了平时严肃的模样。他说:"小莉,谢主任受伤住院,但是工作还要照常进行。周五,也就是后天,你和钟先生,还有宋律师,一起飞庆远,机票已经订好了。"

我有点意外地看着他:"范主任,您怎么不去?"

范副主任摊开双手:"法务部一大堆事,我走不开啊。"

我又问:"钟先生知道了吗?"

范副主任点点头:"刚给他打过电话,说明情况,钟先生表示理解。"

我说:"只要钟先生没意见,我听领导安排。"

范副主任又说:"小莉,你这次去,是代表集团公司,所有事情都由你负责。"

"范主任,我行吗?"

范副主任微微一笑:"小莉,你行的,别担心。这次跟上次见陈丽萍一样,只听不说,还有就是做好接待工作,请客吃饭。另外,我也征求了钟先生的意见,是否需要带些礼品去,钟先生说不需要。"

"范副主任,您的意思我懂,我去就是负责买单呗。"

范副主任从抽屉里拿出一只厚厚的信封:"这是经费,你收好,该用的地方尽管用。"

我接过信封。

范副主任边站起边说:"宋律师去也没什么事,见面也不能参加,其实多余。"

下班以后,我像往常一样,步行走向地铁站,想着范副主任最后说的那句话,宋律师不能参加见面,去了也是多余,意思就是我一个人陪钟老师去就可以了。他还说手上有一大堆事,其实除了庆远的案子,法务部并不忙,没什么其他事。我总感觉哪儿不对,我一个人陪钟老师去,一男一女单独在一起,显然不妥。晚高峰时段,地铁车厢照常拥挤不堪,我已经习惯了,只是没像往常那样戴上耳机听音乐。我还想着这件事,越想越觉得不对,有问题,难道范副主任怀疑我和钟老师的关系?我的神经立即紧张起来。

列车到站,我随着人流下车,出了站台才发现错了,少乘两站路。我没再返回去,沿着暮色四合、华灯初亮的街道,慢慢地走回家。我有点害怕,产生了危机感,但不是担心我自己。我是小人物,微不足道,钟老师则不同,他是名人,一旦传出绯闻,后果会很严重,名誉地位受损,甚至影响家庭。我简直不敢想象,却又不得不想,不得不认真思考。有一点我很明确,如果真发生什么,我心甘情愿站出来承担责任,都是我的错,只要钟老师不受任何伤害。

回家坐在桌上吃饭,我一直沉默着,没说一句话。我妈以为我在公司碰到不顺心的事,再三询问,我应付了一句,说公司又要派我去庆远出差,我不太想去。我爸马上认真地对我说,工作没什么想不想的,领导派你去你就要去,而且一定要把工作做好。我赶紧吃完饭,躲进自己的房间里,坐在床沿上,陷入沉思。种种迹象表明,是有意而为,故意安排,可是我怎么也想不明白,范副主任是怎么看出来,怎么发现的?

夜已深了,万籁俱静,可以清晰地听到外面挂钟的嘀嗒声,我仍然默默地坐着。我景仰作家,崇拜钟老师,能够和著名的大作家相识,连想都没想过。特别是钟老师在笔会上的发言,文采飞扬,引起阵阵热烈的掌声,令我激动不已。当漫步在月光下的西湖边,夜风带着些许凉意,我带点酒意,那种景致和那种心情,令我不由自主、自然而然地投入钟老师的怀抱……

此时此刻，我清醒地意识到，我和钟老师之间的感情，不是爱情，我心甘情愿地奉献，也并非因为爱，而是崇拜，是特定情景之下的一种冲动，一种忘我。我并不后悔，可是为了钟老师，也为我父母着想，我必须做出抉择，最好的办法就是终止。这次去庆远，我要和钟老师谈一谈，钟老师通情达理，一定能理解。过去的就让它过去吧，希望一切重新开始，我会一如既往地尊敬钟老师，爱戴钟老师，向钟老师学习写作，真正成为钟老师的学生。

　　我上床躺下，感到一种释怀的轻松，很快就睡着了。不知何时做了个梦：迷蒙的夜雨飘飘洒洒，街上空空荡荡，金一被两个壮汉劫持，但他紧紧地拉住我的手，我也紧紧地拉住他的手，可是壮汉掰开我们的手，强行将金一带走，我追赶上去，但他们却无影无踪了，我大声哭喊起来……我被自己的哭声惊醒，早就把这个人彻底忘掉了，这人又怎么会入梦来呢？

47

赵莹

　　法国巴黎化妆品常海总代理施明义先生,请我在希尔顿酒店喝咖啡,他是我的老客户,彼此很熟。前些天我几次约他,他都说忙推托了,不仅他如此,许多客户也这样。庆远官司一审败诉,对公司影响很大,业务量锐减,简直一筹莫展。可是电视节目播出没几天,业务明显回潮,今天施总代理主动来电话邀约,他说看了电视,才了解案件真相,误会了。我和施总代理愉快地喝咖啡,愉快地交谈,愉快地签下了一个大单。

　　我从内心里感激肖辉,上了车便给他打电话,满怀喜悦地告知好消息。肖辉说正在开会,一会给我打过来,然后就挂了电话。紧接着公司财务老孙来电,带来一个坏消息,集团法务部主任谢云华被车撞了。我大吃一惊,问他从哪里得来的消息,确切吗?老孙说集团都传遍了,谢主任现在医学院附院,但是具体伤哪儿不清楚。我立即让司机掉头去医院,适才的喜悦之情顿时荡然无存,悲从中来,深深地为谢主任担忧。同时我也非常愤慨,这么重大的事情,向德先董事长竟然不言语一声,实在令我心寒。

　　司机加速疾驶,我还催促再快点,忽然想到肖辉认识医学院附院的刘院长。上次我感冒发烧,肖辉送我来附院就医,门卫不让车进去,情急之下,肖辉给电视台的同事刘美霞打电话,她父亲刘院长亲自到大门口来接。我当即给肖辉打电话,让他出面找刘院长,认真救治谢主任,可是肖辉的手机关机。我既急又无奈,他一定是在开会,但不该关机,耽误了我的大事啊!

汽车赶到医院大门口,门卫依然不让进,我让司机先回去,不必等我。我在路上就想好了,直接找刘院长,因为有过一面之缘,他应该不会忘记。我敲院长办公室的门,隔壁门里出来一个穿白大褂的女医生,告知刘院长去北京参加会诊,要过几天才回来。我很失望,只能悻悻地退出。找到谢主任的病房,门开着,一眼看见谢主任倚靠在床上,脸色苍白,很疲惫的模样,我的泪水不由夺眶而出。谢主任也看见了我,朝我招招手,我急忙趋向床前,握住他的手,泣不成声。谢主任的爱人周大姐也在,拿把椅子让我坐下,我和她见过几次,也一起吃过饭,但我发现她见老了,白发也多了一些。

周大姐说了谢主任的伤情,撞击造成脾脏破裂,已经手术,需要休养一段时间,我悬着的心这才放下来。我说:"谢主任、周大姐,我不了解情况,听说以后就急着来了,什么都没带,真不好意思。"

谢主任笑了笑:"这样好,来看看就可以了。"

周大姐也说:"赵总,您来看老谢,他高兴,带东西来就见外了。"

我带着情绪说:"谢主任、周大姐,发生这么大的事情,向董事长竟然只字不提,今天要不是财务来电话,我到现在还不知道呢。"

谢主任朝我做手势,手从胸部往下按,意思要耐心,然后说:"赵总,向董事长的脾气您也了解,不要计较,做好自己的事情,就可以了。"

周大姐抚住我的肩:"赵总,这次向董事长表现还不错,找了医院的关系,安排VIP病房,还拿钱给我们,但我没要。"

谢主任朝周大姐摆摆手,换了个话题说:"庆远那边,二审的审判长定下来了,钟先生要去见面,我是去不成了,但是小范应该去,可是不知道向董事长怎么想的,没让他去。"

我马上问:"难道钟先生一个人去?"

谢主任答:"吴小莉和宋律师一起去。"

我想了想又问:"是因为法务部忙,小范走不开吧?"

谢主任摇摇头。

我再问:"那为什么?"

谢主任沉思了说:"可能是因为上次见陈丽萍,吴小莉参加了,表现不错,大概向董事长从这方面考虑,再说其他人去了也没用,不能参加会面。"

我说:"谢主任,这样安排有点怪怪的。"

谢主任摇摇头:"现在我也管不了,不过钟先生这人确实不错。"

我点点头:"钟先生总归是文人,有修养,做事也比较严谨,不讲大话,我对他印象也很好。"

谢主任叹了口气:"二审是输是赢,只有指望钟先生了,作为一个老法官,我感到很悲哀。"

周大姐插话:"老谢,不是讲好了嘛,不谈工作,安心休养。"

我表示歉意:"周大姐,对不起,对不起,都怨我。"

谢主任沉下脸:"丽云,你别管,让我说。"

"那好,你们谈,我出去一下,很快回来。"周大姐无奈地摇摇头走出病房。

我也站起来,有点尴尬。

"赵总,您坐您坐。"谢主任看我坐下了又说,"从正常时限上看,这个案子两个月之内就要宣判,时间不多了。我现在担心的问题是,一审判决那么草率,说明对方有关系,而且这种关系,势必影响到二审。"

"谢主任,我们也有关系啊。"

"知己知彼,我们不知彼,不了解对方什么背景。"

我想了想:"谢主任,周秘书是当地人,他知道的事情多,是不是让钟先生出面问一问,了解一下?"

"没出车祸之前,我找过钟先生,要求他向二审合议庭提出,采信那张签字的证据。"

我连忙问:"他答应了吗?"

谢主任点点头。

我露出笑容:"谢主任,我认为这个要求不过分,签字认可是事实,不能因为没盖公章就否认。"

"赵总,这个道理我懂,但是我更懂现实,所以我说二审能够达到一审陈丽萍的判决意见,就很不错了。"

我欲语又止,怕影响谢主任的心情,对身体不好。

谢主任又说:"我会给钟先生打电话,请他关注一下,摸摸对方的底。"

我想让谢主任听到好消息,让他高兴,便说:"谢主任,我正要向您汇报,电视节目播出没几天,广告业务就上来了,今天刚签了一个大单。"

谢主任点点头,沉思了片刻,然后说:"赵总,我有几句话一直想说,可能多余。"

"谢主任,您说您说。"

谢主任看着我:"赵总,您本质上是文化人,不太适合做生意,庆远的官司结束以后,是不是考虑回学校?您还年轻嘛。"

我没想到谢主任会提出这个问题,一时不知道怎么回答,此时周大姐推门进来。我识趣地站起来:"谢主任,您说的事我会考虑。您多保重,好好休息,过几天我和肖辉一起来看您。"

谢主任直起身:"赵总,等一等,还有件事跟您说。"

谢主任说:"原来考虑庆远的案子结束以后,我就不干了,真正退休,现在看来等不到那一天了,或者说不想等了,这两天我就准备提出来。"

我很意外。

周大姐忽地转过身:"老谢,想什么呢？你是上班途中被车撞了,是工伤,懂吗？要退也要等伤养好了再说。"

谢主任不满地看了周大姐一眼,又对我说:"赵总,我告诉您,是想让您有所思想准备,我帮不上什么了,您要好之为之。"

我朝他点点头,心里涌上一阵酸楚,眼泪差一点流出来,

谢主任勉强一笑:"赵总,我说完了,该休息了。"

我告辞离开,没有去公司,直接回家,坐在出租车上,泪水终于忍不住夺眶而出,谢主任辞职,我在自立集团更加孤立无援。而且谢主任最后的勉强一笑,表情异常复杂,简直就像永别。可能是我想多了,谢主任的伤并不很重,休养一段时间就能康复。

回到家里,第一件事就是给肖辉打电话,他竟然还是关机。什么重要的会议要开这么久？我开始做饭,从冰箱里拿出食材,洗、切、炒、煮。我不擅长家务,做女儿时靠父母,结婚以后丈夫全包,后来一个人独立生活,也很少开伙。直到有了肖辉,我才学做菜,买了几本烹调书,照葫芦画瓢。肖辉口味重,尤其喜欢吃辣,是地方传统习惯,可是他离开家乡的时间比在老家还长,却怎么也改不过来,不过久而久之,我也变得喜欢吃辣了。

忙碌了好一阵,三菜一汤上桌,有肖辉最爱的辣子鸡,天完全黑下来了。我再次给肖辉打电话,仍然处于关机状态,怎么回事？这种情况以前从来没有过啊！

48

肖 辉

今天上午,导播徐斌被纪委请去喝茶,而且是市纪律检查委员会,来头很大,我得到消息,台里基本传开了。前几天就听闻风声,有关领导对这档节目有看法,我也有思想准备,但没意识到竟如此严重。

吃午饭时,陈台长有意和我坐在一张桌上,但一语不发,一脸愠怒。新台长已经到任,陈台长离退休年龄还差两个月,其实上不上班都无所谓了,可他照样不迟到,不早退。我知道陈台长怒从何来,我是他调来的,却辜负了他,让他很没面子。我没作任何解释,更没为自己开脱,只对他说了一句话,这件事情和徐斌无关,所有责任我承担。陈台长听了不出声,不过脸色有所缓和,我是一个有担当的人。吃完饭,各自端起食盘离开,陈台长丢下一句话:去找一下苏越吧,不管有没有用,态度也很重要。

回到办公室,沉思了很久,既然市里已经插手,再找电视台纪检组长苏越,还有什么用?可是再往深里想了想,我才体会到陈台长的老道之处,因为最后形成处理决定,自然要征求台里的意见。苏越是电视台党委委员、纪检组长,有话语权。不仅如此,苏越还具有一个特殊身份,她是前市委书记的第二任太太。书记刚刚卸任,人虽走了,但茶尚未凉透,而且培养起来的部下大多在重要位置上。估计陈台长还考虑到另外一个因素,苏越当台领导以前,是时尚节目的主持人,思想比较前卫,容易接受新事物,而我对栏目的一些创意和改变,往往得到她的赞赏和支持。换句话说,苏组长对我印象颇好,比较肯定我的工作能力。

午休时间一过,我就叩响了纪检组长办公室的门,苏越见我还像以往那样,依然微笑,依然热情,看不出任何异常。我倒有点紧张,不自然,刚入座就说:"苏组长,我来是想向您汇报……"

苏越朝我摆手:"肖副台长,你我之间谈不上汇报,有话就直说吧。"

我朝她笑了笑,带有感激的成分,然后说:"苏组长,我来找您是关于那档法制节目的事情。我个人认为,既然是法制节目,宣传普及法律知识,节目内容和思想触角可以丰富和广泛一些。目前社会经济类案件数量持续增多,我做的这档节目,是一宗合同纠纷案件,实际生活中很普遍,因此具有现实意义。事实也证明了,这档节目的收视率提高了五个百分点,并且收到不少观众来信,发表意见,参与讨论。我们节目的宗旨和意义不就是这些吗?"

苏越略作沉思,用探究的目光看着我:"肖副台长,既然这样,您来找我干什么呢?"

我不理解她的话是什么意思,怔怔地看着她。

苏越又说:"肖副台长,现在就您和我两个人,不要讲套话,来点真的。"

我说:"苏组长,我讲的是事实,收视率提高有据可查,观众来信也都在。"

苏越用手指在桌上敲了几下:"肖副台长,您说的这些话,没一句说到点子上!"

我脱口而出:"那您要我说什么?"

苏越直视着我:"我要你说做这档节目的真正目的!"

她的目光很犀利,令人不寒而栗,她怎么会有这样的目光,完全不像平时的她,而且把您换成了你。

我躲开她的眼睛,侧转脸,沉默着。

苏越再次用手指敲了敲桌子:"不说我替你说。第一,你提出做这档节目,导播徐斌反对,你却一意孤行。更严重的是,你趁陈台长不在台里,擅自签字播出,违反组织纪律和审批程序。第二,由于你和自立广告公司的特殊关系,利用职务之便,为一己私利,强行播出这档节目,混淆视听,干扰人民法院正常的审判工作。第三,作为电视台的副台长,你应该知道媒体是党的宣传机构、党的咽喉,担负着舆论导向的重大责任。可是这档节目毫无节制,想说什么说什么,造成相当严重的负面影响。这是性质问题,你想过没有?你承担得起吗?"

她一口气说完,非常流畅,显然什么都知道。

我感觉被逼到墙角,没有了退路,大脑里简直一片空白。恰恰此时,手机铃声响起,是赵莹来的电话,我说了句正在开会,随即挂断电话,想到她可能还会来电话,干脆把手机关掉了。

苏越问:"是自立广告公司总经理赵莹来电话吧?"

她的语气不阴不阳,带有嘲讽的意味,我顿时被激怒了,当即沉下脸来说:"苏组长,我今天主动找您谈话,没想到您是这种态度。既然如此,我不妨告诉您,赵莹是我的未婚妻,我做这档节目,确实有她的因素。但是我要说明一点,这个案子一审判决不公正,存在地方保护,甚至怀疑涉及司法腐败。公开讨论这个案子,就是发挥舆论监督作用,不仅仅针对这个案子,实际意义非常广泛,有利于整个社会的法制建设。"

"肖副台长,这就沉不住气了?受不了啦?告诉你,这才是毛毛雨。"苏越拍了一下桌子,"我们有理由怀疑你利用职务之便,为他人谋私,收取贿赂。"

我忽地站起:"苏组长,讲话要有依据,您说我收取贿赂有证据吗? 我可以以人格担保,从来没有收取过任何贿赂,甚至一毛钱!"

苏越笑了笑:"肖副台长,别急嘛,坐下坐下。"

我气恼地坐回椅子上。

苏越起身将虚掩的门关上,返回来仍然坐在我对面,但她的脸色不像刚才那么严肃了,目光也温和了许多,还轻轻地叹了口气。

我怔怔地看着她,心里很紧张,她还要搞什么名堂。

"肖副台长,我们党一贯奉行实事求是的原则,你也要实事求是,或者说只有实事求是才能救你。"

我正想开口说话,但苏越举手示意,要我听她说下去。

"目前社会经济类案件持续增多,你做这档节目,具有典型性和现实意义,能够更好地普及法律知识,而且收视率也提高了,这是实事求是。其二,你是副台长,陈台长外出期间授权你审批节目,这个问题陈台长已经证实,也是实事求是。其三,怀疑你受贿,需要证据,没有证据就是捕风捉影,同样也是实事求是。"

我两眼直愣愣地看着她,不明白她究竟是什么意思,一会正说,一会又反说,简直把我弄糊涂了。

苏越从抽屉里拿出一包香烟,取出一支点上火,动作娴熟,烟雾从她的面颊边飘过,使我生出一种虚幻的感觉。

她又朝我笑了笑:"只是偶尔抽一支,不要奇怪。"

我摇摇头:"没关系,没关系。"

她把还剩大半的烟掐灭:"肖副台长,你调到常海已经几年了,你我也共事了几年,我对你是有所了解的,应该说你是一个人才,业务能力在台里难有比肩。"

我摆摆手:"苏组长,过奖了,过奖了,我做得还很不够。"

她举手朝上指:"你是不是得罪上面什么人了?不然市里不可能直接过问。"

我认真地想了想:"我只认识宣传部的几位领导,而且平时不来往,不打交道,没有得罪他们啊!"

"这就奇怪了。"苏越想了想,"事情既然出了,就要认真面对,尽可能控制后果。我还要提醒你一句,凡是跟这件事情无关的,什么都别说,有时候沉默就是金。"

我这时候才恍然,她是在帮我,开始的严肃甚至冷酷,正如她说的那句话,这才是毛毛雨,真正厉害的在后面。更重要的是她教我,运用实事求是这个"法宝",摆事实,讲道理。我用感激的目光看着她:"苏组长,谢谢您,谢谢您。"

她站起身:"不要谢我,要谢就谢陈台长,他为你说了不少好话呢。"

我紧紧地握住她的手,表达感激之情,回到自己的办公室,久久不能平静,想起陈台长在食堂里愠怒的脸,其实我的荣辱沉浮,不至于影响一个即将退休的人,只能说明他对我的善意和关爱。人们在现实生活中,往往需要扮演两种角色,一种是真实的,另一种是不真实的。苏越当过节目主持人,具有表演才能,扮演两种角色都非常逼真,而且转换自如,游刃有余。可是以我对她的了解,她不会仅仅因为陈台长为我说话而出手帮我,那就不是她了。还有另外一种可能,她在电视艺术方面的观点,和我一致或相近,所谓"惺惺相惜",因而产生同情。无论出于何种动机,她确实给予我帮助,特别是关于实事求是的那段话,充分说明她的认识很深刻。她问我是否得罪了上面的人,不是空穴来风,道听途说,一定有所指。我再三回想和反思,确定没有,况且我是一个不事张扬的人,平时很低调,问题究竟出在哪里,我实在是想不明白。归根结底,就是为赵莹做了这么一件事,但我甘愿承担责任,听凭处理。

不知不觉天色已晚,打开桌灯,看了一眼手表,已经过了七点,这才想起手机,连忙拿出来打开,居然有十几个未接来电,其中一多半是赵莹打来的。我立即拨通她的手机,说会议刚结束,马上就回来。我已经想好了,电视台发生的事情,以及关于我的情况,不告诉赵莹,绝口不提,因为她承受的压力太大了。

49

宋公明

今天是妻子刘芳四十岁生日，本来打算接儿子回家，搞个家庭宴会，可是儿子不想回来，理由是不掺和你们的两人世界。儿子不参加，家庭宴会就失去了意义，我提出去饭店，请些亲戚朋友来，刘芳却说罢了，哪里都不去。她伤感了，生气了，是生儿子的气。

儿子就读九年一贯制双语学校，住读，平时每个周末回来，最近面临期终考试，连续两周没回家。关于儿子择校的问题，我和刘芳意见不同，发生争执。我反对上这种学费昂贵的私立学校，不是因为钱，也不是付不起，而是认为这类学校对孩子的成长未必有利，尤其是男孩，应该吃点苦，多一些磨砺。我还指出一大弊端，这类学校都是有钱人的子女，什么都没学会，先学攀比，凭这一点我就不同意。刘芳说我看问题不全面，任何事物都有利有弊，都是有钱人的环境没什么不好，因为富人的子女综合素质好于穷人家的孩子，所以强调先有物质文明，再有精神文明。她这套歪理根本说服不了我，但她振振有词地报出一串数据，证明学校教育质量，况且不必为小升初操心。我很少放弃己见，这是一个例外，主要考虑她为孩子付出多，比我辛苦，就让她做一次主吧。儿子今年升初三，学习成绩优秀，不出意外的话，中考可以进重点高中。可是住校不常回家，感情上似乎有所缺失。

晚上我亲自下厨，为刘芳做了一碗海鲜面，还有几样小炒，并且开了一瓶茅台。生日礼物早就备好了，是一枚满绿翡翠挂件，铂金镶边，可她还是闷闷不乐。

我为逗她高兴，讲故事，说起一宗由我代理的刑事案件。刘芳不愿听，她说一听那些条条款款、繁文缛节就头大。我说这个案子有点意思，而且一波三折，你不妨听一听，刘芳这才勉强地点点头。我说："这是一起被公安局侦查认定的强奸案，但是我代理的当事人高明亮却认为是卖淫嫖娼，拒不承认强奸。"

刘芳很不屑地摇摇头："你怎么跟我讲这些东西？"

我答："如果这个案子是一般的强奸罪，我就不讲了，也不值得讲。"

刘芳看了我一眼，没吭声。

我接着说："高明亮经网上客服介绍，认识了卖淫女林洁，嫖宿一夜，支付十万嫖资，构成卖淫嫖娼罪。客服同时还介绍另四人与林洁发生性关系，各自支付了五万至二十万不等的嫖资，同样犯卖淫嫖娼罪。"

刘芳哼了声说："男人都不是东西！"

"林洁长得非常漂亮，无论容貌还是身材，堪称完美……"

刘芳朝我瞪了一眼，我打住话头，继续讲案子。"由于林洁当时未满十四周岁，根据刑法规定，性侵害未成年人，以强奸罪论处，同案的四人均以强奸罪被判处三至四年有期徒刑，唯我代理的高明亮被判缓刑三年。"

刘芳问："同样是强奸罪，凭什么你代理的人就可以判缓刑？"

我不无得意地笑了笑："这就是好律师与一般律师的差别。"

刘芳睨了我一眼："你就吹吧。"

我扬起手："这个案子还真不是吹，况且我从来不吹，凭的是真本事。"

刘芳指着我:"好,你说,我听听你有什么真本事。"

我喝了一杯酒,吃了一点菜,然后娓娓道来:"我接手这个案子,会见当事人高明亮,首先规劝他不要再抵赖了,趁早转变态度,因为公安有证据证明,五个被告均收到客服发来的信息,说明林洁十四岁。但是高明亮坚称,当时确实不知道,理由是客服信息不足信,卖淫女个个都说自己年轻,况且林洁的身体特征完全属于成熟女性。接着高明亮声泪俱下,拉住我的手说,宋律师,我要是真被判刑了,坐几年牢,公司肯定垮掉,请你无论如何帮帮我,要多少钱都可以。我说律师收费有规定,如果多拿你的钱,我就跟你一样坐在笼子里了。但是那一刻我已经决定,尽一切可能帮助他。"

刘芳说:"一个强奸犯,值得你尽一切可能帮吗?"

我知道此时她已经感兴趣了,便故意问:"你还想不想听下去?"

刘芳瞪了我一眼,不出声。

我接着说:"在会见当事人高明亮之前,我去过他的公司,还去了他居住的小区居委会。经调查了解,高明亮是一家金融公司的董事长兼总经理,员工对他反映颇好,既为他表示痛惜,更为公司担忧。居委会主任认识高明亮,也知道他被捕了,但说他不是坏人,没有前科劣迹,只是做了一件糊涂事,所以我想帮他。帮他是出于两种考虑:一、公司垮了,国家少了一部分税收,而且公司员工可能面临失业,饭碗堪忧。二、就高明亮个人而言,他只是和一些有钱有权的人一样,喜欢女人,好此一口,但并没有强奸的故意。本案存在一定的误会或偶然性,虽然可以从法律层面上认定强奸罪,但有从轻处罚的依据和理由。"

刘芳问:"你讲的这些难道其他被告的律师不懂吗?"

我答:"他们应该懂,不然还当什么律师呢,但他们未必懂得怎么做。"

刘芳看着我:"那你说说怎么做?"

我继续说:"第二次会见高明亮,我就明确地对他说,既然你要我帮你,但有个前提,你必须听我的,他表示同意。我首先要他承认强奸,因为案发时林洁确实不满十四周岁,构成强奸罪要件。我还告诉他,只有自愿认罪认罚,真诚悔罪,符合最高法院、最高检察院、公安部、司法部、监察部《关于适用认罪认罚从宽制度的指导意见》,争取从宽处理。随后我又去会见了也被羁押的林洁,并且让助手女律师陈菊,对林洁的身高,以及'三围'进行测量,还征得林洁同意,拍摄了她的下体阴毛。"

刘芳一阵摇头:"你们怎么会想到拍照片,而且她居然会同意给你们拍?"

我答:"考虑几种争取从宽处理的理由和依据,其中征得被害人谅解,也很重要,而且不能因为林洁虽是被害人,同时又是卖淫女而忽略。因此我与林洁谈妥,由当事人高明亮提供一笔不菲的赔偿金,换取她的原谅,出具谅解书。不仅如此,我还找到林洁的母亲,要求原谅,给予赔偿,林洁的母亲也写了谅解书。"

刘芳点点头。

我接着说:"第一次开庭,我的辩护词中有关事实部分,没有强调高明亮对林洁年龄的误解,但阐明观点,被告人并非强奸的故意,其中存在某些偶然性。我重点说明高明亮认罪认罚,真诚悔过,主动对被害人进行赔偿,求得谅解。我向法庭呈交林洁本人以及林洁母亲出具的谅解书,也出示了林洁的身体特征。我还说了这样一句话,这哪像是一个十四岁的幼女?第二次开庭,所有被告和律师都在场,审判长一一宣判,最后是高明亮,唯独他一个人被判缓刑。"

刘芳说:"不知道你是做了一件好事,还是坏事?"

我立即答道:"律师的责任,就是运用法律知识,保护当事人的合法权益,并且在法律允许的范围内,为当事人辩护,为当事人减轻处罚。或者也可以通俗地说,拿人钱财,替人消灾。"

"宋公明,你倒是讲了一句真话,但不管怎么样,你宋大律师不流于一般,非同凡响。"刘芳笑着举起杯,"来,我敬你一杯酒。"

我和她碰杯,祝她生日快乐,然后告诉她事情并没结束。她问:"又怎么啦?"

我说:"先让本律师吃几口自己精心做的菜,垫垫肚子,再慢慢道来。"

刘芳马上给我夹菜,把我面前的盘子都堆满了,还一连给我斟了几杯酒。

我接着说:"一审判决以后,高明亮在法定期限内没有提出上诉,判决生效。高明亮走出看守所,公司员工设宴庆贺,他给我打电话,执意邀请我参加,我推辞不过,想想案子也结束了,去也无妨。那天气氛非常热烈,大家都喝了不少酒,两位女高管激动得泪流满面,我感觉这家公司如果没了创始人高明亮,恐怕还真不行。可是没过几天,法院来通知,检察院提起抗诉,按规定程序,案件将移交上级法院重审。我如实告知高明亮,他顿时惊呆了,嘴唇直颤抖,好一阵没说出一句话来。我对他说不要怕,怕也没用,抗诉的确是件很严重的事情,但我会全力以赴,认真对待,法院也会慎重处理。高明亮又像上次一样,拉住我的手说,宋律师,只要你能保我不进去,我分一半财产给你。我重复上次对他讲的话,告诫他不要胡言乱语,能保他的只有法律!"

刘芳问:"是不是另外几个律师不服气,嫉妒了,跑到检察院乱告状?"

我答:"不排除这种可能,但只是个别人,因为我相信大多数律师具有基本的道德观念和职业操守。至于别人想干什么,我管不了,我只管做好自己份内的事。"

刘芳连连点头。

刘芳马上说:"这五条听听都很响亮,都有道理。你怎么办?"

我笑了笑:"案件由常海市第二中级法院开庭审理,我和助手陈菊,作为被告人高明亮委托的二审辩护人,出庭应诉。我做了充分准备,对检察院提出的抗诉意见,逐一进行辩驳。首先,我对一审法院认定的事实、证据以及确定的罪名不持异议,被告人高明亮自愿认罪认罚。抗诉书认为被告人在公安收押侦查期间,拒不认罪,我引用'两院三部'《关于适用认罪认罚从宽制度的指导意见》第五条之规定,认罪认罚从宽制度贯穿刑事诉讼全过程,适用于侦查、起诉、审判各个阶段。被告人高明亮在一审第一次开庭时,当庭认罪认罚,并且自愿提出赔偿,符合《指导意见》之规定。"

刘芳笑了:"你真狡猾。"

"辩护人与抗诉方争议的焦点:一审判决适用法律是否正确、被告高明亮是否适用缓刑,以及同案不同刑的问题。我的辩护词如下:本辩护人认为,一审判决程序合法,判决实体亦在法院裁量权范围之内,并无不当。法律规定与未满十四周岁的幼女发生性关系,以强奸罪论处,但并未规定不可以判缓刑。根据《关于依法惩治性侵害未成年人犯罪的意见》第二十八条第二款之规定,'对于性侵害未成年的犯罪分子确定是否适用缓刑,人民法院、人民检察院可以委托犯罪分子居住地区的社区矫正机构,就对其宣告缓刑对所居住社区是否具有重大不良影响进行调查。受委托的社区矫正机构应当及时组织调查,在规定期限内将调查评估意见提交委托机关。'据此,一审法院委托被告人居住的社区矫正机构组织调查,在规定期限内,社区矫正机构出具调查意见,认为对被告人宣告缓刑没有重大不良影响。综上所述,一审法院对被告人判处缓刑,程序合法,适用法律正确。刑事抗诉书指出,一审判决同案不同刑,量刑严重失衡,本辩护人并不认同。法律既具有惩罚罪犯的功能,同时也具有教育挽救的功能,况且法律没有规定同案必须同刑。事实是,一审法院视情节轻重、认罪态度等方面,综合考量,分别判处五名被告有期徒刑四年或三年,以及一名缓刑,充分体现了宽严相济、惩罚与教育挽救相结合的政策方针。"

刘芳马上问:"最后到底怎么判的?"

我答:"法院对检察院的抗诉非常重视,非常慎重,不可能当庭宣判。而且即便法院想驳回抗诉,也不是轻而易举的,两家需要沟通,达成谅解,因此拖了两个多月,迟迟不下判。最急的是高明亮,他几乎每天给我打电话,我再三对他说不要急,再等等。其实以我的经验分析,如果法院要改判,早就把他收监了。果然,昨天二审宣判,驳回抗诉,维持原判,且为终审判决。"

刘芳笑了,笑得很灿烂,还很可爱。我已经很久没和她在一起了,忽然冲动起来,想和她早点上床。于是我主动刷锅洗碗,老夫老妻了,她也有感应,自觉地先上楼洗澡,还带了一瓶红酒和两只高脚杯上去。我以最快速度收拾干净,正要上楼去,偏偏手机铃声骤响,一看是范正欣打来的。他说:"宋律师,对不起,打扰了。"

我哈哈一笑:"还真被你打扰了。什么事?请讲。"

范正欣说:"庆远的案子有进展,审判长确定了,准备周五去庆远。"

我想了想:"周五去可以,但周日必须回来,因为下周一上午我有事,要开庭。你把航班号和时间发来就可以了。"

范正欣又说:"回程机票是周日晚上的,跟上次从庆远回来的时间一样,没有冲突。"

我调侃地说:"范大主任,别像上次那样,看人下菜,区别对待,那就不尊重人啦。"

"不会不会,您放心,这次往返订的都是商务舱。"范正欣略停顿一下又说,"还有一件事要告诉您,谢主任出了意外,被车撞了。"

我不由一惊:"严重吗,伤哪儿了,哪天的事?"

范正欣答:"前几天上班的时候,被一辆摩托车撞的,脾脏破裂,已经手术了,现在在医学院附院。"

我当即说:"明天我去看他。"

刘芳穿着性感的吊带睡衣,站在楼梯上朝我招手,我指指手机,示意打完电话就来。

范正欣说:"宋律师,是这样的,谢主任肯定去不了了,集团法务部又遇到点事,我也脱不开身,所以这次只能请您和钟先生、吴小莉一起去了。"

我早已知道,但故意说:"你们都不去,让我去,而且我和你们一样,去了也不能参加见面。"

范正欣连忙说解释:"宋律师,您听我说,钟先生和吴小莉都不懂法律,万一发生什么情况,总要有一个人把握,向董事长专门交代,如果遇到任何情况,宋律师可以临机处置作决定。"

我又调侃:"那就请向董事长颁发一份授权证书。"

"宋律师,向董事长真这么说的。"范正欣很认真的语气。

我想结束通话:"行了,知道了,就这样吧。"

范正欣一连说了几句有劳了,拜托了,我没应声便挂断电话,心里想就当一次旅游吧,玩两天,正好去看看我的小兄弟陈永兴。我也惦记谢云华,他是我尊重的长者,明天去医院看望他,买些上好的营养品,让他滋补滋补。

刘芳又下楼来了,她如此迫不及待,我的兴致反倒减了几分,但是我也感到内疚,冷落她太久了。

50

周挺

我调到高院立案庭时,钱慕恒是庭长,政法学院科班出身,资格老,理论知识和业务能力都强。我在他手下干了两年,学到不少东西,很尊重他。但他自视甚高,不易听取别人的意见,而且对下属一贯比较严厉,让人敬而远之。我调到钟院长身边当秘书不久,原民二庭庭长受贿事发,位置空缺,院里考虑人选,钱慕恒也在列。由于我曾在立案庭工作,钟院长向我了解,几位副院长也在场。我说钱庭长业务能力强,庭里办案基本没有出过差错,主要是他把关把得好,要说不足之处,就是不太善于处理人际关系。院里最终决定钱慕恒任民二庭庭长,虽然都是庭长,级别相同,其实有区别。民二庭审理经济类案件,责大权重,庭长一般都是院审判委员会成员。此后钱慕恒显然高看我一眼,每次见面总是笑脸相迎,热情有加。

我想找钱慕恒摸摸底细,也考虑把他请出来和钟盛远见面。但他是前辈,要讲究方式方法。斟酌再三,给他发了一个信息,自称晚辈,有事要向前辈讨教。他很快回复:周秘书,客气了,悉听尊便。我又发一条信息,晚上略备薄酒,当面聆教。我还专门说明一点,晚上就我和他两人,因为他很少参与应酬,特别是人多的场合。随后我即给陈永兴打电话,要一个包间,我说就两个人,菜不必多但要精。钟老师上次来庆远,品尝了陈老板的菜肴,感觉很好,有特点,专门带父母妻儿一大家,又去吃了一次,也跟陈老板熟悉了,人与人就是这样,一回生两回熟,三回成朋友。可是钱慕恒则不同,他调到民二庭以后,同事关系仍然处理不好,甚至很紧张。他不合群,有性格因素,从心理学层面分析,由于自我保护意识太强,往往不相信他人。我可能是他印象比较好、不完全排斥的少数人之一,因而接受了我的邀约。我也认真考虑过,和钱慕恒交谈不宜太深入,了解基本情况,征询他对这个案子的意见和看法。至于是否要求他与钟老师见面,我持慎重态度,看交谈气氛和效果,再作决定。

钱慕恒滴酒不沾,我也就不喝了,陈老板给我们泡了一壶大红袍,说是宋律师送给他的,平时不舍得喝。我以茶代酒敬钱慕恒,感谢他的光临,他摆摆手说:"周秘书,不要这么客气嘛,你找我自然有事,那就说事吧。"

钱慕恒多疑,不知来由,不明就里,这顿饭恐怕也吃不好。我是有备而来,也想好了措辞,从陈丽萍来高院找我,要求面见钟院长,反映常海自立广告公司与庆远益生制药公司的案件说起,直接摆出问题,挑明矛盾,并且为我下面想说的话做好铺垫,顺势而为。紧接着说:"这个案子很棘手,一般法官都不愿沾,而且也不一定能拿捏准,只有您钱庭长挑重担,来当审判长。"

钱慕恒看了我一眼:"周秘书,你知道的,我也是没办法,推不掉。"

我说:"钱庭长,您可能已经有所了解,这个案子一审已经闹得不可开交了,二审有难度啊!"

钱慕恒沉思了好一会才说:"周秘书,你不是外人,我就实话告诉你,叶副院长专门交代,要我慎而慎之,不要轻易变动。"

叶育红副院长,分管民庭,当年钟院长从地方调任高院副院长时,她已经是副院长了,而且是院长人选的竞争对手。她虽然没有当上院长,但资历最深,分管过办公室、刑庭、行政庭、执行局,几乎所有部门,颇有威望。最近几年分管民庭,原民二庭庭长受贿案发,她作为主管领导,没有任何牵连,今年年底退休,工作一如既往认真负责。

我说:"钱庭长,那是领导对您的信任,让您来主持公正,是好事啊!"

钱慕恒摆摆手:"周秘书,我叫你一声小周,那是把我放在火上烤!你懂吗?"

"钱庭长,没这么严重吧?"

"我实话实说,这个案子并不复杂,复杂的不是案子本身。"钱慕恒指着自己头,"你看看,我的头发全白了,说句不好听的,再这么下去,法官恐怕要成高危职业啦。"

我说:"不至于吧?"

钱慕恒挥了一下手:"你当好你的秘书,伺候好领导,就行了,不要多管这些。"

我认为时机已到,可以亮底,于是说:"钱庭长,我知道您是一位有良知的好法官,又是这个案子的审判长,重任在肩,要对当事人负责,而且当事人也寄希望于您。"

钱慕恒一愣,两眼直直地看着我,目光里带着探究和疑惑:"周秘书,什么当事人?"

我给他夹菜:"钱庭长,您是我的老领导,一直关心我,从来没把我当外人,所以我也实话实说。今天请您来,是因为钟院长的亲堂弟、常海作家协会副主席、著名作家钟盛远,专门打电话给我,为常海自立广告公司抱不平,认为一审判决不公,希望二审予以纠正。"

钱慕恒一脸意外:"真的?"

我答:"当然。这种事我怎么敢乱讲。"

钱慕恒又问:"钟院长知道吗?"

我点点头:"知道。"

钱慕恒勾头沉思,然后抬眼看着我:"周秘书,你想让我干什么?"

我答:"排除一切干扰,实事求是办案,真正以事实为依据,以法律为准绳,公平公正判决。"

钱慕恒说:"这个案子肯定要上审委会。"

我马上接口:"钱庭长,只要合议庭拿出公正意见,上报审委会,就可以了,这样也不为难您。"

钱慕恒看着我,点点头。

我举起茶杯:"钱庭长,我以茶代酒,敬您。"

钱慕恒拿茶杯和我碰了一下,我请他多吃点菜,他也说这里的菜肴味道不错,有特色。

我心里想,今天谈话效果很好,钱慕恒是不得已才当了审判长,这也说明他对一审判决有看法。同时我也感觉他有顾虑,因为叶副院长已经发话,不要轻易改变。我想应该进一步挑明,给他一些底气,于是说:"钱庭长,还有一件事情,钟院长的堂弟钟盛远,要求和见您一面。"

钱慕恒略显犹豫:"恐怕不好吧?"

我立即说:"没什么不好,钟盛远不是当事人,不犯忌,您见他就跟见朋友一样。"

钱慕恒想了想:"见面说什么呢?"

我答:"实话。"

钱慕恒笑了笑:"周秘书,今天你可是摆了我一道啊!"

我连连摆手:"钱庭长,绝对没这个意思,而且根本上我是为您好,因为作为一位法官,尤其是一位好法官,您当然不愿意判错案子。"

钱慕恒指着我:"周秘书,以前没看出来,现在刚刚领教,你很聪明,也很能说,所以能当院长秘书。"

正事谈完,聊了一会闲篇,我打的把钱慕恒送到家门口。他临下车时再三叮嘱,见钟院长堂弟的事千万保密,我请他放心,不会让别人知道。

看着钱慕恒走进门里,我感到一阵轻松,接着便给钟盛远打电话,告知钱慕恒答应见面,要他安排时间来庆远。我还对钟盛远说,这次来庆远是否可以不告诉钟院长,因为见面是私底下的事,钟院长不知道为好。钟盛远表示同意,说最近比较忙,只能趁双休日时间,悄悄来悄悄回。

出租车到我家楼下,通话刚好结束,我从车上下来,手机铃声又响起,来电显示陈丽萍。我没有上楼,站在花坛前接听,陈丽萍告诉我一个消息,常海卫视播出法律专家评论自立广告公司和益生制药公司的案子。她的语气既激动又兴奋,我也感到意外,刚给钟盛远打过电话,他怎么不知会一声。陈丽萍又说,专家一致认为一审判决显失公正,而且明显属于重复处罚。我问她看电视了吗,她说没看到,是听同事说的,并要求我想办法拿到节目录像。我理解陈丽萍的心情,她需要证明她的正确,答应她问一问。挂了电话,我心里隐隐感到不安,这个时候公然批评,未必是好事,甚至有点画蛇添足的意味。

我家住二楼,妻子听到声音,从窗上探出头来问怎么不回家呢,我朝她扬扬手,快步上楼去。

51

钟盛远

航班商务舱里,只有我和吴小莉、宋律师三个人,吴小莉有意让我和宋律师坐一起,她自己坐在走廊的另一边。她这么做是对的,既避嫌,又不冷落宋律师,而且可以让我和宋律师谈谈有关案子的情况。

前几天范正欣副主任打来电话,说谢云华主任遭遇车祸,他自己也脱不开身,因此只能由吴小莉和宋律师陪我去庆远。听到这个消息,心里咯噔一下,感觉不好,仿佛临阵失主将那样。昨天谢主任来电话,要我留意对方背后的关系,他说话的声音与往常无异,精神状态似乎也好。今天下午范正欣来作陪,接送我去机场,吴小莉和宋律师也在车上。到机场以后,范正欣握住我的手说,向董事长要他转达一句话,一切都拜托我了。

飞机爬升平稳以后,空姐送来饮料,宋律师要了啤酒,他边喝边说,又提起上次范正欣让我一个人坐商务舱,不仅对他不尊重,对谢主任、吴小姐也是不尊重,不过话里已经没了气性,调侃说笑的成分居多。我告诉宋律师,谢主任遭遇车祸之前,来单位找过我,要我和审判长见面时,提出那张证据的问题。宋律师说:"钟先生,昨天我去医院看望了谢主任,也谈到这件事,谢主任原来把二审的重点,放在重复处罚上,他现在提出证据问题,是向德先董事长的意思。作为老板,希望全胜,得陇望蜀,好像有点贪心,但从法律的角度上看,向德先是对的,因为这个案子的关键就是那张证据。广告内容签字认可,不仅仅是约定俗成,也是对方真实意志的体现。虽然不盖公章是一个疏忽,但不能因为一个疏忽,而否定真实意志,以偏概全。"

我问:"谢主任是资深法官,他以前难道没看出来?"

宋律师答:"我相信谢主任不是没有看出来,而是认为做不到,尤其在外地打官司,所以退而求其次,撤消重复处罚就不错了。他和一审陈丽萍的观点一致,以法官的立场看问题,不是没有道理,而是比较现实,或者说比较务实。"

我又问:"都有道理,那究竟提还是不提?"

宋律师又答:"审判长既然答应见您,一定知道您的身份和关系,所以不仅要提,而且要理直气壮地提,直接指出一审不公,要求二审改判。"

我点点头:"周秘书把我的情况,都跟钱慕恒审判长说了。"

"钟先生,钱慕恒是庭长,老资格的法官,应该看出一审有问题。只要他有立场,不受外界干扰,秉公执法,二审我们可以赢。"

"宋律师,我不懂法律,也是第一次参与打官司,现在可以说略懂一点皮毛,但是原来的认知与现实落差很大。"我拿杯子做下坠动作,"就像一只美丽的花瓶,忽然坠地摔碎,让人既很痛心又很无奈。"

宋律师在我肩上拍了一下:"钟先生,您悟性很高,我们这个案子,一定程度上说,不是完整法律意义上的是与非,对与错,所以您有认知和现实的落差,这并不奇怪。"

"宋律师,对我而言最难的事,莫过于开口求人。"

"钟先生,我完全理解,但是您求人不是为己,而是为他人,为一个与你无关的企业求得公平公正,非一般求人的概念,而是一种境界。"

我微微一笑,点点头。

宋公明是个好律师，学有所长，术有专攻，特别是他和陈永兴的那段过往，很仗义，有担当。我对他印象颇好，虽然粗放了一些，不够细致，有点大大咧咧，但在我看来是性格，是坦率，不是什么缺点。

周挺来机场接我们，他提出不进市区，直接去丛溪度假景区，明天把钱庭长接来，后天由丛溪到机场回常海。我表示同意，因为这次不见堂兄，没必要进市区，找个僻静的地方待两天也好。宋律师想去看看小兄弟陈永兴，周挺说先到丛溪住一晚，品尝那里的河鲜，丛溪甲鱼远近闻名，等明天接来钱庭长以后，让司机专程送宋律师进城。

我们一行上车，还是上次来庆远接送我们的那辆面包车，司机也是上次开车的小林，看得出周挺对他很信任。小林说从机场到丛溪要一个多小时，大家可以放心休息，小睡一会，保证安全。

吴小莉坐在后排，一声不吭，而且自见面到上飞机，一直很少说话，感觉她有点变化。前几天我和她谈小说，她很高兴，很感激，怎么突然像变了个人。尤其是她的目光，偶尔相遇，匆忙一瞥，连忙避开，究竟怎么回事？昨晚《常海文学》副主编老姜来电话，肯定吴小莉的作品，还说把一篇已经排发的稿件拿下来，换上《无花果》，这期就刊登。我想见到吴小莉以后，当面告诉她，她一定会高兴地跳起来，然后扑进我的怀里……我没做错什么呀，那究竟是为什么？

汽车在山林间盘旋，忽上忽下，却很平稳，宋律师沉睡中发出鼾声。驶过一座大桥，周挺指着前面说，快到了，就是那里。我放眼望去，除了连绵起伏的群山，一幢房屋都没有。可是当汽车拐过一道弯来，眼前不由一亮，只见山顶涌泉，流水直泻而下，伴着"哗哗"的声响，形成一道道阶梯式的瀑布，水花飞溅，简直美不胜收。周挺说那就是丛溪！我悄悄侧身回眸看了吴小莉一眼，她神情专注，显然也被丛溪美景吸引，但却不像往常那样有说有笑。宋律师醒了，揉揉眼睛，扑到车窗前，随即惊呼太美了太美了！

汽车沿河行驶,进入一个村落,各式各样的民居散布在河道两边,有平房,也有小楼,最高的不过三层。我们的车停在一幢带园子的三层楼屋前,我朝前后左右看了看,有点像周挺上回带我们去吃"芝麻剑"的农家乐。一个中年男人满脸带笑地跑来,握住周挺的手,连声说欢迎,我想周挺怎么到哪里都有认识的人?周挺介绍中年男人姓关,是这家民居旅舍的老板。关老板告诉我们,周秘书把他这里全包下了,只接待我们几个人。

一楼是客厅和餐厅,摆设如同一般家庭那样,窗明几净,有条有理,还装有电梯。我们乘电梯到三楼,关老板打开三间房门,宋律师、吴小莉,以及我各一间。周挺随我进房间,里面不仅宽敞整洁,外面还有阳台,如果坐在阳台上,边品茶边观景,云雾在山间飘绕,丛溪飞瀑尽收眼底。周挺说:"这家民居位置最好,菜也做得最好,节假日根本订不到。"

我说:"今天也是假日啊?"

周挺解释:"关老板是司机小林的大姐夫,上次去的农家乐是小林的二姐,他们一家除了小林,都干这个行当。小林又是独子,上面四个姐姐,个个都对他好。我说要来丛溪,小林马上打电话,他大姐自己出钱,把预订的人安排到另外一家,这才给我们留出来的。"

我说:"那要谢谢小林,一会吃饭给他敬酒。"

周挺摇摇头:"小林不能喝酒,晚上要回庆远,明天接钱庭长。"

宋律师走进来笑着说:"这里外面看看一般,里面还真不错,很干净。尤其阳台特别好,我刚才坐了坐,看了看,简直是置身仙境啊!"

稍事休息,下楼用餐,我留意观察了一下,二楼也是客房,底层餐厅也是两间,看来是供两个家庭使用。周挺自带茅台,可是吴小莉不让打开,要关老板上酒。宋律师说:"我们来出差,没必要客气,吴小姐代表自立集团,就听她的吧。"

菜上了,酒也上了,周挺举起杯说:"欢迎诸位再次来庆远,招待不周,多加谅解。"

宋律师也举起杯:"周秘书,您客气了。我在机场时还不太想来,现在看来错了,您带我们到这么好的地方,应该谢谢您,这杯酒我先敬您。"

周挺笑了笑,和宋律师碰杯喝酒。

吴小莉举起杯:"钟老师,我敬您。"

我连忙和她碰杯,有点激动,这是她一整天第一次主动和我说话。

菜品一道接一道上桌,酒炝河虾、干煎小鱼、清炒野山笋,都非常可口好吃,特别是清蒸丛溪甲鱼,原汁原味,名副其实。关老板夫妇来敬酒,小林也陪着,我们都夸菜做得好,关老板介绍大厨就是他的老婆。小林大姐说感谢各位领导对小林的关照,然后一一敬酒,杯杯见底,是一位既豪爽又能干的老板娘。

晚餐结束,周挺和小林连夜赶回庆远,我送他们上车,身体有点摇晃。周挺关切地说:"钟老师,您今天好像心情不好,怎么了?"

我摇摇头,在他肩上拍了拍说:"周秘书,辛苦了,快上车吧。"

看着车驶远,我才上楼回房间,吴小莉站在房门口,明显是在等我,可我正想和她说话,她却转身进房,关上了门。我产生去敲门的冲动,朝前走了几步,勉强压制住,回身进了自己的房间。我想发信息,问一问吴小莉,究竟为什么呢?但是酒精发挥作用,睡意阵阵袭来,仰面倒在床上,不知何时睡着了。

52

吴小莉

一觉醒来,撩起窗帘朝外张了一眼,天还没亮,四周静悄悄,一点声音都没有。我拿起枕边的手机,可是钟老师仍然没有回复,他大概还在睡觉。

昨晚钟老师喝了不少酒,出去送周秘书,脚步有点踉跄,我在房门口等他,看他回来了才放心。他想和我说话,我考虑时间太晚了,避免再生事,便进了自己的房间。我知道钟老师不高兴,在饭桌上闷头喝酒,少言寡语,是因为我故意疏远他。这次来庆远,我是想好的,也下了决心,当断则断,有意和钟老师保持一定距离。但我看他生气、郁闷,心里也不好过,便发了一条信息:尊敬的钟老师,您好。首先说一声对不起,请忘掉杭州的那个夜晚,一切都是我不好,更担心连累您,甚至伤害您。我非常愿意向您学习写作,成为您真正的学生,尊重老师您,像尊重我的长辈一样。祝您晚安!

可是钟老师没有回复,可能睡着了。

庆远地处西南,天亮得晚,已经过了五点,还是黑蒙蒙的。今天有重要事情,要和二审的审判长见面,也是这次来庆远的主题,我想应该有所准备。打开旅行箱,拿出一件粉红色的连衣裙,在穿衣镜前照了照,又拿出一件白衬衫和一条深色的宽腿裤,感觉不错,似乎显得庄重一些。来庆远之前,向董事长把我叫到他的办公室,郑重其事对我说,这次一切都交给我,拜托我了,并送给我一整套法国进口的化妆品。我知道这套化妆品非常昂贵,推辞不收,向董事长坚持要我收下。他还说打完官司,调整我的工作,更好地发挥我的潜能,提高待遇。

正想去卫生间洗漱,手机上有信息,是钟老师发来的,只有五个字:我在你门口。我没想到他此时会来,很突然,怎么办?我犹犹豫豫地走到门前,伸手去开门,却又缩了回来。钟老师连续敲了几下门,我怕被宋律师听见,只得把门打开。钟老师一步跨进,立即抱住我,我一面挣脱一面说,门还没关呢。钟老师反手推上门,紧紧地拥抱我,吻我,并把我朝床那里挤推。我连连后退,仰面倒在床上,钟老师解开我睡衣的纽扣,我抓住他的手说:"钟老师,等一等,我有话要说。"

钟老师摇摇头,用力甩脱我的手,三下两下脱去我的睡衣。我没戴胸罩,乳房裸露,急忙拉被子遮盖上,钟老师又将被子扯掉,伸手来脱我的裤子。我气恼地说:"不行,你要我同意的!"

钟老师停下来,用异样的目光看着我:"小莉,你怎么了?"

我又拉起被子遮住身体:"昨晚发的信息您看了吗?"

"看了。"

"我已经说得很清楚了。"

"我不同意你的说法。"

"钟老师,我是为您好。"

钟老师指着我:"你说怕连累我,伤害我,告诉你,我不在乎。"

"钟老师,这是我的真话,心里话。"

"我已经说了,不在乎,况且没人知道,即便万一知道了,我承担,你怕什么?"

我摇摇头,沉默着。

钟老师用手抬起我的脸:"小莉,我真的喜欢你,很喜欢,你不能说好就好,说不好就不好,这样我受不了。"

我朝床里挪了挪:"钟老师,我真不能和您这样下去了。"

钟老师沉下脸:"小莉,这是我们两个人的事,你不能单方面想怎么就怎么,我不同意。"

"钟老师,我怎么说您才能明白?"我忍不住流着泪说,"没有不透风的墙,早晚会被人知道,真到了那一天,对您对我都不好。"

"小莉,你把事情看得太严重了。"

"不是我看得严重,本来就严重。"

钟老师抓住我的手:"小莉,真到了那一天,我离婚,娶你。"

我连连摇头。

"小莉,这也是我的真话,心里话。"

我垂头沉默着。

"你嫌我年龄大了?我是比你大许多,但我身体很好,没有任何器质性疾病。"

我挣脱了他的手:"钟老师,您是有学问、有理智的人,好好想想,怎么可能啊?"

"怎么不可能?现在这种事情社会上很多,没什么大不了的。"

我不得不说:"钟老师,您不为自己考虑,但是您要为我考虑考虑,我才二十四岁,要工作,要生活。"

"小莉,你放心,我会对你负责,官司打赢了,我让向董事长给你换个好工作,一句话的事。"

我知道钟老师可以做到,确实是一句的事,但我听了不舒服。我指着一张椅子:"钟老师,您坐那儿,有话慢慢说。"

钟老师朝我看了一眼,理了理有点散乱的头发,后退几步,坐到椅子上。

我赶快穿上睡衣,从床上下来,倒了杯水端去:"钟老师,您喝水。"

钟老师接过杯子："小莉,看来你是真要离开我啊。"

我说："钟老师,我在信息里说了,我会像尊敬长辈一样尊敬您,做您的学生,跟您学习写作。"

钟老师叹了口气摇摇头："小莉,我和你已经这样了,还能那样吗?"

这句话很难回答,我正想着,钟老师将杯子放下,站起身来,朝门那儿走去,我也跟了过去。

钟老师边拉开门边转回脸来说："小莉,你的小说,《常海文学》很快就要发表了。"

我愣住了,还没反应过来,便听到关门的声音,钟老师已经不在了。我呆呆地站着,过了好一阵才回过神来,钟老师说我的小说很快就要发表,可是我却没有期待中的那么高兴。

天色已经大亮,我去卫生间洗漱,用冷水冲淋,让自己更清醒一些。刚才发生的一切,突如其来,完全出乎意料,一点准备都没有。当时情景急转直下,因为钟老师强行脱我的裤子,那一刻,我眼前浮现KTV受辱的一幕,强烈刺激我反感的神经,所以我失控了,没有处理好。原来希望取得钟老师理解,保持单纯的师生关系,钟老师说已经这样了,还能那样吗? 这句话很有穿透力,也说明我太天真,确实不能那样了,或者说很难那样了。钟老师也不该说让向董事长给我换个好工作,听了就不舒服,这是一种交换,不仅他的形象在我心目中打了折扣,也是对我不尊重。我虽然人微言轻,但我有人格,有自尊心。

宋律师在走廊上喊,吴小姐,吃早餐了! 我应了声,但没有马上下去,而是默默地坐着。宋律师很执着,又上来叫一遍,我只能开门下楼去,心里非常困惑,不知道怎么面对钟老师?

宋律师上下打量我："吴小姐,你今天真漂亮啊!"

我勉强地朝他笑了笑。

钟老师坐在餐桌上,脸色严肃,像没看见一样。

我装作什么也没发生过,像平常一样问候一声:"钟老师,早上好。"

钟老师没有答话,只是微微颔首。

林大姐端来早餐,有粥、肉包、鸡蛋,还有一大盘面条。宋律师伸手拿了个鸡蛋:"林大姐,怎么没见关老板,他不会还没起来吧?"

林大姐答:"没有,他早就买菜去了,准备中午的酒席,这会快回来了。"

我给钟老师和宋律师各盛了一碗粥,放在他们面前。

宋律师朝我点点头,表示谢谢,然后说:"一会车来了,我就走了,到市里会会我的小兄弟,明天我们在机场碰头。"

钟老师抬头看着他:"宋律师,我有一个想法,您和我一起去见审判长。"

宋律师连连摇头:"不行不行,这是犯忌的。"

我也感到意外,钟老师突然这么提出来,是不愿意单独和我在一起。

钟老师说:"没关系的,我不说您是律师就可以了。"

宋律师仍然摇头:"钟先生,您现在可以不说我是律师,但是以后我要出庭,到那时审判长看我是律师,不但是诚实的问题,甚至影响官司。"

钟老师沉默。

宋律师又说:"钟先生,我在飞机上已经跟您说得很清楚了,该怎么谈就怎么谈,想怎么问就怎么问,主要听他怎么说,所谓听其言,观其行。您是文学家,知道眼睛是心灵的窗户,他说真话、假话,或者是应付的话,从眼睛里就可以看出来。"

我朝宋律师点点头。

宋律师点起一支烟:"钟先生,上次吴小姐和您一起去见陈丽萍,效果非常好,这次也一样,不要有任何心理负担。"

钟老师仍然不出声。

宋律师问:"钟先生,您今天精神好像不太好,没睡好?"

钟老师拿起一只肉包:"没有,睡得很好,吃饭吧。"

宋律师将目光转向我:"吴小姐,你发现没有,钟先生今天情绪不高。"

我不便说什么,只能摇摇头。

宋律师又转向钟老师:"钟先生,您是不是听到什么了?"

钟老师摇摇头。

宋律师沉思着,同时瞥了我一眼,目光里带着些许疑虑。

我又给宋律师和钟老师各盛了一小碗面:"吃面吧,不然要坨了。"

宋律师又看着钟老师:"钟先生,如果您一定要我一起去见审判长,我同意,以后的事以后再说。"

钟老师摆摆手:"算了,不说了,您走您的。"

宋律师倒了茶端给钟老师:"钟先生,我以茶代酒,敬您,预祝今天一切顺利!"

钟老师端起茶杯喝了一口。

我也端起茶杯:"钟老师,我也敬您。"

钟老师略显犹豫,但还是和我碰了一下杯。

宋律师笑着:"吴小姐,今天中午好好陪钟先生喝几杯。"

我点点头。

53

钱慕恒

周挺来电话,说就快到了,我让他别进来,在路口等着。我住高院家属楼,上上下下都是同事,让人看见周秘书来接,难免生出猜测,更何况叶副院长住我家前面那幢楼。

我一向小心谨慎,那天和周挺吃完饭,到家就上网查钟盛远,真是常海市作家协会副主席,写了不少书。我还注意到,钟盛远也是江苏人,和钟盛道院长一个地方,周秘书说他们是堂兄弟,应该确凿无疑。钟盛远为案子专程跑到庆远来,按正常推理,事先会跟他堂兄钟院长通气,但钟院长不便出面,所以让周秘书找我。如果就事论事,秉公执法,这个案子二审应该改判,但是事情没那么简单。案子刚到庭里,审判员韦达兴主动请缨,我当然同意,确定由他担任审判长。可是叶副院长指名我当审判长,还说要慎而慎之,不要轻易改变,这话已经很明了了,我当时就想这个案子可能比我预料的还要复杂。叶副院长以清廉闻名,各庭室都工作过、分管过,刑事、民事都懂,但都不够精。有一件事情印象很深,当时我在执行局当副局长,对一个被执行人实施强制执行,清空豪宅,拍卖抵债,所有东西都装上车了,大门也贴上了封条。不料叶副院长打来电话,停止执行,我很不理解,据理力争,叶副院长说这是命令,马上撤回来。事后叶副院长还批评我,执行上级指示,不要问这问那。过了很久才知道,因为上面有人发话,叶副院长立即照办,甚至没跟钟院长打招呼。

清廉固然好,而且很可贵,尤其是叶育红,老资格的副院长,树起廉洁的旗帜,说什么做什么,一贯正确,不容置疑。因此我可以断定,这次上面又有人发话,清廉的叶副院长又将照办。但这次和上次不同,这次一把手钟院长参与其中,在高院范畴里,叶副院长不是钟院长的对手。这不仅仅是地位的问题,钟院长的法律专长、业务能力,叶副院长相差甚远。当然,不排除上面发话者出面压制,但堂堂高级人民法院院长、副部级官员,不是那么容易被压制的。我考虑再三,无论从法律的角度,还是从现实的角度,我选择站在钟院长一边,所以同意去见钟院长的堂弟、著名作家钟盛远。

昨天吃晚饭时,我把这件事情告诉了妻子,她赞成我的观点,听钟院长的,但叮嘱我保密,避免得罪叶副院长。我妻子是一所中学的英语教师,祖籍浙江衢州,现在老家还有房子。我儿子考取浙江大学,毕业以后留在杭州工作,并且娶了一个杭州本地姑娘。妻子和我商量,退休以后一起去浙江生活,在那里安度晚年。我还有四年多一点就到点了,已经没有上升空间,唯希望退休享受副厅级待遇,而这些叶副院长是给不了的。

我正要出门,恰恰家里电话铃声响起,返回身去接,是叶副院长打来的。她开口便问:"老钱,你在哪里?"

我答:"叶院长,我在家里。"

"老钱,我跟你说件事,"叶副院长的声音非常严肃,"常海电视台把益生制药和自立广告的案子做成节目,弄到电视上去了。"

我很意外:"有这事?"

"常海卫视播出,全国都能看到,早就传开了,就我们孤陋寡闻。他们请了几个所谓的法律专家,对一审判决肆意批评,横加指责,其实别有用心,利用舆论干扰司法。"

我说:"叶院长,这件事情很严重啊!"

"确实很严重,不仅败坏我们法院的名声,而且影响整个庆远市的形象,我要向有关方面提出交涉。"

我连声附和:"对对对,应该的,应该的。"

叶副院长又说:"老钱,我提醒你,不要受任何干扰,该怎么判就怎么判,合议庭拿出意见,马上报给我。"

我答:"叶院长,我知道,这是规矩,先报您,再上审委会。"

叶副院长冷冷地问:"这个案子有必要上审委会吗?"

我愣住了。

叶副院长提高音量:"问你话呢。"

我连忙应声:"叶院长,听您的,您指示,我照办。"

那头挂断了电话。

我怔怔地站着,头上冒出一层冷汗,手机铃声又响起,是周挺打来的,我犹豫着,接还是不接?铃声持续不断,我思想斗争剧烈。叶副院长的态度已经十分明确,甚至敢于一个人专断,不上审委会,令我不寒而栗。但是如果不去见钟盛远,失信于周挺事小,得罪钟院长那就严重了,真是左右为难啊!

妻子买菜回来,看了我一眼:"怎么还没走?"

我忽然醒悟,不能不去,去了看情况再说,随机应变,于是拎起提包,匆匆走出门。

一辆面包车停在路边,车门敞开着,我一步跨上去,坐在周挺旁边的座位上,门随即关上,车辆启动。周挺拿瓶矿泉水给我:"怎么这么久?"

我答:"正要出门,偏偏儿子来电话,耽误了一会,对不起。"

"没关系,没关系。"周挺笑了笑,"听说贵公子在杭州发展得很好。"

我摆摆手:"一般一般。"

"钱庭长,谦虚了,据我所知,贵公子是一家上市公司的高管,年薪四十万。没错吧?"

我诧异地看着他:"周秘书,你怎么知道?"

周挺反问:"您夫人在六中,对吗?"

我点点头。

"六中的黄校长,是我读高中时的语文老师,她和您夫人关系密切,无话不谈。"

我恍然:"噢,是这样,那么你跟黄校长还有来往?"

周挺答:"老师嘛,总要记住,但没什么来往。今年春节全班同学聚会,黄校长也来了,知道我在高院,就问我认识您吗,所以说起来了,不然我都不知道您夫人在六中。"

我笑着:"周秘书,没想到我们还有这层关系。"

周挺也笑了:"说明我们有缘分。"

我凑近他说:"周秘书,你不是外人,我就不瞒你,邹副院长的孙女,执行局洪局长的儿子,都是通过我进六中的。"

周挺很惊讶:"哟,进六中可不容易啊!"

我不无得意:"一分钱赞助都没要,就是看面子。"

"佩服,佩服。"周挺伸出拇指,"夫人是重点中学的教师,培养出优秀的儿子,没有后顾之忧了。"

我故意叹了口气:"周秘书,我妻子是浙江人,她想退休了回老家去,这样离儿子也近,可是那里生活水平高,我处级待遇,那点退休金也不好过啊!"

周挺没出声,抬手在我肩上拍了拍。

我了解周挺,脑子活,反应快,应该听懂了我的意思,拍肩是一种暗示,有些话不便明说。

不知不觉,汽车已到丛溪,看见了飞流直下的大瀑布。前年我和妻子来过一次,是丛溪镇所属大平县的一位副县长接待,美景美食,玩了两天,也品尝了丛溪甲鱼,确实非常鲜美。

汽车拐进一个园子停下,我和周挺从车上下来,一个中年男人和一个年轻姑娘便迎了上来。我想中年男人应该就是钟院长的堂弟、作家钟盛远,国字形的脸,眉毛很浓,像钟院长,只是身架小了一圈,没有钟院长那样魁梧。周挺介绍,我和他握手,彼此说了几句客套话。年轻姑娘朝我微笑,略带矜持,我第一印象这个姑娘太漂亮了,是男人都会忍不住多看几眼。周挺介绍她是钟老师的学生吴小莉,我主动握住她的手,很柔软,很光滑。我想这位姑娘和钟作家的关系,并非师生那么简单,很有可能是当事人的代表,这方面我有经验。

吴小姐引路,我们跟着她朝里走,穿过餐厅,推开两扇玻璃门,外面是一个小园,四周种着一些花花草草,中间放着一张小圆桌和几把椅子,圆桌上有茶具。我们围着圆桌坐下,吴小姐泡茶,第一杯双手端给我。

周挺笑着说:"今天一大早就把钱庭长请来,坐了一个多小时车,辛苦了,应该感谢钱庭长。"

钟作家朝我拱手示意:"钱庭长,不好意思,给您添麻烦了。"

吴小姐依然笑容可掬。

我摆摆手说:"都不是外人,用不着客气,随意一点。"

钟作家从提包拿出一本书递来:"钱庭长,这是最近出版的一本小说,拙作,请指教。"

我连忙双手接来:"钟老师,谢谢谢谢,您的大作我一定好好拜读。"

钟作家又从提包里拿出一只厚厚的信封,我以为是钱,正要推辞,可是他拿出的是一幅画,青绿山水,赏心悦目。钟作家说:"钱庭长,初次见面,没什么东西送您,想想还是送幅画吧,就当见面礼,这位画家叫高希,有点名气。"

我真没想到有这一出,简直受宠若惊,顿时愣住了。

周挺推了我一下:"钱庭长,怎么了?"

我反应过来,马上连连摆手:"这么贵重的东西,我不能收,不能收。"

周挺说:"钱庭长,钟老师给您的,您就收下,不就是一幅画嘛,一点问题都没有。"

我心里非常喜欢这幅画,但还是摇摇头。

钟作家把画叠起,装进信封,放到我手里:"钱庭长,您刚才还说不是外人,怎么现在就见外了?"

我没再推辞,连声道谢,感觉这位钟作家真不错,彬彬有礼,气度不凡,有些方面不在他堂哥钟院长之下。

54

钟盛远

地理意义上的悬崖,是因地质断层错位形成,一面高一面低,高低之间就是悬崖。生活中也有这种类似现象,譬如喧哗热烈的高潮过后,伴随而来的往往是低潮,所谓物极必反,乐极生悲。我和吴小莉恰恰如此,从非常热烈的高潮,瞬间跌到冰冷的地下,甚至濒临反目。

昨晚酒多酣睡,早上醒来看见吴小莉发来的信息,要我忘掉杭州的那个夜晚,因为担心连累我,伤害我。我完全没有当真,以为摆摆姿态而已,去了她的房间,看见她,我便抑制不住冲动和性向往,动作粗鲁了一些。她真生气了,我也清醒了,当时就想到了她的小说《无花果》,KTV小姐被凌辱,其实是她的亲身经历,我触碰了她敏感的地方,损伤了她的自尊心。我还试图挽回,讲了一些话,甚至说离婚娶她,这话是情急之下脱口而出,连我自己都不信。但我已经意识到,她是真要离开我,她的变化从这次见面、从飞机上就很明显,是有意而为;她发来的信息,说怕有损我,影响我,不是摆摆姿态,而是她真实的想法。我没有再纠缠下去,主动离开,是想留有一点自尊,保持一些体面。

回到自己的房间,冷静下来想了想,我和吴小莉的关系其实很脆弱,犹如一朵插在沙漠上的花,烈日强光之下,很快枯萎凋零。这其中不仅仅是年龄的差距,作为社会人,我和她之间存在太多的不同,只是一种偶然的错位交集。我也知道如果继续下去,难免传出风声,将面临一串后果,这是理性的思考。但人性崇尚美爱美,我非圣人,同样有七情六欲,也许更强烈一些。吴小莉,也唯有吴小莉,给予我那种身和心的愉悦,那种飘飘欲仙的享受。我真的不愿就此放手,或者说已然离不开她,我帮了自立集团这么大的忙,换一个吴小莉又如何!这就有点无耻了,但我实在难以摆脱,实在无法抗拒。

吃早餐时,我提出宋律师一起去见钱慕恒审判长,其实是想刺激一下吴小莉,要她重视我。为了不让她离我而去,只有一个办法,也是我和她唯一的共同点——爱好文学。我会尽一切可能帮助她,提高她的写作水平,并且为她发表作品提供更多方便。

来庆远之前,范正欣征求我的意见,是否需要准备一些礼品,我说不必了,后来又考虑初次见面,礼貌起见,适当送些礼物也好,便于接近和沟通。带本我写的书,很自然,但算不上礼物,于是找出一幅画来。送画比较符合我的身份,对方也容易接受,事实证明效果很好,钱慕恒既激动又高兴,彼此戒备心理消弭,距离顿时拉近。我们在园子里小坐片刻,品了一会茶,聊了几句闲话,便上桌吃午饭。

关老板和林大姐费了心,准备了一桌好菜,茅台也打开了。周挺说钱庭长与酒无缘,滴酒不沾,可是钱慕恒却说可以喝一点。周挺斟满杯,我正要敬钱慕恒,他却先我一步,举起杯来敬我。他说:"钟老师,和您在这里相遇相识,非常荣幸,非常高兴。来,我敬您。"

我和他碰杯,他一干而尽,然后他也敬了吴小莉一杯,再敬周挺,一干而尽,杯杯见底。

周挺很惊讶:"钱庭长,没想到,原来您能喝酒,藏得很深啊!"

钱慕恒摆摆手:"不存在藏与不藏的问题,平时不喝,不代表没有酒量,是要看和谁喝。钟老师远道而来,不亦乐乎,当然要喝,而且要陪钟老师喝好。"

我起身举杯:"钱庭长,通过周秘书请到您,我也很荣幸,很高兴。我敬您一杯,表示感谢!"

钱慕恒和我碰杯,又一干而尽,然后给我夹菜。他说:"钟老师,我来过丛溪,比较下来,这家环境最好,菜也做得最好,您多吃点。"

我想引入正题:"钱庭长,这次来给您添麻烦了。"

钱慕恒想了想:"钟老师,这么说吧,我既然来了,意思您自然明白,不必多说,我就想问一句,钟院长对这个案子怎么看?"

我和钱慕恒初次见面,需要谨慎,况且周挺也提醒过,不要告诉他和陈丽萍见过面。于是我说:"钱庭长,我来庆远之前,给堂兄打过电话,讲了案子的情况,一审判决不公,要求二审公正处理。我堂兄表示,无论什么案件,如果确实判错了,二审就是把关的,错了就改过来。他还说会关注这个案子。"

钱慕恒又问:"钟老师,这次专程来庆远,难道不和钟院长见一面?"

我答:"当然想见,可是周秘书说,安排我见钱庭长的事情,不宜告诉任何人。再者明天我就要赶回去,时间来不及,只能下次来见了。"

周挺朝我点点头,然后转向钱慕恒:"钱庭长,我这么安排对吗?"

钱慕恒笑了笑:"对对,应该这样。"

我端起酒杯:"钱庭长,劳您多费心了。"

钱慕恒和我碰了杯又说:"钟老师,来去匆匆,何必呢?不如多住两天,让我也尽一点地主之谊,好好陪您玩两天。"

我明白钱慕恒的意思,他要确定我和堂兄的关系,得不到明确结果,不会谈案子,至少不会坦诚交谈。我朝他微微一笑,拿出手机,拨通堂兄家的座机号码,并且打开免提功能。堂嫂来接电话。我说:"大嫂,是我,盛远。"

堂嫂高兴地说:"噢,小远啊,你哥昨天还说到你,今天就来电话了。有事吗？"

我说："有件事要跟大哥讲,他在家吗？"

堂嫂答："在的在的,我叫他。"手机传出堂嫂的喊声,"老钟,小远来电话找你。"

很快手机传出堂兄的声音："小远,是我,什么事啊？"

我叫了声大哥："没什么事,我就想问一问那个案子,现在怎么样了？"

堂兄答："我不是跟你说了嘛,法律有程序,具体情况我也不清楚,你可以问周秘书。"

我马上说："好的,我知道了。"

堂兄问："家里都好吧？"

我答："都好。"

堂兄又说："给立娟问个好,还有我大侄女,她快毕业了吧？"

我答："她已经实习了,都好,你放心,我挂了。"

堂兄说："你急什么？"

我答："我有事。"

堂兄又说："有事还来什么电话嘛。好好,你忙你忙。"

我不想当钱慕恒的面和堂兄多谈案子,只要达到证实的目的,立即挂断电话。

周挺悄悄地向我竖起拇指。

钱慕恒笑着端起杯："钟老师,来来,我再敬您一杯。"

我也端起杯："钱庭长,我后天有个会议,通知了不参加不好,所以明天要回去,但您的盛情我心领了,我也欢迎您来常海作客。"

周挺插话："钟老师担任领导职务,工作虽然很忙,但是您钱庭长去,他一定会抽出时间接待,而且包您满意。"

钱慕恒一手执杯,另一手伸过来握住我的手："钟老师,谢谢谢谢,有机会一定去。我们再干一杯!"

我和他碰杯,喝了酒再次握手,气氛达到高潮。钱慕恒意犹未尽,自己斟满酒:"吴小姐,我再敬你一杯。"

吴小莉连忙站起:"钱庭长,不敢不敢,我敬您。"

钱慕恒哈哈一笑,一口喝完。

周挺两眼直直地看着他:"钱庭长,您到底能喝多少酒啊!"

"我喝酒没量,但是我懂适可而止。"钱慕恒脸色严肃起来,"周秘书,请你把酒杯都斟满,这是最后一杯,喝这杯酒之前,我说几句话。"

周挺把四个酒杯都斟满。

钱慕恒将目光转向我:"钟老师,我在法院工作已经三十年了,什么庭都待过,是个老法官,这些都不说了。有关案子的情况,周秘书跟我谈了,我也看了卷宗,一审判决确实存在问题,最明显的就是重复处罚。我不讲官话、套话和大话,讲一句实实在在的话,二审合议庭拿出改判意见,上报院审判委员会,我能做的就这些,最终由领导决定。"

我连声道谢,然后说:"钱庭长,我想请问一下,您对那张签过字的证据怎么看?这对案子很重要。"

钱慕恒答:"钟老师,我刚才说了,当了三十年法官,阅卷读卷,尤其注重证据,您放心。"

我和他碰杯:"钱庭长,谢谢谢谢,我敬您。"

周挺举起杯:"钱庭长,好,爽快,我们干了这一杯。"

钱慕恒又说:"估计很快开庭,到时候会发函通知。来,我们就干了这一杯,圆满结束。"

我们相互碰杯,一干而尽。

清蒸丛溪甲鱼上桌了,每人一只,一斤左右,味美,量也恰当。我看了时间,已经下午四点半,这顿饭连吃带谈,将近四个小时。钱庭长告辞,我请他到客房小憩一会再走,他说不必了,上车也能休息。周挺备好四只甲鱼,给钱庭长带回家去,让钱夫人品尝。我和吴小莉送他们上车,周挺说他明天陪钟院长外出,不能来送我们,已经交代关老板,开车送我们去机场。

目送汽车驶远,我试探性地把手搭在吴小莉肩上,可她闪开了。她说:"钟老师,您喝了不少酒,休息一会吧。"

我很无趣,默默地上楼,走进自己的房间,泡了一杯茶,坐在阳台上。太阳已经西斜,丛溪美景沐浴在色彩斑斓的晚霞之中,如果此时吴小莉坐在我身边,那该多好,多惬意啊!

记得这样一段话:人在路上行走,去向目的地,前半程想后面的事,后半程想前边的事。这话不无道理,自从我卷进这场官司,已经走过大半程,自然会想到前面的事。官司即将打完,结果我很自信,钱庭长拿出改判意见,堂兄顺水推舟,作出公正判决,自立广告公司二审胜出。可是我一点高兴不起来,失去吴小莉,一切都毫无意义,都失去了色彩。我非常留恋她,也非常不甘,甚至生出了一腔怨愤。

55

谢云华

手术伤口拆线以后，我以为很快就能出院，可还是一遍又一遍地检查，核磁共振也做了，而且主治医生也换了人。我察觉不太对，妻子周丽云也看出不正常，再三询问，医生终于道出实情。我得了肝癌，虽属中期，但病灶位置不好，手术有风险。我当时感觉犹如晴空霹雳，脑子里一片空白，周丽云则痛哭失声。刘院长亲自来了，分析我的病情，专家会诊一致意见，由于癌症离动脉血管太近，手术风险很大，因此建议药物治疗。周丽云带着情绪，抱怨车祸，后悔不该去自立集团，不然什么都不会发生。刘院长耐心解释，癌症潜伏期很长，一般发现都是中晚期，况且现在治疗癌症的技术很多，手术不是唯一的。他最后说，医生会给出几种治疗方案，你们商量一下，尽快确定，尽早治疗。

刘院长离开以后，我和周丽云都不说话，都沉默着，因为我和她都已经意识到，从此开始，我们的人生和生活将发生巨变，彼此自然而然地都在考虑怎么办，如何应对？我自己心里清楚，肝癌是绝症，治疗无非多拖一些时日。我怕死，但人都会死，无论多高贵或多卑贱，最终必然殊途同归。拖一些时间的意义在于，让我不堪病痛折磨，无可奈何地接受死亡，也让家人有一个心理接受过程，仅此而已。我也感到很悲哀，才六十出头，死神就找到我了，真有点不公平。那一刻，我脑子里忽然冒出一个想法,是不是因为我曾宣判过不少死刑,那些阴魂缠上我了,要把我拖进地狱不可?不,我自认是一个好法官,判处死刑没有一起冤假错案,问心无愧。我知道自己的想法很荒谬,很可笑,哪有什么阴魂地狱,可是将死之人,什么奇怪的想法都会冒出来。

我特别想念儿子和孙子,要给儿子打电话,可是周丽云却不让打。她说儿子来了,除了伤心,什么也帮不上,何况孙子还小,不便来医院。我不是要儿子来帮什么忙,而是父子之情的一份牵挂,不过周丽云说得也对,我做脾脏手术时,儿子就很紧张,让他知道我得肝癌更受不了。周丽云提出给向德先打电话,让他来一趟,因为他和刘院长认识,医院会更加重视,会拿出最好的治疗方案,认真治疗。

我没有反对,周丽云当即打电话,泣不成声地讲了我的病情,要求向德先出面找刘院长,商量治疗方案,向德先答应尽快来。我从床上下来,刮去脸上的胡须,梳理了头发,把自己收拾干净,这是自尊,也是尊重他人。可是迟迟不见向德先来到,周丽云出去看了两次,脸色阴沉下来,我说向董事长工作很忙,耐心一些,再等等。直到下午,向德先终于出现了,范正欣照例紧随其后,周丽云不打招呼,气恼地背转身。向德先握住我的手说:"上午都在开会,来晚了,对不起,对不起。"

我说:"没关系,工作要紧。"

向德先摇摇头:"谢主任,别这么说,您查出这种病,我也很痛心,很着急,来的路上已经给刘院长打了电话,他在办公室,我这就去找他,商量商量,看怎么治。"

我又说:"向董事长,真不好意思,让您费心了。"

向德先和周丽云一起去院长办公室,范正欣看着我,眼圈有点红了。我让他坐下来,然后说:"小范,人都会生老病死,很正常,我想得开,没什么,放心。"

范正欣没出声,从提包里拿出一只信封递来,我知道是什么,推了回去。

范正欣诚恳地说:"谢主任,一点心意,您收下吧。"

我说:"小范,你的心意我领了,谢谢,但钱不能收,你拿回去。"

范正欣站起来,走到床边,将信封塞进了枕头下面,我想拿出来,他按住了我的手说:"谢主任,您不收下就是看不起我。"

我无奈地摇摇头,只能作罢。

范正欣又说:"谢主任,昨天晚上吴小莉来电话,说钟先生和钱审判长谈得很好,也讲了那张证据,钱审判长明确表态,一审判决确实存在问题,二审合议庭拿出改判意见,上报院审判委员会,最终由领导决定。"

我点点头:"合议拿出改判意见,到审委会,有钟先生的堂兄,应该问题不大。"

范正欣看着我:"谢主任,他们今天回来,我问了详细情况以后,再向您汇报。"

我淡淡一笑,摇摇头说:"小范,我已经管不了,也帮不上什么,你好好为之吧。"

向德先和周丽云回来了,刘院长也一起来到病房,我招呼他们坐。向德先不悦地指着范正欣:"小范,我不是跟你说了嘛,不要和谢主任谈工作,让他好好休息,好好治疗。"

范正欣有点尴尬。

我摆摆手:"没关系,就几句话,累不着。你们坐,你们坐。"

刘院长靠近我坐下:"谢主任,刚才和您夫人,还有向董事长,我们一起谈了谈,我认为您目前的情况,最好也是最有效的方法,是靶向治疗。"

我点点头:"刘院长,听您的,就是给您添麻烦了。"

刘院长又说:"我讲一讲什么是靶向治疗,简单说就是针对已经明确的致癌点位,设计相应的治疗药物,当药物进入体内,会自动选择致癌点位,产生作用,杀灭肿瘤细胞,而且不影响周围正常的细胞组织。"

周丽云插话:"我同意靶向治疗,风险小。"

刘院长接着说:"靶向治疗已经运用多年,技术也比较成熟,临床效果基本达到预期,一般患者都可以活到五年以上,有些患者进行中医中药辅助治疗和调理,实践证明效果更好。"

周丽云想了想说:"我们税务局有个人,也是得这种病,找了中医任铭中教授,现在活得好好的,我可以托他找任教授。"

刘院长点点头:"任教授我认识,他先学西医,再回到祖传中医,中西贯通,确实是一位大家。"

周丽云露出笑容:"好,我就去找他。"

刘院长站起身:"那我们就尽快开始治疗,不过我要说明一点,有些药品是进口的,费用比较大,不能进医保,你们要有准备。"

周丽云问:"刘院长,大概要花多少钱?"

刘院长答:"要看情况,现在很难说,一般都要几十万。"

周丽云面露难色。

我说:"没问题,我们有积蓄,付得起。"

刘院长离开病房。向德先对我说:"谢主任,您看这样行不行,我回去和财务商量一下,集团可以补助一部分,另外让大家募捐,您在集团口碑很好,大家一定会积极响应。"

我立即连连摇头:"向董事长,别这样,别这样,这点钱我们付得起。"

向德先又握住我的手:"谢主任,钱是小事,身体最重要,您要配合医生,好好治疗,我相信一定能够康复。"

我再说:"向董事长,千万不要搞什么募捐。"

向德先笑了笑点点头:"好吧,我知道了,那您好好休息,我就不打扰了。"

向德先和范正欣告辞，我让周丽云出去送一送。她很快就返回来，一脸怒容地说："什么募捐，亏他想得出来！"

我知道周丽云很生气，便和颜悦色地对她说："丽云，我不是说了吗，不要募捐。还有，财务有规定，不是想拿就拿得出来的，能补助一些就行了，再说我们也付得起，别在乎这些。"

周丽云摇摇头："老谢，你不知道，我们局里那个人，中医调理，提高免疫力，要吃虫草，吃补品，花了很多钱。"

我摆摆手："什么虫草、补品，我一概不吃。"

周丽云瞪了我一眼："你想不想把病治好？"

我没答话，心里想听天由命。

周丽云又说："我最生气的是，向德先说尽快来，但迟迟不来，一直拖到下午，还说开会，今天是星期日，开什么会！"

我解释道："丽云，你不了解，他们老板没什么星期天，说开会就开会，很忙的。"

周丽云指着我："老谢，你就是一个烂好人，人家把你用完了，不管你了，你还为人家说好话。"

我笑了笑："你这话不对，我现在住的单人病房，是向德先安排的，费用也是集团出。"

周丽云又摇摇头："老谢，我真不知道怎么说你好，你当时被车撞了，没什么大碍，他还要用你，所以让你住VIP病房，现在你得了这种病，他怕你好不了，就变啦。"

我也摇摇头："别把人想得那么坏。"

"不是我想的，他就是那么坏。"周丽云满脸愠怒，"他答应卖套优惠房给我们，给了吗？他这种人说话，从来不算数，你还信他！"

我举起手："丽云，别说了，我累了，让我睡一会。"

"好,你睡吧,我回家拿点东西。"

看着周丽云走出去,我上床躺下,却睡不着。其实我也很生气,向德先竟然说出募捐这种话,几十万对集团不过九牛一毛,用得着募捐吗?是不想拿出来。周丽云说那套优惠房,是向德先作为奖励性质,以成本价卖我一套,可是房子卖完了,他又推到明年新开楼盘。我也察觉他的态度确实有变化,是因为我得了大病,没用了,但我没料想他变得这么快,前后判若两人。为什么,正如范正欣所言,钟先生和钱审判长谈得很好,合议庭拿出改判意见,上报审判委员会,审委会有钟院长主持,官司打赢了,我彻底失去作用。

我知道向德先为了打赢这场官司,不择手段,但我也能理解他,输掉这场官司,不仅是一个亿的问题,恐怕影响股票市场,这是向德先最担心的。可是他难道不想一想,没有我能找到钟盛远这层关系吗?能打赢这场官司吗?作为一个老法官,依靠关系打官司,我感到惭愧,也很悲哀,可现实就是这样啊!但即便如此,向德先也不应该这般无情无义,这是人品问题,道德问题。时代造就了向德先这样的企业家,也留下了深刻的时代烙印,一面财富累积,一面道德沦丧。

我也想到范正欣,他唯向德先是尊,视为人生方向,殊不知向德先是一个优点和缺点、长处与短处同样突出的人,一定程度上人格分裂。小范很聪明,也很努力,可是他出人头地的愿望太强烈,容易迷失自我,走错路啊!

56

肖 辉

　　星期六上午,我和赵莹一起去江沿,参加电视台退休摄影师甄思睿儿子的婚礼。老甄是台里最好的摄影师,去年到退休年龄,我再三留用,但他谢绝了,因为他妻子有病,需要有人照料。前几天老甄来电话,邀请我参加他儿子的婚礼,并要求我当证婚人,我一口答应。另外,我也想带赵莹出去走走,自庆远官司开始至今,她心里压力一直很重,出去散散心,沾点婚典喜庆也好。可是她不想去,说没心情,我做了不少工作,耐心开导,她才勉强答应。

　　江沿是常海市最边远的一个区,原来是县,近几年才升格为区,距市中心八十公里,正在建设高架交通。我们沿老路走,经过乡镇和村落,看见田野和耕牛,倒是别有一番风味,赵莹的心情好了起来,有说有笑。两个小时车程,抵达目的地江沿区金桥镇,甄思睿的家就在镇上,一幢由老屋翻建的两层楼房,还有个颇大的园子。曾经听老甄讲过,他祖上耕读传家、书香门第,明清两朝出了几个进士。但是到他爷爷这代,家道急转直下,被定性为地主,从祖宅扫地出门。甄思睿这辈子除了工作,其余时间大多花在讨要老宅这件事情上,去年终于有了结果,但只是原面积的三分之一,不过他也知足了,前几年盖起了小楼。

我们到的时候,已是亲友满堂,笑语喧哗,园子里也摆上了桌子。老甄搞摄影,在电视台工作多年,会布置,园子南墙那边搭了个小台,从楼道口到台上铺了红地毯,还备有音响设施。台上半空挂了一条横幅"金桥甄氏二十六代嫡孙甄小睿沈雪梅大婚庆典"。主持人宣布婚礼开始,在一片悠扬欢快的音乐声中,新郎新娘挽着手走过红地毯,缓步上台,新郎仪表堂堂,新娘小巧玲珑。几个通常流程过后,我上台证婚,诵读证婚辞,并和新郎新娘握手,讲了几句祝愿的话。接着甄思睿发言,是额外增加的一项内容,他说退休以后,用了整整一年时间,修订了甄氏家谱。家谱是一个家族的历史记载,所谓浩荡之水,必有其源,树高千丈,落叶归根。家谱让子子孙孙不忘其根,不忘其祖;家谱也是一种传统教育,儿女孝敬父母,小辈尊老爱幼,家庭才能幸福,社会才能和谐。

我了解老甄,他的摄影技术紧跟时代发展,但思想观念留有传统文人的印迹,为人方正,做事认真。婚宴在一片祝福和碰杯声中开始,我们和新郎新娘的父母同桌,老甄的妻子一脸病容,小坐一会便回房去了,亲家大概是农村人,少言寡语,有点拘束。老甄连连向我和赵莹敬酒,再三表示感谢,还夸我的证婚辞说得好。当晚入住预订的宾馆,老甄专门来陪我们吃晚饭,边吃边聊。他告诉我们,儿子原来和江沿区刘区长的女儿恋爱,已经到了谈婚论嫁的程度,但他坚决反对,甄氏有家教,儿子听从老子。岂料刘区长晚节不保,今年刚开春的时候,因为贪腐事发锒铛入狱。现在的儿媳妇,虽然是农民家庭出身,但是既聪明又懂事,懂得孝敬老人。而且工作也不错,和儿子一个单位上班,当会计,他很满意这门亲事。

生活中难免意料之外的事发生,有些可控,有些不可控。甄思睿不知道区长是贪官污吏,他不同意结这门亲,可能认为门不当户不对。但是在我看来,不仅仅是社会地位差距的问题,而是老甄固有的价值观取向所决定,他不愿攀附,也不愿儿子低人一等受委屈。或许他还考虑到,区长家里条件优越,女儿娇生惯养,很难融入普通家庭,儿子的婚姻能否长久也是问题。"祸兮,福之所倚;福兮,祸之所伏",这是老甄经常说的话,因此也就不难理解他了。

  第二天吃了早餐,赵莹提出去江沿南华寺,敬炷香,许个愿。我们退了房,驱车前往,半个小时便到了寺庙,人多车多,转了两圈才找到一个泊车位。大雄宝殿前的广场上,敬香拜佛的人排着长队,赵莹恍然,原来今天是农历七月十三日,大势至菩萨圣诞。我不懂佛教,也很少来庙堂,赵莹告诉我,大势至菩萨以智慧光普照一切,与观世音菩萨一起护持西方阿弥陀佛左右,并称西方三圣。我听不懂,也不发问,跟着排队就是了。赵莹还特别叮嘱我,男人跨门槛先迈左脚,而且步子要大,叩头拜佛要照她的样子。我按她说的做,然后她向功德箱里投放了五百块钱,要我也投钱,说功德各自修,不能替代。离开寺庙,我问她许了什么愿,她答许了两个愿,一是求菩萨保佑,庆远的官司顺利打赢,二是求菩萨保佑,让谢云华主任早日康复。她又问我许了什么愿,我说求菩萨保佑,早日和你完婚,她笑着说菩萨保佑,一定能够如愿以偿。

  星期一上班,照例开晨会,结束以后回到办公室,电话铃声响起,是苏越打来的,要我去她那里。我问什么事,她说来了就知道,随即挂断电话,我有点疑惑,难道还是那个节目的事?走进苏越的办公室,看见两个陌生人,一个四五十岁,另一个比较年轻。苏越对我说:"市纪委的同志找你谈话,希望你端正态度,实事求是地回答问题。"

  她说完朝我看了一眼,转身走出办公室,我听出她说"实事求是"这句话时,有意加重了语气。

  中年人指着屋子中间的一把椅子说:"肖副台长,请坐。"

  我坐下来。

年轻人指着中年人:"肖副台长,给你介绍一下,这位是方处长。"

我朝方处长点点头。

方处长主动和我握了握手:"肖副台长,不要紧张,放松一些。"

我勉强笑了笑。

年轻人把手机录音功能打开,放在桌上:"肖副台长,我们代表常海市委纪律检查委员会,正式找你谈话,希望你诚实地回答每个问题。"

我又点点头。

年轻人问:"你和自立广告公司总经理赵莹是什么关系?"

我答:"我和赵莹原来是大学同学,现在是恋爱关系,她是我的未婚妻,我们很快就要结婚了。"

年轻人又问:"所以你为了赵莹,为了你们的一己私利,利用职务之便,不惜违反组织纪律和相关规定,为自立广告公司做了一档违规的节目,并且擅自签字播出,造成非常严重的后果。"

我举起一只手:"事实不是这样的。"

方处长笑了笑:"你说你说。"

"法制栏目自然应该做法制内容的节目,反之,如果做一些与法制无关的节目,那就真是违规了。关于擅自签字播出的问题,也与事实不符,因为我受陈台长授权,他不在台里的时候,节目由我签字播出。事实也确实如此,那天陈台长去市委宣传部开会,所以我签字了,这个问题请你们向陈台长了解核实。至于造成严重后果,实事求是地说,我一点都不知道,台里也没有收到群众来信,提出不同意见。事实是,这档节目播出,收视率明显提高,有据可查。"我一口气说完。

年轻人目光炯炯地直视我:"做这档节目之前,导播徐斌不同意,他对你说什么了?"

我想了想:"我和徐斌对节目内容交流了意见,他说法制栏目一直以来都做刑事案例,没有做过经济纠纷案子。他也提出未经终审的案子,拿出来讨论是否妥当？我当时说,节目不能总是老面孔,内容可以广泛一些,对具有典型意义的案例,从法律的角度,公正地、不带倾向性地进行辩论,不但能够普及法律知识,也有利于提高收视率。"

年轻人拍了一下桌子:"肖副台长,你不要避重就轻,徐斌还对你说了什么？"

我答:"徐斌还说过一句话,做这档节目就已经带有倾向性了。"

年轻人脸上掠过一丝得意的笑容:"肖副台长,请你解释一下,这句话什么意思？"

我迎着他的目光:"这个案例由于本身的错误,法律专家提出不同意见乃至批评,是正常的,而非人为因素倾向。"

年轻人提高声音:"照你这么说,人民法院的判决是错误的？"

我又答:"中华人民共和国法律规定二审制度,这个案子目前只是一审,是否错误要看二审,二审才是终审判决。"

年轻人又拍了一下桌子:"你利用职权,操纵舆论,对法院一审判决横加批评指责,目的就是干扰正常司法,为自立广告公司翻案。"

茶杯受震动溅出水来,我用纸擦干,同时朝年轻人看了一眼,目光里带着鄙视。

年轻人被激怒了,厉声喝道:"肖辉,你必须老实交代所有问题！"

方处长朝年轻人摆摆手,示意他冷静,然后微笑着对我说:"肖副台长,你可能没有意识到严重性,但是事实确实很严重,庆远方面已经提出交涉,市委宣传部很重视。"

我沉默着。

年轻人指着我:"肖辉,你现在不老实交代,就失去机会了,后悔莫及。"

我抬起头:"我不知道要交代什么,请你提示一下。"

年轻人马上接口:"交代你的一切问题,包括你和自立集团的利益关系。"

我反问:"什么利益关系?你有证据吗?有证据拿出来,我认。"

年轻人张口结舌,一时没说出话来。

我又说:"如果查出我贪污受贿,怎么处理都可以,但是在此之前,请你懂得尊重人。另外我还要说明一点,电视台是新闻媒体,既然是新闻媒体,就担负着舆论监督的责任,对社会弊端、不公正现象,有责任、有义务进行揭露和批评。"

年轻人怒不可遏地指着我:"肖辉,你什么态度?!"

方处长将他的手按下:"肖副台长,今天就这样吧,你回去好好想想,可以随时找我们。"

我起身便走

方处长也站起:"肖副台长,请等一等,还有件事。"

我停下来。

方处长脸色严肃:"经市纪委和电视台党委共同研究决定,肖辉同志暂时停止工作,接受调查,等待处理。"

我虽然有点思想准备,但听到这个决定,还是深感意外和震撼,我努力保持镇定,没有显出慌乱,朝方处长点点头,一步一步地走出去。回到自己的办公室,我一动不动地坐着,心里既愤慨又委屈,泪水几度涌出眼眶。过了很久,我才稍稍平静下来,想打个电话给苏越,问一问,停职检查在台里还是家里。其实我心里很清楚,问是托辞,想探探口风是真,给我什么处分,会撤职吗?说心里话,我还是很在乎副台长这个位置的。不过最终我没打电话,因为我有自尊心,即便撤职处分,我也不能丢弃做人的自尊。

最让我为难的,是怎么对赵莹说?她目前状态十分脆弱,接近崩溃边缘,经受不了任何刺激。昨天在庙里,她虔诚地烧香拜佛,寄托神灵,在我看来是丧失自信的表现,非常令我担忧。考虑再三,决定什么都不说,瞒着她,还像以前一样,一切都没发生过。

57

宋公明

我从房间的窗口,看见汽车开进园子,周秘书和钱庭长从车上下来,钟盛远和吴小莉迎上去,握手寒暄。按约定,这辆车接着将送我去庆远,但我没有马上下楼,是想让司机小林稍事休息,因为他下午还要跑一趟,来接周秘书和钱庭长,很辛苦。可是小林上楼来敲门,说这就走,我把准备好的两条中华香烟拿给他,以表酬谢,他推辞一番收下了。

行驶途中小林很少说话,我问一句他答一句,是个很内向的人,我也就不多说什么了。到进城的道口时,陈永兴已经等在路边了,我和小林道别,坐陈永兴的车进城。我没去过陈永兴的家,但听他说起过,是上世纪六十年代的老房子,很旧很小,不便接待客人。大约半个小时,汽车开进了一个高档住宅区,里面都是一幢幢独立的别墅,陈永兴告诉我,是去年才买的新房。汽车停在一幢三层别墅前,我和陈永兴下车,小萍从里面迎来,身后还跟着四位老人,我见过其中两位,是小萍的父母,另两位应该是陈永兴的父母。果然如此,陈永兴买了新房,把自己的父母接来,也把小萍的父母从常海接来,照料四位老人的生活起居,令我动容。

进客厅落座,小萍已经泡好了茶,四位老人和我一起品茶聊天,小萍的父母很感慨，夸陈永兴，说女婿好。我给陈永兴带了礼物，两斤上好的西湖龙井，两条中华香烟，陈永兴都给了老人。他说我上次带给他的茶，他一直不舍得喝，现在喝的就是我给的茶。我知道陈永兴不缺这些，因为是我送的，他格外看重，是一份情谊。

喝了一会茶，上桌吃饭，小萍主厨，菜肴十分丰盛。六道冷盘是白斩鸡、糟鸭肫、猪脚冻、开洋拌芹菜、青椒皮蛋、川味泡菜；六道热炒是清炒虾仁、爆炒子鸡、白蟹炒毛豆、火腿丝炒绿豆芽、苦瓜炒蛋、红烧大鱼头粉皮。特别是一道鲜鲍参鸽汤，既营养又鲜美，我对小萍的厨艺大加夸奖。四位老人吃完饭，先行回房间休息，我和陈永兴边喝边聊，谈兴正浓。我提出建议，饭店开出名了，已经具有名牌效应，可以考虑开分店，把生意做大。陈永兴有不同看法，他说一辈子守住这家店，守好菜品质量，一直保持下去，就可以了，也知足了。他的话简单朴实，没有发展的野心，但却令我深思。我去过英国伦敦，那里几家著名的百年老店，一家人经营了几辈子，口碑始终如一。常海也有著名的百年老店发展开分店，结果往往不尽如人意，反而倒了品牌。赚钱是没有尽头的，像陈永兴这样，一辈子做好一件事情，就足够了。

小萍来敬酒，随口问了陈永兴一句："那件事情和大哥说了吗？"

陈永兴恍然，连拍了几下脑门说："大哥，忘了告诉您一件事，上个星期六晚上，庆远市洪市长和益生制药公司老板方永翔来饭店吃饭，方老板先来，要了一间包房，洪市长后到的。"

我顿时警觉起来："你认识方永翔？"

陈永兴摇摇头："我不认识方老板，但我妹妹认识，因为她在益生制药公司打过工。"

我又问："你确定是市长？"

陈永兴答："肯定是洪市长，电视上经常见到，而且我当时就留心了，故意让小萍去送菜，想听听他们说什么，可是小萍一进去，他们就不说话了。"

我早就料定益生制药公司背后一定有人,这个人对一审产生了作用,并且还会继续干预二审。现在已然明了,这个人就是庆远市委副书记、市长洪仁宝,正部级官员。二审虽然还没有开庭,但是幕后的较量早已开始,而且正臻白热化,异常激烈。此时方永翔约见洪市长,所谈无非二审,不去豪华大酒店,单找一家僻静且具特色的小饭馆,一是避人耳目,再是同样可以品尝美味。我不了解洪市长和方永翔是什么关系,有何渊源,但作为一市之长,有能力、有办法对二审施加影响,不过是否能够奏效,要看高院院长的态度。从组织架构上说,高级法院属副部级机构,既受地方管辖,又受最高法院领导,具有一定的独立性。换言之,市长无权针对某个案件直接下达命令,但这只是一种形式,因为权力无所不能。我对目前双方形势基本一目了然,我方如果没有钟盛远的参与和帮助,二审必输无疑,毫无悬念。即便如此,现在我也不敢保证二审赢,准确地说谁也不敢保证。

当晚留宿陈永兴家客房,一觉睡到天亮,吃早餐时,陈永兴说我昨晚睡得很沉,鼾声如雷。我笑了,笑得很开心,在他家里无拘无束,吃得下,睡得着,最好不过了。吃完早餐,喝了一会茶,准备动身去机场。我跟四位老人道别,陈永兴开车送我去机场,可是小萍也要去,劝也劝不住。到了机场才明白小萍坚持要来的原因,陈永兴从后备厢里搬出两件茅台酒,小萍推来了行李车,两人配合默契。我坚持不收,夫妇俩不由分说,打包托运,办理得妥妥帖帖。陈永兴说:"大哥,您喜欢喝酒,我们早就给您准备好了,就是有一句话,希望大哥保重身体,悠着点喝。"

我无语,深切感受到一份情义。

进入候机厅,远远看见钟盛远和吴小莉,他们坐在同一排座椅上,但中间隔开几个位子,好像两个互不相识的人。其实我早就注意到,这次来庆远,感觉他们之间可能发生了什么,不像以前那样有说有笑,彼此似乎疏远了。特别是昨天吃早餐时,钟盛远提出要我一起去见钱审判长,很不正常。我第一次在饭桌上认识钟盛远,同时认识吴小莉,这个年轻漂亮的姑娘,显然非常仰慕大作家,而钟盛远乐意享受这种仰慕。上回来庆远,他们两个人谈得最多、最热烈,又一起去见陈丽萍,一起乘快艇游湖。这次明显不同,保持距离,由热转冷,当然不会无缘无故。男女之间无非那点事,以吴小莉的美貌,是男人都难免动心,包括我自己。我想如果钟盛远利用吴小莉的仰慕,进而占有,不是没有可能,但是吴小莉不愿意,所以发生问题。当然,这只是一种猜测,我也不愿相信,现在是二审的关键时刻,希望一切如常,相安无事,不能出什么意外啊!

我朝他们走去,扬起手招呼,吴小莉扭头看我,微笑着站起来,但钟盛远没听见,依然坐着,一脸沉思状。我朝吴小莉点头致意,并在钟盛远肩上拍了一下,他一惊,抬起头来。我说:"钟先生,想什么呢,这么认真?"

钟盛远笑了笑:"宋律师,来了,快坐快坐。"

我在他们中间空着的椅子上坐下,然后便问:"钟先生,昨天谈得怎么样?"

钟盛远答:"谈得不错,钱审判长说了,合议庭拿出改判意见,上报院审判委员会。另外,那张证据我也提了,钱审判长说他当了三十年法官,阅卷读卷,尤其注重证据。"

我笑着说:"很好很好,能做的工作都做了,钟先生劳苦功高,现在就等开庭了。"

钟盛远又说:"钱审判长说,很快就要开庭。"

广播开始登机,返程也是商务舱,也是我和钟盛远坐在一起,吴小莉仍然一个人坐在通道对面。钟盛远好像有点疲惫,上飞机不一会就闭上眼睛,而且很快就睡着了。我原来想把庆远市长洪仁宝和益生制药公司董事长方永翔见面的事告诉钟盛远,后来想想不说也好,钟盛远是很敏感的人,知道了恐怕会有想法,有压力。我会告诉向德先,让他了解双方的情况,知己知彼,如果向德先认为有必要提醒钟院长,再告诉钟盛远也不迟。

范正欣来接机,他说受向董事长委托,迎接钟先生、宋律师以及吴小姐顺利归来,并表示真诚的感谢。原来打算今天就给诸位接风洗尘,考虑来回奔波,旅途劳累,改到明天晚上隆重宴请,饭店也订好了,请各位务必出席。我和吴小莉无异议,可是钟盛远拒绝,说累了,想休息。我看场面有点尴尬,便对钟盛远说:"钟先生,向董事长最想宴请的是您,我和吴小姐都是陪客,您不出席,让我们难堪,也太不给向董事长面子了。"

钟盛远想了想,很勉强地点点头。

58

向德先

上周五政协开例会,然后依然打牌、吃饭。去饭店的路上冯副主席对我说:"老向,你们打官司的事上了电视,这下自立集团更出名了,可是电视台有个副台长,因为这个节目停职检查,恐怕副台长也当不成了。"

我说:"有这事?我不知道啊。"

冯副主席看了我一眼:"老向,这事你不该不知道啊,人家副台长是帮你们,惹了事。"

我解释道:"冯副主席,这件事我开始不知道,到节目播出前一天才知道,那个副台长叫肖辉,他和我们广告公司的总经理赵莹谈对象,快结婚了。"

"听说肖辉很能干,这下完了,还是太年轻啊!"

我问:"肯定要撤职?"

冯副主席点点头:"已经上了内部简报,违反宣传纪律,撤职是肯定的,免不了。"

我连声说:"可惜了,可惜了。"

冯副主席换话题:"老向,你最近手气不太好,老是输,怎么回事?"

我答:"最近事情太多,太忙,不过今天我要认真了,冯主席,您可要有思想准备啊。"

冯副主席哈哈一笑："老向,你拿出真本事来,我等着。"

那天我还是输了,而且输掉不少,我根本没动脑子打牌,只要冯副主席高兴就好。

星期天休息,因为下周竞标一个工程项目,我去了办公室,并且通知两位副总和工程部经理,一起研究标书,确定标底。谢云华的老婆周丽云来电话,说老谢得了肝癌,要我出面找刘院长救救老谢。她哭哭啼啼,我答应去医院,开完会,请两位副总和工程部经理吃了午饭,然后电话通知范正欣,在医院大门口等着。我也给刘院长打了电话,刘院长说谢云华确诊肝癌,中晚期,而且病灶位置不好,不宜手术。

到病房以后,周丽云一脸不高兴,埋怨我来晚了。我知道不仅因为我晚来,她为房子的事也对我不满,有意见。不是我说话不算,政策调控压制房价,反而造成市场紧张,原来持观望态度的人,都涌来买房了,最后一套都没剩下。但我确实当回事,明年再开新楼盘,批一套给谢云华,现在看来不需要了。

刘院长陪我去病房,耐心解释治疗方案,我很满意,送刘院长出去时,我在他白大褂的口袋里塞了一张购物卡。周丽云为了点医药费,当我面哭穷,他们有经济能力,不是出不起,我答应补助一部分,是给谢云华面子。我提出募捐也是认真的,不仅可以募到钱,也是培养企业文化的一种方式。既然老谢不同意,那就算了,反正我也尽心了。

星期一上班,我便把范正欣和吴小莉召来,这次庆远之行的情况,我已知晓,而且非常满意,但还是想听吴小莉当面说一说。我知道年轻人喜欢喝咖啡,吩咐李建成现磨,当咖啡飘出浓郁的香气时,范正欣和吴小莉也到了。吴小莉穿卡其布背带裤,一件白色的圆领衫,她穿什么都好都漂亮。我满面带笑地握住她的手,让她坐在我身边,连说几声辛苦了,辛苦了。

李建成端来咖啡说:"这是董事长让我现磨的,专门招待你们两位。"

范正欣和吴小莉表示感谢。

吴小莉将这次去庆远的过程,以及钱审判长所说所言,都仔细地讲了一遍,包括那张证据的问题,钱审判长虽然没有直接回答,但讲了一句注重证据,实际已经表态。吴小莉还提到钟盛远送给钱审判长一本书和一幅画,钱审判长很高兴,这是我没听说的新情况,于是便问:"什么画?谁画的?"

吴小莉答:"是一幅山水画,画家好像叫高希。"

我即说:"高希我知道,是著名的山水画家。"

吴小莉点点头:"钟老师也说了,画家有点名气。"

我又问:"那幅画大概几平尺?"

吴小莉摇摇头:"我不懂什么平尺,画是一长条的那种,一米左右长,四五十公分宽,色彩鲜明,很好看。"

我说:"这幅画大概六平尺。"

范正欣插话:"董事长,高希的画市场上什么价?"

我答:"至少二万到三万一平尺。"

范正欣不无惊讶:"那也不少钱啊!"

我沉思了片刻,感慨地说:"钟先生帮我们的忙,为我们做事,来来去去几趟,还拿出自己的藏画送人,令我敬佩。但是我们不能让钟先生损失,要算钱给他,至少不能让他贴本吧。"

范正欣看着我:"董事长,恐怕钟先生不会收。"

我说:"小范,文人清高,羞于谈钱论价,我们更加要尊重,必须给钱,而且多给一些,把酬劳一起算上。"

范正欣点点头。

我把目光转向吴小莉:"吴小姐,你怎么看?"

吴小莉想了想:"董事长,我没有意见。"

我笑了笑指着她说:"吴小姐,其实你也很能说的,但是每次问你什么,你都说没意见,很谦虚,这样好,我喜欢。"

吴小莉有点不好意思。

我又说:"吴小姐,你去庆远之前,我说你的工作会有变动,快了,你要做好思想准备。"

吴小莉小心翼翼地问:"董事长,您想让我干什么?"

我摆摆手:"暂时保密,反正比现在好,也很重要。"

吴小莉摇摇头:"董事长,我怕做不好。"

"不难,你肯定能胜任。"我说着站起身,"今晚宴请钟先生,和上次一样,你用我的车去接钟先生,集团两位副总也参加,表示隆重。"

范正欣和吴小莉离开以后,我在办公室里来回踱步,吴小莉的工作已经考虑好,让她当我的秘书;李建成去广告公司,取代赵莹任总经理;范正欣代理法务部主任,等庆远官司结束,正式宣布当主任,待遇同时提上去,和谢云华一样。

按日程安排,要去跨马河工地,那里已经做好三通一平,不久的将来,一座集住宅、学校、医院以及大型商场等设施齐全的新城,将拔地而起,是我浓墨重彩的大手笔。正要出发之际,宋律师来电话,说益生制药公司的背景,很可能是庆远市长洪仁宝,很担心继续干预二审。宋律师还说,这个情况是否需要让钟盛远知道,由我考虑决定。益生公司有背景不奇怪,是意料之中的,不然一审不至于这样糟糕,而且干预二审也是必然的。但我并不十分在意一个市长,因为市长和高院院长不过半级之差,况且行政不得干预司法,我担心的是万一市长上面还有人呢?任何可能都要考虑到,都要有所准备,最好没有,有了也要想办法应对。

我没有去跨马河工地,沉思了很久,原来打算给钟盛远五十万,买画的钱和酬劳,已经备好,现在看来远远不够。我立即通知集团财务总监,办理两百万元的银行卡,下班之前送到我办公室。今晚的酒宴上,我要当众说明钟盛远送出去的画,必须集团出资购买,并且夸张这幅画的价值。晚宴结束以后,由我的司机专程送吴小莉和钟盛远,银行卡经吴小莉的手给钟盛远。我有把握,如此这般,钟盛远才会接受。

庆远一个官司,牵涉我许多时间和精力以及费用,可又不得不为之。如果二审再输,不仅丢掉一个亿,更严重的问题是影响股票波动,一旦那样,犹如洪水决堤,想挡都挡不住。此时此刻,我是多么希望法律公平公正,杜绝一切人为因素,没有那么多猫腻名堂,那该多好啊!

59

钟盛远

我到家时，一进门便闻到一股酒味，内弟王立涛坐在桌边喝酒，妻子王立娟看了我一眼，说声回来啦，声音冷冰冰的，这种微妙只有夫妻才能体会。

我和王立娟的确发生了状况，很久没有夫妻生活了，问题出在我身上，我冷淡了她。她几次三番说，自从我为自立集团去庆远开始，就变了一个人，没碰过她一次。我虽然感到愧疚，但看见她松松垮垮的形体，就提不起一点兴趣来。

昨晚睡在丛溪的客房里，非常想念吴小莉，简直到了难以克制的地步。一遍又一遍地回想，曾经的快乐，那时刻，那场景，那感受，难以忘怀，我居然泄了。刚才在机场，范副主任说明天宴请，我毫无兴趣，根本不想参加，是因为看见吴小莉的眼睛，她的目光里有期待，所以我答应了。

王立涛拉我上桌。他说："姐夫，你回来得正好，一起喝酒。"

我摇摇头："你自己喝吧，我累了，想睡一会。"

王立涛有点诧异："姐夫，你怎么了？"

我没有答话，径直走进卧室，听见王立娟说，别管他，随他去。我没打算真睡，倚靠在沙发上，竟然迷迷糊糊地睡着了。不知什么时候醒来，屋里一片漆黑，打开灯，已经夜里十点多了。王立娟没在屋里，大概去女儿的房间睡了，我洗了把澡，换了睡衣上床躺下。女儿还在安徽农村搞调查，一定很辛苦，我想给她打个电话，可是时间太晚了，还是明天再打吧。我很爱女儿，为了给女儿一个完整的家，我不会提出离婚，即便王立娟要离婚，我也不会同意。

我确实累了，多睡了一会，比平时晚起。吃早饭时，我主动和王立娟搭话，她沉着脸，不予理睬。到了单位以后，我马上给女儿打电话，铃声响了好久，就是不接，后来干脆关机了。估计是王立娟跟她说了什么，女儿生气了，也不理我了。我想给女儿发条信息，可是说什么，又怎么说？

办公室的小张来通知，所有中层以上干部，到会议室参加市委宣传部召开的视频会议。我去了，所有人差不多都到了，连很少露面的作协主席也来了。市委宣传部项副部长主持会议，他一开始就宣布：常海市电视台副台长肖辉同志，严重违反党的宣传纪律、组织纪律，造成严重后果，经部党组研究决定，撤销肖辉同志副台长职务，留党察看一年，以观后效，工作由电视台党委另行安排。项副部长接着强调宣传纪律，讲了很多，滔滔不绝，我一句都没听进去，因为我完全被震惊了，况且肖辉的事情和我有关。

我不认识肖辉，但认识赵莹，也知道他们之间的关系。肖辉为了帮助赵莹打赢官司，做了这档节目，我虽然对他们的做法持不同意见，认为没有必要，但就节目而言，还是比较客观地讨论案情，具有一定的普法意义，错误何至于那么严重？我对赵莹有些好感，肖辉被撤职，对她的打击一定很大，想打个电话给她，安慰安慰。可是想想又没打，因为我和她只是一般关系，太主动可能误会我有其他想法。

下午，周挺来电话，提出以自立集团的名义，给庆远市人大内司委写封信，内容就是这个案子，说明一审不公正，要求人大督促二审公正执法。周挺要求信不要写得太长，言简意赅，突出重点，领导没有时间看长信。我一时不理解，问为什么要写这封信，周挺解释说，人大是立法机构，并且行使监督司法的职能，人大内司委主任看了这封信，作出批复，转发到高院，作为人大督办案件，这样事情就好办了。他还特别关照，信由我用特快专递，寄给人大内司委田肇宏主任，注意保密，知道的人越少越好。

放下电话我就想，前天还和周挺一起在丛溪，他只字未提，今天怎么突然要写信？我忽然想起来了，周秘书离开丛溪时说过一句话，下周一陪院长外出，那么今天周挺和我堂兄在一起。我见过田肇宏主任，是几年前的事，我和妻子、女儿一家去庆远，堂兄请我们吃饭，田主任也在场，堂兄介绍田主任是江苏老乡。我想肯定是堂兄提出写信，让周挺出面办，由此看来堂兄果真要改判，让人大出面督办，更有依据，更理直气壮。我随即给范正欣打电话，说了周秘书交代的事情，范正欣很高兴，说这是好消息，好事情，马上就写信，晚上吃饭时信就可以给我。

晚上要去国际中心吃饭，肯定要喝酒，打算乘出租车去，吴小莉发来信息：钟老师，下午五点我来作协接您。这是她最近几天第一次给我发信息，我有点激动，特别想见她，答应去吃饭，很大程度也是因为她。五点准时走出作协大门，一眼就看见吴小莉，她穿背带裤，白色圆领衫，没见过她这么穿戴，但很适合她，既靓丽又不失端庄。她拉开大林肯的车门说："钟老师，请上车。"

我坐进车里，可是她却坐在前排副驾的座位上，我不免有点失落感。作协离国际中心不远，很快便到了，乘电梯到顶楼旋转餐厅，吴小莉将我引进包间。向德先快步迎来，满脸笑容，紧紧地握住我的手说："钟先生，辛苦了，辛苦了，快请坐，快请坐。"

宋律师和范正欣已经在座，还有两位中年人，一男一女，他们都礼貌地站起来,向德先介绍是集团张副总裁和闵副总裁,我和他们握手寒暄。按席卡就座,向德先居中,左面是两位副总裁,右面是我、吴小莉、宋律师、范正欣。菜已上桌,酒也斟上了。向德先持杯站起:"今天我们借常海的制高点,巍峨壮观的国际中心大厦,为从庆远归来的著名作家钟盛远先生、大律师宋公明先生、美丽的吴小莉小姐,接风洗尘,为了表示隆重,我把集团两位副总裁也请来了。钟先生、宋律师、吴小姐,来来去去,风尘仆仆,确实很辛苦,但是卓有成效。特别是钟先生,劳苦功高,为我们集团作出重要贡献。我代表我自己,以及在座的同事,向钟先生,以及宋律师和吴小姐,表达由衷的敬意和感谢!现在我建议,大家共同举杯,满饮此杯,以表心意。"

在座的所有人都朝我举杯,我一一碰杯,最后和吴小莉碰杯,我故意碰得重一些,看着她喝了,我也一干而尽。然后我说:"向董事长,我没做什么,更谈不上贡献,您太过奖了,承受不起。"

"钟先生,我句句实话,没有夸张,也没有溢美之辞。我能与您相识,是我的幸运,也是自立集团的幸运,不然的话……"向德先摆了摆手,"今天不谈这些,大家高兴,我再敬钟先生一杯。"

我和向德先碰了杯,一干而尽,接着张副总裁、闵副总裁分别敬我酒,也讲了一番感谢的话。我不得不说:"诸位,请不要再说这些了,再说的话,我恐怕连酒也喝不下去了。"

向德先举起手:"好好,不说了,不说了。但是我要敬吴小姐一杯酒,她是女同志,几次往返庆远,也很辛苦。"

吴小莉站起身:"董事长,谢谢,我年轻,不辛苦。"

向德先笑着和吴小莉碰杯:"吴小姐很优秀,能堪大用,我要着力培养。"

热菜一道接一道上来,极其丰盛,张副总裁来到我的座旁敬酒。她说:"钟先生,我早就知道您的大名,也经常听向董事长说起您,非常仰慕,今天终于得见,果然文人气质,大家风范,钦佩钦佩!"

我和她碰了杯说:"张副总裁,您客气了,不敢当。我敬您。"

宋律师和范副主任也来敬酒,我和他们熟悉,自然要喝,我还分别回敬了他们,一连喝了好几杯。

吴小莉起身举杯说:"钟老师,我敬您一杯。"

我两眼定定地看着她。

吴小莉又说:"钟老师,我敬您。"

我这才回过神来,连忙举杯,又故意和她重重地碰了一下杯,高兴地一口喝完。

向德先做安静的手势:"有件事我必须说一下,钟先生这次去庆远,把家里珍藏的一幅名画,送给了二审的审判长。我听说以后非常感动,他无偿地支持我们,帮助我们,还拿出自己喜爱的珍藏送人。我还要告诉大家,这幅画是著名画家高希的作品,很珍贵,价值也很高。我认为这是钟先生的境界,一般人无法企及,但是,我不能同意他这么做,我们集团也不同意,不然怎么好意思呢?可是画已经送出去了,拿不回来,怎么办?只有一个办法,我们集团出资购买这幅画,不能让钟先生损失。"

我连连摆手:"向董事长,一幅小画,何足挂齿,不要说了,不要说了。"

范正欣说:"钟先生,您帮了我们大忙,还反而要您贴本,那我们就是不懂道理了,所以必须这样,不然说不过去。"

张副总裁插话:"钟先生,我们领教了您的境界,但是道理要讲,这幅画应该我们集团买下来。"

闵副总裁也说:"对对,应该这样,应该这样。"

我摇摇头,简直束手无措,不知道怎么办了。

向德先握住我的手:"钟先生,给我一个面子,这件事就这么定了。"

我只能沉默,没再说什么。

晚宴结束,范正欣把信交给我,他动作很快,已经写好了,我说明天就用特快专递寄出去。大家都要送我,被向德先劝止,他亲自送我到车旁,吴小莉跟在后面。向德先交代司机,先把钟先生安全地送到家,然后再送吴小姐。

我和吴小莉一起坐在后排,我故意靠近,她没动弹,我把她手的握在我的手里,她也没拒绝,任我握着。我非常兴奋,试图拥抱她,亲吻她,可是她把我推开了,抬手指了指司机。我便一直握住她的手,抚摸着,她今天态度好像变了,又像原来那样了,是不是因为喝了酒?我无暇细想,也不愿多想,只要她和我在一起,幸福地拥有她,比什么都重要。

汽车开到我住的小区外面,我便叫停了,因为吴小莉在,万一让王立娟看见,又生出是非。吴小莉也从车上下来了,拿出一张卡递给我。她说:"钟老师,这是买画的钱。"

我摆摆手:"不要,不要。"

吴小莉把卡塞进我手里:"钟老师,集团三位老总都说了,这钱您必须收下。"

我还想推回去。

吴小莉按住我的手:"钟老师,收下吧,别让我为难。"

我有点无奈地朝她点了点头。

吴小莉上车时扭头说了声:"钟老师,再见!"

我看着汽车驶离,渐行渐远,直到没了踪影。

60

吴小莉

　　这次去庆远，感觉很累，不是身体累，而是心累，突如其来的变故，让我心慌意乱，难以应对。事后想了很多，当时太冲动了，没有处理好，冒犯了钟老师。我隐隐担心钟老师因此撒手不管，如果一旦二审再输，我就是自立集团的罪人了！吃早餐时，钟老师要宋律师一起去见钱审判长，我就意识到他发出警告，更加忧心忡忡。范副主任来机场接，说向董事长明天宴请，钟老师当即拒绝，我心里很急，眼睛看着他，目光里是期盼，甚至是请求，他终于答应了。

　　今天上班，刚到公司，还没坐下来，范副主任就要我跟他一起去见董事长。关于这次去庆远的情况，我已经在电话里向范副主任汇报过了，我想可能董事长要当面问一问，了解清楚。向董事长对我很热情，让我坐在他身边，把范副主任抛在一边，我当时就有点顾忌，范副主任别有什么想法。我把情况又汇报了一遍，也回答了向董事长的提问，向董事长很满意，还说很快给我换工作，要我有思想准备，我发现范副主任脸色阴沉下来，明显不高兴。

　　吃过午饭不久，范副主任要我起草一封信，是写给庆远人大内司委的。他说明写这封信的要点，强调一审判决不公，恳请人大内司委监督二审，以事实为依据，以法律为准绳，公正判决。信不要写得太长，一千五百字以内，言简意赅，条理分明，下班以前写好交给他。我从来没有写过这类信函，不懂怎么写，范副主任是故意为难我，让我难堪，他气量也太小了。

我坐在电脑前沉思，忽然想到办法，找出宋律师写的上诉状，仔仔细细地看了一遍，然后打出第一行字：尊敬的庆远市人大内司委田主任，您好！我们是常海市自立集团公司，给您写这封信，向您反映一件非常不合理、不公正的事情。开了这个开头，再将案情简单扼要地讲了一遍，然后把宋律师写的上诉理由几乎照搬上去，有理有据地说明一审判决不公，恳请田主任主持公道，监督二审公正执法。我还从网上抄录了一些有关法律公正的重要性和意义的警示语，显得厚重一些。写完以后，又看了几遍，改了几个字，自己还比较满意，拿得出手。

范副主任看得很认真，很仔细，然后用异样的目光看着我说："小莉，真没想到写得这么好，层次分明，条理清晰，又能抓住重点，一目了然，我什么都不用改了。"

我知道自己有点写作能力，从小学到大专，一直都是语文比较好，钟老师也说我有写作基础。我想等我的小说发表，拿给范副主任看，他一定会更惊讶。

按照向董事长的安排，我用董事长的专车，去作家协会接钟老师，然后到国际中心赴宴。临走前，向董事长交给我一张银行卡，是买画的钱。向董事长第一次叫我"小莉"，然后说："卡不要着急给钟先生，等吃完饭以后，你还是用这辆车，把钟先生送回家，下车的时候，再把卡给他，这样他没有时间推却。"

我点点头。

向德先最后还说了一句："小莉，无论如何要钟先生收下，拜托了。"

我不知道卡里多少钱，也没必要知道，但我会把卡交给钟老师，因为他帮助我们公司,拿他自己的画送人,确实说不过去,也没道理,这钱应该是他的。晚宴上我敬钟老师酒,是礼貌,也想缓和一下关系,钟老师两次故意重重地和我碰杯,桌上所有人都注意到了,目光都很诧异,让我有点难堪。后来向董事长说起画的事,要给钟老师钱,大家都发表意见,要求钟老师收下,宋律师和我说了几句话。他问我是不是和钟先生发生了什么不愉快?我答没有。他摇摇头,显然不信,然后他又说,我不知道发生了什么,但我知道一定发生了什么,这点瞒不过我。我想说的是,官司已经到了关键的时候,钟先生是关键的人,因此尽可能避免不应该发生的事情发生。我要求你在不伤害自己的前提下,保持原状,保持和睦。可以吗?我沉默着,没有出声,朝他点点头。不得不承认,宋律师的眼睛真的很厉害,什么都看出来了,而且一语中的。说心里话,我对他印象很好,法律知识渊博,看问题、分析问题都很透彻,特别是和饭店陈老板的那件事,令我敬佩。

  送钟老师回去,我也想和来的时候一样,坐在前面的座位上,可是钟老师看我的眼神,我不得不和他一起坐在后面。他靠近我,抚摸我的手,我都随他了,但他想抱我吻我,我只能指指开车的黄师傅,把他推开了。我心里对钟老师依然是尊重的,只要没有那种关系,我希望做他的学生,向他学习写作。到钟老师家小区门口,下了车以后,我把银行卡交给钟老师,他不收,我说了一句话,不要让我为难。我在路上已经想好,如果他不收,我就说不要让我为难,这句话果然产生了作用,他收下了。

  黄师傅送我到家,已经很晚了,可是爸爸和妈妈还没睡,坐在过道厅,显然是在等我。我问:"怎么还不睡?"

  我妈说:"有事情要跟你讲。"

  我说:"有事明天说也可以,何必等到这么晚,再说你们也知道,我们董事长请客吃饭。"

我妈又说:"这件事再晚也要跟你讲。"

我问:"到底什么事?"

我妈拉着我坐下:"小莉,你过年就二十五了,也老大不小了,该找个对象,谈婚论嫁了。我和你爸原来厂里的老同事,老黄家的儿子,不知从哪个国家留学回来……"

我爸插话:"是澳洲留学回来。"

我妈点点头:"对对,是澳洲,我没听清楚,反正留学回来了,比你大两岁,年龄相当,小年轻长得也不错,我和你爸都见了,我们约好明天晚上一起吃顿饭,见个面。"

"不行不行。"我连连摇头,"你们怎么也不跟我说一声就约了?"

我爸说:"你去看一看,行就行,不行就不行,没什么关系。"

我仍然摇头:"目前不考虑。"

我妈说:"小莉,你怎么不听话呢?我和你爸都是为你好。"

"妈,我知道你们为我好,但是现在我真的不考虑。"我站起来想回自己的房间。

我妈拽住我:"小莉,已经约好了,不去不行,我和你爸没办法向人家交待。"

我有点气恼:"你们不和我商量,就跟人家约了,是你们的事,我管不了。"

我爸看着我:"小莉,你还没有男朋友,迟早总要找的。老黄家的儿子确实可以,高高大大的,人也老实,还是白领。如果你看不上,我们不会勉强你,就是见个面嘛。"

我爸平时很少说话,而且目光里带着乞求,我心软了,只得点点头。

我妈笑了:"我说话没用,你爸一说你就答应了。好了,快去洗洗睡吧,明天下班早点回来,我们等你。"

我刚走进自己的房间,手机来信息,是钟老师发来的:小莉,到家了吧?我想告诉你,是因为看你的面子,不想让你为难,我才把卡收下来的。你看哪天方便,我们见一面,我想和你好好谈谈。我沉思了一会,回复一条信息:钟老师,画的钱您应该收下,您能看我的面子,我很感谢。已经很晚了,早点休息,祝您晚安!

发完信息,坐在床沿上,心里感觉很乱,钟老师要约我见面,爸妈又要给我介绍对象,都是烦心的事。我不会再和钟老师私下见面,但又不能直接拒绝,钟老师生气,真的撒手不管,后果非常严重,我想都不敢想,可是怎么办呢?

洗了澡,上床躺下,却久久不能入睡,不知怎么又想起了金一。在丛溪的那天夜晚,他入梦来,我便很诧异,怎么就忘不掉这个人?其实并不奇怪,因为他毕竟是我的初恋,曾经倾心相爱,那段恋情刻骨铭心。此时此刻,我脑海里浮现一幕幕往事:我和他坐在江边,吹着江风,仰望满天星斗,他拥抱我吻我;他在公交车站等我,我不理他,看见他满脸失落的神情,我的心也痛了;我被校长从教室里叫出来,那个陌生的中年人,威严地逼迫我离开金一;我无端地被警察抓去,无端地蹲了十五天拘留,还挨了打……我深深地感觉到,这个世道对我吴小莉,实在太不公平了!

61

肖 辉

  蔚蓝色的大海,风平浪静,航船来来往往驶过,不知从何处来,又往哪里去。距离海边一百多米,有一处小小的岛礁,上面什么都没有,一片荒芜,只有一座灯塔,孤零零地矗立着,为夜航的船只指引航向。我坐在海堤上,出神地看着脚下的海水,涌来又退去,一波接一波,永无停息。我想生命就是这样,一茬接一茬,生生息息,繁衍不尽。

  今天上午,台党委书记宣布了对我的处理决定,撤销副台长职务,留党察看一年,以观后效,我听完了扭头便走。新调来的台长把我喊住,说下午办交接,把办公室腾出来,然后去综合频道报到,具体工作由频道安排。我一句话也不说,快步走出党委办公室,直接开车驶出电视台。没有明确去向,漫无目的地顺路开着,不知不觉地开到了路尽头,抬眼一看是海边了。这里距市中心偏远,除了节假日,平时少有人来看海,此时一个人也没有,显得很空旷。我从车上下来,坐在海堤上,默默地看海,默默地沉思。

  虽然我有思想准备,撤职难免,但多少存有一些侥幸心理,万一哪个领导认为撤职过重,记个大过就行了呢。可是幸运没有降临到我头上,党委书记一字一句地宣读,我紧捏着的手心里都是汗,不过没有失态。我有侥幸的想法,并非白日做梦,凭空妄想。我操办了许多大型活动,尤其"七一"或"十一"献礼演出,突出政治思想,各路明星大腕闪耀登场,为常海市增光添彩。市委书记、市长、宣传部长,个个都满意,都说了许多称赞的话,还和我合影留念。真是此一时彼一时,这些领导大多在位,但没有一个为我说句公道话,太令我失望了。我想他们个个明哲保身,因为乌纱帽就是权和利,丢了乌纱帽意味着什么都没了。即便如是,为我这个小小的副台长说句话,不至于丢了乌纱帽吧?

新台长是从市委宣传部调来的,原来是政教处处长,调任电视台台长,荣升副厅。我和他照过面,仅仅认识,无冤无仇,也没有任何过节。可是他把我喊住的那一瞬,目光里不仅有鄙视,还有仇视。我忽然想起,前年"七一",文艺演出结束以后,领导来后台慰问,身后簇拥着许多人,他也在其中。我忙着接应,没有注意他向我伸出手,就因为没和他握手,一件小得不能再小的事,他却记住了。我承认疏忽,无意中伤害了他的自尊心,但也不值得这样啊!我原来没想跑出来,更不会到海边来,是被他冰冷的目光、冰冷的话语刺激,血直往头顶上冲,赶紧跑出来。

我是一个普通人,从农村走出来,寒窗苦读,用加倍的努力,换来一点身份地位,说不在乎那是假话。能够超凡脱俗的人太少,个个恋栈,个个不愿从高位上下来,何况我一介凡夫俗子。无奈一纸文告决定了我的命运,没有把我开除出去,留在电视台,似乎手下留情,其实是让我难堪。我也是自尊心很强的人,快步走出党委办公室时,脑海里闪过一个念头——辞职。我很清楚,在这个台长手下,不会有好日子过,他还会找我麻烦,只能离开,躲他越远越好。我想凭我对电视艺术的深入了解,采编写、摄导播,包括后期制作,无所不通,可以重回深圳电视台,也可以去庆远电视台,那是我老家,那里有不少朋友。而那个台长,除了懂点政治,对业务一窍不通,什么都不会。

常海没什么值得我留恋的,唯一放不下赵莹,她生在常海,是地地道道的常海人,不会同意跟我一起离开常海。如果我一个人走,天涯海角,思念难忍,这还不是什么大问题。她现在状态实在不好,情绪起伏很大,自控能力差,有时恍恍惚惚,丢三落四。我咨询过医生,是抑郁症的表现,这才是真正的大问题啊!我知道,她是被这场官司害的,同样我也是,我们两个都被这场官司害苦了。我寄希望打赢官司,对赵莹有好处,所谓心病要用心药医,如果官司打赢了,她的心结就化解了,抑郁症可能自愈。看来现在走不了,要等待二审判决,听赵莹说快了,时间不会太久。

苏越打电话来,问我在哪里,我说在外面随便走走,她说赵莹到台里找我来了。我大吃一惊,赵莹怎么会跑到台里来?苏越告诉我,上午市委宣传部召开视频会议,通报我的事情,赵莹听说了,打你电话你又不接,就到台里找你来了。我一看手机,果然有几个未接来电,都是赵莹打来的,居然没听见。我连忙开车往回赶,一路上直摇头,这下可是糟糕透了。

我已经这样了,无所谓通报不通报,但是这么一公开,就瞒不住赵莹了,她怎么受得了啊!刚宣布处理决定,马上开会通报,无非抢新闻效果,这套我太懂了。我也知道赵莹的消息来源,她和《常海晚报》主编熟悉,这种会议报社负责人必到。我狠踩油门,加快速度,心里非常担忧赵莹,她现在怎么样了?

赶到电视台,下了车,连奔带跑,冲进苏越办公室,赵莹木然地坐着,目光呆滞。我喊了她一声,她才回过神来,然后一头扑进我怀里,嚎啕大哭。她边哭边喊:"肖辉,是我害了你,是我害了你啊!"

苏越悄悄走出,大概不忍目睹,并且带上了门。

我将赵莹扶到椅子上坐下,安慰她,拿纸巾为她拭泪。我说:"当不当副台长不重要,在我心里唯一重要的是你,为你做什么我都无怨无悔。再者,这件事情从根本上说,和你没有多大关系,不就是做一档节目,讲几句真话嘛。所以你不要自责,想开一点,我们照样可以活下去,而且可能活得更好,更自在。"

赵莹渐渐平静下来,拉着我的手说:"肖辉,你辞职吧。"

我愣住了。

她又说:"你是要面子的人,撤了职,人家看你的眼光就不一样了,不好受,你回家来吧,我能养你。"

我直直地看着她,心里翻江倒海,五味杂陈,但更多的是感动。

她摇了摇我的手:"怎么了?说话呀。"

我什么也不说,把她拥进怀里,紧紧地拥抱着。

她在我怀里呢喃:"你怎么什么都不跟我说呢?"

我说:"怕你担心。"

她推开我,忽地站起身:"肖辉,快,我们去找贺继承,他会帮我们的。"

贺继承是我们大学里的同学,他父亲是北京的高官,但早就退休了,贺继承自己几年前就去了加拿大。

我说:"赵莹,你忘了,贺继承出国了。"

她茫茫然地看着我:"是吗,我忘了?"

我知道这是抑郁症的表现,而且愈发严重了,要想办法尽早带她去就医。

我安慰地抚摸她的肩头:"没关系,你不提我也忘了。"

她又忽然想起:"肖辉,我还要去公司上班,快走快走。"

我们离开苏越的办公室,在走廊上碰见苏越。我说:"苏组长,给您添麻烦了,不好意思。"

苏越笑了笑,还和赵莹握了握手。

我开车把赵莹送到公司,非常担心,她这种状况怎么还能上班工作,但又不便说出来。随后我去医院,找到曾咨询过的那位医生,讲了赵莹目前的状况,要求开些药。医生认真地对我说:"你讲的这些症状,病情应该已经比较严重了,要正确面对,越拖越不利。尽早把病人带来,经过诊断,对症用药,才会有效,而且抑郁症需要长时间治疗,急不得。"

回去的路上,顺便买了一些菜,回到家里,洗净切配好,看时间差不多了,便开车去接赵莹。我有时在她那里,她有时也在我这里,但大多是我去她那里。今天我要把她接来,做几样她爱吃的菜,让她心情好一点,我就跟她谈一谈。我想好了怎么谈,先不说什么病,也不提抑郁症三个字,从健康理念方面说起,循序渐进,看她反应,如果不是很反感,那就好办了。我也做好两手准备,如果她反应强烈,我就立即停止,下次再找机会谈,总之必须谈,必须治疗。

快到广告公司门口了,恰恰手机铃声响起,我边拐弯边接听,是新台长打来的,要我在办公室等着,马上办交接。我这才想起他上午说过,可我忘记了。我说:"对不起,我没在台里,明天再说吧。"

新台长提高声音:"肖辉,你什么态度!"

我立即挂断电话,简直欺人太甚。忽听得一声响,车撞在广告公司半开半合的铁门上。所幸车速不快,铁门也结实,仅仅擦掉了一层油漆,我的车头左侧撞陷进去一块。

62

范正欣

我和集团财务总监段毅宏去了一趟珠海。集团与珠海蓝天投资公司合作的项目，工程进度已经过半，这次是去对账，整整忙了一个星期，今天下午才结束，立即返回常海。

原来打算从机场直接回家，段总监说机场到市里路太远，不如先乘公司来接我们的车，到集团再回家，这样方便多了。我接受段总监的意见，先到集团，也惦记着庆远的官司，看看有没有开庭通知发来。办公桌上有几封信件，但没庆远高院的，正要离开办公室，手机铃声响了，是向董事长打来的。我也正想给董事长打电话，汇报珠海的情况，看来段总监抢先一步，捷足先登了。向董事长要我明天陪他去打网球，我离家多天了，心里不想去，但又不能不去，也想到董事长可能有话对我说。以前有过这种情况，向董事长叫我陪他打网球，实际是说话谈事。

回到家，没看见儿子，我便问儿子去哪儿了？妻子陈菊在我额头上点了一下说："你忘了，今天是周五，儿子被我爸妈接去了。"

我这才想起每周五，外公外婆都要把外孙接回家，周日晚上陈菊再去接回来，已经成了习惯和规矩。岳父岳母只有陈菊一个女儿，老两口都退休了，特别喜欢外孙，非常宠爱，要什么给什么。我怕惯坏孩子,提出减少一些,不必每个星期都去,老两口生气了,说什么都不行。我刚结婚时,买不起房,住在陈菊家里,后来买房首付,也是岳父岳母出的钱。所谓吃人家的嘴软,拿人家的手短,他们帮助我很多,我只能作罢。

上飞机前我打过电话,陈菊已经做好晚饭,弄了不少菜,还炖了老母鸡汤。她说你出去几天了,外面吃不好,给你补一补,说着还朝我笑了笑。夫妻之间,某个动作或一个眼神,彼此都能领会。我美美地吃了一顿,在阳台上来回踱步,以利消食,陈菊从窗上探出头来喊,还不快去洗澡!

第二天一大早,我就赶到向董事长家,他已经在汽车旁等着了,穿一身洁白的运动服,脸上戴着墨镜。网球场离董事长家不远,开车半个多小时就到了,然后乘专用的电瓶车去球场。助打员已经到了,不是我见过的小伙子,而是一个穿短裙的年轻姑娘,向董事长朝她招招手,姑娘笑盈盈地跑来,看来彼此熟悉。向董事长开球,姑娘挥拍打来,球准确地落在对方随手就能接到的位置,这是喂球。向董事长又打对方后场,那姑娘快速后退,球拍犹如海底捞月,球在空中划了一道弧线,又准确地落在能接住的位置,球技高超,显然受过专业训练。

我猜测向董事长要和我谈工作方面的事,谢主任重病住院,再来上班的可能性几乎是零,我这个副主任代行主任职务,总要有个说法。那天在董事长办公室,向董事长把我抛在一边,对吴小莉极其热情,还说给她换工作,我听了很不舒服。照理现在我应该和谢主任一样待遇,拿年薪。我让吴小莉给庆远人大内司委写信,心里是有气,但不是生吴小莉的气,让她出个草稿,我来修改。没想到她写得真不错,抓住了重点,文笔也好。

向董事长打了将近一个小时网球,气喘吁吁,举手示停。姑娘拿来手巾,边给向董事长擦汗边说:"向董,您打得越来越好了。"

向董事长哈哈大笑,在姑娘肩上拍了拍说:"休息一会再打。"

球场边有遮阳伞和椅子,我和向董事长坐下来,服务员送来饮料。向董事长说:"小范,我知道你心里有想法也有情绪,想去广告公司当总经理,对不对?"

我沉默。

向董事长又说:"当初把你从广告公司调到集团来,当法务部副主任,是想培养你,将来接谢主任的班。现在谢主任病了,不太可能再来上班,但他人在,马上宣布你当主任,那就不厚道了,也不能这么做,这点你要理解。"

我点点头。

向董事长拿了瓶饮料递给我:"小范,不要在乎眼前一点蝇头小利,格局大点,眼光远点,有些事情不要想得太多。该考虑的我会考虑,你现在的首要任务,就是集中精力打赢官司。"

我又点点头,但是心里却在想,真是饱汉不知饿汉饥,我每个月要还房贷,压力太大,都快喘不过气了。

"小范,还有一个消息要告诉你,益生制药公司的后台是庆远市长。"向董事长看着我,"我还有一点担心,市长上面会不会还有人?"

我问:"董事长,您怎么知道的?"

"是宋律师打听来的。"

我沉思了一会说:"董事长,益生公司有后台是意料中的,至于上面还有没有人,很难说。但我估计不太可能,一个药厂手能勾到正部级的市长,差不多顶天了。"

"你说得也有点道理。"向董事长点点头,"我现在考虑的是,这个消息是否要让钟盛远知道,并通过他转告钟院长?但是宋律师说钟盛远这人想法太多,他知道了会有压力,恐怕对他堂哥不利。"

我马上说:"董事长,我认为应该告诉钟先生,有准备总比无准备好,这是孰轻孰重的问题。"

向董事长笑了:"小范,你和我想的一样,应该让钟盛远和钟院长知道。"

此时手机铃声响起,来电显示钟盛远,我对向董事长说钟先生来电话,向董事示意我赶快接听。我接了便说:"钟先生,您好您好。有什么指示,请说。"

电话里钟盛远说:"范副主任,您好。我有件事情要跟您说。"

"钟先生,请讲请讲。"

"电话里说不方便,最好面谈。可以吗?"

我马上答:"钟先生,可以的,您在哪里?我来见您。"

"我上午有空。"钟盛远停顿了一下,"这样吧,我家小区旁边有个黄山茶楼,十点在那儿见面。"

"好的好的,钟先生,我们十点见。"我放下手机。

向董事长马上问:"钟盛远什么事找你?"

我摇摇头:"他没说,约我面谈。"

向董事长想了想:"钟先生打电话来,应该是官司方面的事,难道他也得到消息了?"

我说:"董事长,不太可能,如果是听到这个消息,他在电话里就说了,没有必要约我面谈。"

向董事长想了想:"你赶快去,我让老黄送你,有任何事情随时打我电话。"

司机黄师傅几次送钟盛远回家,熟门熟路,很快开到小区大门口,右面就是黄山茶楼。离十点还差半小时,我提前到了,点了一壶上好的铁观音,交待服务员等客人到了再上。钟盛远第一次主动约我见面,一定是有比较重要的事情,但我想不出是什么事,心里多少有点紧张。上一次董事长宴请,已经过去近两周时间,一切都很正常,就等开庭了,那又会是什么事呢?

钟盛远到了,我热情地迎上去,请他入座,他朝我点点头,有点冷淡。服务员上茶,钟盛远将他的茶杯推到一边,然后说:"范副主任,休息天把您请出来,不好意思,抱歉了。"

我摆摆手:"钟先生,别这么说,没关系的,我也没什么事,您来电话时,我在陪向董事长打网球。"

钟盛远拿出银行卡放在桌上:"这是你们买我画的钱,我不要,请您还给向董事长。"

我万万没有料到会这样,愣住了,瞠目结舌,不知道怎么办了。

钟盛远又说:"第一,这幅画不值这么多钱,我拿了就是受贿。第二,这幅画是我自己送出去的,跟你们没关系。"

我意识到事态严重,连忙说:"钟先生,别别,听我说……"

钟盛远站起身:"卡收好。茶钱我已经付了。"

我也站起来:"钟先生,您别这样,我们做错了什么,您说、您批评,都可以。"

钟盛远没有答话,转身朝外走,我两眼直直地看着他出茶楼,脑门上忽地冒出一头汗,出大事了!第一反应是给向董事长打电话,可是手机无人接听,董事长可能又在打网球。我快步跑出茶楼,拦下一辆出租车,赶往网球场,路上又打电话,仍然无人接听。

赶到网球场,看见黄师傅,我马上问:"董事长呢?"

黄师傅答:"董事长去洗澡了。"

我想去浴室,但被黄师傅拽住。他说:"别去,等一等。"

我很着急,但又无奈,只能等着。等了很久向董事长终于出来了,西装革履,陪打球的那个姑娘送他出来。上了车,我便开始汇报,讲了整个过程,向董事长没插一句话,一直沉默着,脸色非常阴沉。他下车时才对我说:"小范,这件事情,你不要告诉任何人,我要好好想一想。"

黄师傅开车送我回家，一路上我都在想，任何事情发生都有原因，钟盛远突然变化，肯定也有原因。钟盛远是有才华的作家，人也不错，但他也有弱点，我早就发现他很喜欢吴小莉。不仅我发现，我想谢主任、宋律师，包括向董事长，他们也应该看出来了。上次去庆远，谢主任病了不能去，我自然应该去，可是向董事长不让我去，我就有所知了，但不能说穿，装作什么都不知道，不过心里有点为吴小莉惋惜。钟盛远今天反常的举动，我感觉似乎与吴小莉有关，那天宴请时，吴小莉敬酒，钟盛远出神忘情地看着她，显然失态，在座的人都察觉了。我不知道他们之间发生了什么，即便发生了什么，产生了矛盾，钟盛远这样有理智的人，何至于如此？二审开庭迫在眉睫，钟盛远一旦撒手不管，后果不堪设想。向董事长之急，都写在他阴沉的脸上，他说要好好想想，他能想出应对的办法吗？

总之，我感到事态越来越复杂了。

63

宋公明

去为一位死者送行,是我原来的领导龚监狱长,他退休下来没几年,身体一直很好,突发脑溢血。肃穆的氛围,低沉的哀乐,感慨生命无常,人生苦短。我刚从警院毕业,分到监狱工作,就出了一件事。犯人打架斗殴,我没有仔细调查了解,处罚了一个犯人,那人想不通,吞下钢制的汤勺自残,动了手术才取出来。我犯错被处理,甚至面临开除,龚监狱长保了我,说我刚参加工作,不了解犯人,给予改正错误的机会,记大过一次。我很感激龚监狱长,也深刻吸取教训,凡事认真谨慎,尤其做律师,一点都马虎不得。

下周一要出庭应诉,我去事务所看材料,准备充分一些。今天是周六,事务所里很安静,只有马树燕一个人在看书。她老家是甘肃的,政法大学毕业,来所里边实习边备考律师资格证。所里给她发一些生活费,她能省下一半寄回家,因为她上大学的学费,全是向亲戚老乡借来的。所里还有个男孩,同样也是实习备考资格证,房子买了,宝马车也开上了,他的父亲只是一个小小的镇长。我原来想让马树燕打印几份材料,为不打扰她看书学习,我自己动手打印出来。我考虑待马树燕获得律师证,让她当我的助理,我亲自带她,让她尽快熟悉,早日成长起来,独立代理案件。

我刚坐下来看材料,向德先董事长来电话,说有重要事情商量,他在梦巴黎酒吧等我。我问什么事,他不说,非要见面谈,语气非常急切。我去了,向德先认识老板,把我带到楼上经理室,开了瓶KO,关起门来谈。向德先开始就问:"宋律师,你们这次去庆远,是不是发生什么事情了?"

我摇摇头:"没有啊。"

向德先又问:"您没发现钟盛远和吴小莉有什么不正常?"

我想了想:"没什么不正常,就是有点疏远了,不像以前那样有说有笑。"

向德先点点头:"对了,没有说有笑,那就说明有问题了。"

我看着他:"向董事长,您什么意思啊?"

向德先给我斟酒:"先喝酒,慢慢说。"

我边喝酒边想,向德先可能也发现了钟盛远和吴小莉之间有点问题,那也没必要找我谈啊,而且心急火燎,难道出什么事了?

向德先一脸恳切地看着我:"宋律师,您是方大律师的高徒,我和方大律师是至交,所以我很信任您,也很仰仗您。"

"向董事长,您有事就说,不要这么严肃。"我笑了笑。

向德先说:"宋律师,今天发生了一件大事,钟盛远把买画的钱退回来了,还说跟我们没关系,这句话等于说,他跟我们决裂了,不再管案子的事,撒手了。"

我很吃惊:"真的,没搞错吧?"

向德先从西装内插袋里拿出银行卡放在桌上:"他今天上午打电话找范正欣,把卡退回来了。"

我拿起卡看了看:"不少钱吧?"

"宋律师,我不瞒您,两百万。"

"哟,不少啊!看来钟盛远真是高风亮节。"

向德先连连摇头:"什么高风亮节!"

我笑了:"两百万到手了,又退回来,难道还不够高、不够亮?"

向德先沉下脸:"宋律师,您还有心情说笑话?"

我说:"一码归一码,他能退还这笔巨款,也是一种境界嘛。"

向德先立即接口:"照你的意思,他还有另外一码?"

我没有答话,沉思着,其实向德先想说什么,我大致了解,但他不愿直接说出来,要让别人先说,那我也不说。

沉默了一会,向德先端起杯,自己喝了一口,然后说:"宋律师,我可以明确地告诉您,这件事是吴小莉惹出来的祸!"

我问:"这跟吴小莉有什么关系?"

"宋律师,我不相信您没看出他们关系不正常。"向德先直直地看着我。

我摆摆手:"向董事长,这种事情要有证据,没有证据,不能随便说。"

"那我请您解释解释,钟盛远为什么把钱退回来?为什么说跟我们没关系了?"

"那也不能一定说是因为吴小莉啊!"

"宋律师,请您相信我,绝对没错,变化就是这次去庆远发生的。谢主任病了,小范又走不开,您不是我们集团的人,钟盛远认为有机会了,提出非分之念,但是吴小莉没答应,所以他翻脸了。"

我摇摇头:"这是您的看法,如果真像您说的那样,吴小莉也没错啊!"

"不,她有错,她错在不该和钟盛远那么近,那么热,钟盛远是男人,自然而然就朝那方面想了。"

"照您的意思,他钟盛远这么想,吴小莉就要那么做,不然了就错了。是不是?"

"不不,我不是这个意思。"向德先连声说,"钟盛远这么认为,而且事实也造成了。"

"向董事长,您要搞搞清楚,钟盛远这么认为,那是误解,他自己的问题,不是吴小莉的问题。"

"宋律师,我已经说得很清楚了,您怎么不理解呢?就是这么回事!"

"如果,我是说如果,"我举起手,"事情真是这样的话,那钟盛远就是要挟。"

向德先叹了口气:"宋律师,我知道他是要挟,所以我把您请来商量。"

我说:"我去找钟盛远,跟他谈一谈,帮忙就是帮忙,要钱也可以,但不能这样做,更不能欺负人!"

向德先连连摆手:"不行不行,不能找钟盛远谈,那就撕破脸皮了,连回旋的余地都没了。"

"那怎么办?"

向德先又给我斟了杯酒:"宋律师,我想请您出面和吴小莉谈一谈,劝劝她……"

我当即沉下脸:"要我谈?我怎么谈?劝她和钟盛远上床?"

向德先赔着笑脸说:"宋律师,您误会了,误会了,我的意思是让吴小莉哄哄钟盛远,稳住他,等打完官司,一切就结束了。"

我又怼回去:"吴小莉是你们集团的人,要谈也应该你们出面找她谈。"

"宋律师,正因为她是我们集团的人,为她考虑,这些话不能明说,所以我不能出面谈,小范也不能,不然以后怎么见面?"

我想了想,向德先说的也有一定道理,如果吴小莉真的和钟盛远有事,她在自立集团恐怕难以立足。

向德先把手搭在我肩上:"宋律师,据我了解,吴小莉对您印象最好,最信任您,您出面谈最好。"

我仍然摇摇头。

向德先用恳求的语气说:"宋律师,请您理解我的难处,这么大个公司,几千号人,责任很大,压力更大,您无论如何帮帮我,算我求您了!"

话说到这一步,我实在难以拒绝,又是二审的关键时刻,可是我和吴小莉谈什么?怎么谈?

64

吴小莉

星期六一早,我和爸妈乘旅行公司的大巴,开始苏州双日游。爸妈没有出去玩过,一次都没有,我讲了很多回,劝他们出去走走看看,他们就是不去,怕花钱,这次他们答应,和相亲有点关系。

那天我是被爸妈逼得没办法,去应付一下,饭桌上老黄夫妇说起旅游,炫耀又去了哪里哪里,又怎么怎么好,我爸妈搭不上话,且面有羞色。我当时就想,一定要带他们出去旅游,玩一玩,见识见识。回家以后我便上网订票,远的地方暂时去不了,便选了苏州双日游,先斩后奏,由不得他们。爸妈勉强同意了,但提出一个条件,要我和老黄家儿子处对象。那个男孩确实不错,身高一米八以上,浓眉大眼,五官端正,在一家银行工作。条件虽然很好,可是我一点没兴趣,为了应付爸妈,答应处处再说。

旅游公司日程安排紧凑,先远后近,第一天就跑了虎丘、寒山寺、金鸡湖等好几个景点。当晚在苏州市里住宿,第二天游览园林和观前街、山塘街。爸妈难得出来一次,我提议吃顿好的,把他们带到得月楼。专挑得月楼,是因为爸妈年轻时看过电影《满意不满意》,印象很深,当他们走进得月楼时,既感慨又高兴。我爸烧得一手好菜,我便点家里不容易做的且具特色的菜肴,也点了得月楼的招牌菜松鼠黄鱼。

我爸喝了一瓶绍兴老酒,还嫌不尽兴,我又给他要了一瓶,我妈大惊小怪,怕我爸喝多了,我说爸高兴,就让他喝吧,反正回旅馆就睡了。我爸有了点酒意,时不时地朝我看一眼,目光里蓄满慈爱,令我动容。我想好了,以后多带他们出来旅游,下一个目标,六朝古都南京,我请一天假,加上双休日,往返三天也够了。

星期一照常上班,以集团法务部的名义,起草了几份催款通知书,打印出来寄出去。我原来不了解,现在才知道做生意也难,明明没有任何理由拖欠款,就是拖着赖着不付,太缺乏诚信和契约精神。忙了一上午,正要去食堂吃午饭,不料宋律师来了,我很诧异,宋律师怎么突然来了,是来找我的?宋律师说:"小莉,我刚开完庭,从法院过来,晚了,到吃饭的时间了,不如请你出去吃饭吧。"

我问:"宋律师,是不是有事找我?"

宋律师点点头:"有点事。"

我说:"吃饭就算了,有事您说。"

宋律师说:"小莉,这里说话不方便,吃饭就是找个说话的地方,去吧。"

我推托不了,便和宋律师去了集团对面的一家饭店,宋律师要包间,我说用不着,中午简单吃一点,但他还是坚持要了包间。我们坐下来,点了菜,宋律师几次看着我,几次欲言又止。我主动说:"宋律师,您有什么事就说,没关系的。"

宋律师再一次注视我,想了想,然后说:"小莉,告诉你一件事情,钟先生把买画的钱退回来了。"

我一愣:"真的?"

宋律师点点头:"昨天下午向董事长打电话给我,约我见面,就跟我说这件事。"

我问了一句:"董事长说什么了?"

宋律师略微沉思了一会说:"向董事长倒没说什么,就是觉得奇怪,原来好好的,怎么突然变了。我看他平时很能沉得住气,昨天是真急了,而且束手无策。"

我沉默着。

这些天钟老师总是发信息给我,说非常想我,要我和他出去,我没办法,只能推说最近身体不舒服。前天我在苏州,他打来电话,无论如何要我晚上见面,我说陪父母在外地旅游,他便挂断了电话。他显然又生气了,退还买画的钱,就跟要宋律师一起见钱审判长一样,又是警告我,要挟我,让我非常失望,温文尔雅的钟老师怎么会这样?他的形象在我心里一落千丈。

宋律师问:"小莉,你和钟先生有什么误会吗?"

我摇摇头。

宋律师又说:"小莉,如果真有什么误会,或者发生了什么,希望你告诉我,我和你一起面对,没有什么事情解决不了。"

我又摇摇头,有也不能说啊,但我感激宋律师,心里涌上一股暖流,眼泪差一点掉下来,马上转开脸去。

宋律师又问:"小莉,你怎么了?"

我勉强装笑:"没什么,没什么。"

宋律师沉默了一会:"小莉,你真有什么事的话,不要憋在心里,说出来,我是律师,我会帮助你。"

我仍然摇头:"宋律师,谢谢您,我真没事。"

宋律师给我夹菜:"小莉,你什么都没吃,快吃点吧。"

我哪有心情吃东西,装装样子吃了一小口。

宋律师点起一支烟:"小莉,我实话实说,现在的确是二审的关键时刻,但我必须说明一点,你不要因为这个官司委屈自己,输赢和你没有什么关系。"

我从来没有因为这个官司才和钟老师好上的,一点都没有,但现在钟老师确实因为我,甩手不管了。我真的很委屈,一阵心酸,眼泪不由自主地夺眶而出,忍不住伏在桌上抽泣起来。

宋律师走到我身边,拿纸递给我,重重地叹了口气。

我擦去脸上的泪水,站起身来说:"宋律师,我知道怎么做。"

宋律师问:"小莉,你要干什么?"

我说:"宋律师,您慢慢吃,我先走了,"

宋律师拽住我,我甩开他的手,快步走出去。

65

赵莹

连绵下了几天阴雨,终于停了,太阳升起来了,满世界透亮透亮的,让人产生一种错觉,前几天好像是在黑暗中度过似的,今天天才亮。

我病了,医生诊断是抑郁症,我不信,我怎么会得这种病呢?那天肖辉不知怎么到公司来了,把我带到医院里,打了一针,睡了一觉,醒来以后才知道怎么回事。那天财务拿报表给我签字,我莫名其妙地写了一句话,还我公平!财务当时就懵了,马上联系肖辉,肖辉赶到公司,送我到医院。从那天开始,我接受治疗,打针吃药,后来针不打了,每天按时服药。

肖辉很会照顾人,有耐心,也很细致,有空就和我聊天,说些高兴的事。每天都陪我散步,上午下午各一次,有时在小区里转圈,有时去外面的公园。我情绪稳定了,一天天好起来,基本恢复正常。我让肖辉去上班,不要再陪着我了,肖辉说他积攒的假期很多,这回干脆都休掉,等我巩固一段时间以后,他再去上班。

我和肖辉一起去看望了谢主任,万万没料想他得了肝癌,我很伤心,好人怎么不得好报呢?谢主任告诉我,向董事长的秘书李建成,接替我的工作,担任广告公司总经理。我说李建成不是最合适的人选,因为不懂广告，相比之下，范正欣倒是比较适合的人选，他在广告公司工作过，也很会做业务。谢主任说范正欣昨天刚来过，他想当广告公司总经理，没当上，闹情绪。我给谢主任带了一斤虫草，谢主任说什么都不收，我没办法，扔下就跑出病房。

前些天，我爸我妈还有我姐，他们都回来了，非要我跟他们去澳洲。我姐明确说，如果肖辉也想去，所有手续由她负责办。我和肖辉商量，肖辉说换一个生活环境，对我的身体有好处，同意我去，但他自己不考虑去。我当时忍不住哭了，是感动，这个男人太好了，一切都为了我，甘愿再一次做出牺牲。我当然不会离开他，断然拒绝去澳洲，我爸我妈无可奈何，他们将肖辉找来，把我托付给他。肖辉当他们的面表示，一辈子对我好，对我负责。

爸妈和姐姐又走了，亲人离别，我难免伤感，几天都默默地坐在窗前出神。肖辉自然看出来了，想带我出去走走，散散心。他说秋天了，枫叶红了，有兴趣的话，去北京看香山红枫。我记得上大学时，每到秋天，同学们就会结伴去香山，看满山的红枫。我想去，肖辉马上买了高铁车票，还通知了在北京的同学，又多了一项内容，老同学聚会。

到北京站，刚下火车，一群老同学就拥上来了，大家又搂又抱，两个女生激动得泪流满面。我们走出校门已经整整十年了，见面的机会很少，很难得。大家去饭店聚餐，还是照老规矩AA制，这些人谁都请得起一桌饭，但大家要的是当年的那种感觉。在座的同学个个都有家庭、有孩子了，只有我和肖辉还单着。大家都起哄，要喝我和肖辉的喜酒，那一刻我想结婚了，嫁给肖辉。

翌日，去游香山，北京的天气凉了，秋风里带着些许寒意，常海这时候还能穿短袖。我和同学们曾多次来香山，熟门熟路，走捷径，从南坡上山，有条石砌的小路。从南坡上山还有一个好处，路两边都是大树，遮天蔽日，走累了也不至于出很多汗。跨过一条小溪，前面该是半山亭了,可是原来的小亭子不见了踪影,大概是年久失修荒废了。我和肖辉有点失落感,因为那是一个记号,登山已过了半程。

终于登上山顶,鸟瞰偌大的北京,以及深陷于高楼林立之中的紫禁城,当年那些高高在上、不可一世的帝王,早已灰飞烟灭,空余这座宫殿。人都是宇宙的匆匆过客,名誉地位,荣华富贵,皆是过眼烟云,即使拥有整个城池,死了也带不走一片瓦砾。我没有去过故宫,是不想来,反感那种阴森的气息,那些宫殿巍峨,雕栏玉砌,在我看来无非皇家特权的象征。历史上的封建帝王,几乎都有极其凶残的一面,绝非某些电视连续剧所描绘的那样,慈怀悲悯天下苍生。读过历史的都知道,清王朝注定灭亡,从乾隆皇帝大兴文字狱、禁言禁声就开始了,毫不奇怪。

满山的枫叶是红了,但还只是浅红,再有十天半月,就是深绛红了。不过我倒偏爱浅红,是新生的那种红,而到了深绛红,就意味着临近凋谢。我摘了几片枫叶,小心地放进提包里,以前来香山,我也摘几片带回去,直到现在还保留着。在回程的高铁上,我对肖辉说我们结婚吧,肖辉没有出声,专注地看着我,然后拿起我的手,按在他的左胸上,我能感觉到他"怦怦"的心跳。

我们商量办婚礼,我要一切从简,肖辉不同意,他想办一场隆重体面的婚礼。他说电视台新闻主播嫣玲,知道我们结婚一定会来,就让她当司仪,主持婚礼;摄影非甄思睿莫属,他是常海最好的摄影师。肖辉还说他的父母盼这一天已经盼了很多年了,他们非来不可,还有两个妹妹和妹夫,一大家人都会来。他兴高采烈、滔滔不绝地说着,勾起我对爸妈和姐姐的思念,他们刚离开不久,我不会要求他们再飞十几小时来参加我的婚礼。父母毕竟上年纪了,受不了来回折腾,不过他们已经把我托付给肖辉,可以放心了。

昨天上午,肖辉出去买菜,没带手机,有电话来我接听。是电视台打来的,要我转告肖辉,抽空来台里办一下离职手续,这才知道肖辉已经辞职了。我虽然感到有些突然,但并不意外,因为我早就跟肖辉说过,要他辞职。将心比心,如果换成我,我在电视台也待不下去,更何况肖辉遭遇的一切都是因我而起。肖辉回来了,我故作生气状责问:"你辞职为什么不告诉我,还要瞒我多久?"

肖辉愣了愣:"你怎么知道的?"

我说:"电视台来电话了,要你去办离职手续。"

肖辉歉意地笑着说:"对不起,对不起,不要生气,我瞒你是怕你担心,我道歉,我道歉。"

"辞就辞了,没关系。"我接来他买的菜,"今天我做饭给你吃,炒几个菜,喝点酒。"

肖辉不解地看着我:"你要祝贺我辞职?"

我说:"肖辉同志,你很聪明,怎么不说祝贺你新生呢?"

肖辉舒心地笑了,连忙和我一起进厨房,给我打下手。我们忙了一阵,炒了几样菜,开了一瓶红酒,坐到桌子上。我举起杯说:"肖辉,这些年来,你一直陪伴我,不离不弃,还为我蒙受了这么大的打击,我无以回报,就说一声谢谢了!"

肖辉连连摇头:"不不不,千万别这么说,你答应嫁给我,就是我人生最大的成功,最大的幸福。"

我们碰了杯,一干而尽。我说:"新生要有新计划,我们要考虑接下来怎么办,怎么打算?这是现实问题。"

肖辉沉思了一会说:"赵莹,你知道的,我大学毕业就在电视台工作,熟悉业务,干其他的还真不行。所以我就跟庆远电视台联系,那是我老家,也是我第一个工作单位,有很多朋友,他们要我去,还让我当副台长。我提了个要求,把你也带去,也安排工作,他们说清华毕业的高材生,求之不得,非常欢迎。但是我所说的这一切,前提是要你同意,如果你不同意,就当我没说过,我们再考虑,反正总会有办法的。"

我马上表态:"我同意。为什么不同意?"

肖辉似乎不敢相信,直直地看着我,我肯定地朝他点点头。瞬间,他眼里涌出大颗泪珠,然后趴在桌上埋头抽泣。我过去搂住他,我们俩抱头痛哭,是委屈的哭,宣泄的哭,也是高兴的哭。我们决定马上结婚,然后就去庆远,开始新的工作,新的生活。

66

吴小莉

我从饭店跑出来,请了半天假,离开公司,没有回家,漫无目的地走着,脚把我带到哪里,就去向哪里。我当时虽然什么都没说,但忍不住哭泣,宋律师是极其聪明的人,应该什么都明白了。我也很清楚一点,如果我不依着钟老师,他真的会什么都不顾,彻底不管了。

走了很久,天气又热,路边有家咖啡店,我便走进去,坐下来,要了一杯咖啡。我沉思了很久很久,终于发出一条信息:钟老师,我身体好些了,晚上有时间吗?

他很快回复:有时间,我请你吃饭,想吃什么都可以。

我又发出一条:饭就不吃了,找个地方见面吧。

他很快回复:那就去华茂大酒店,八点我在大堂等你。

到了华茂大酒店,钟盛远坐在大堂里,看见我浓妆艳抹,他也有点诧异,但没说出来。我们进了客房,关上门,房间里一片漆黑,他把我按在门上,紧紧地抱住我,一阵狂吻。他说:"小莉,我真的很想你。"

我一动也不动。

他把我抱起来,平放在床上,然后打开灯光,我抓住他的手,要他把灯关上,他摇摇头,坚决地脱光了我所有的衣服,我闭上眼睛任他看。他来了,迫不及待地进入,但没持续多久,便结束了。他气喘吁吁地说:"小莉,因为我太想你了,所以这么快。"

休息了一阵,他坐起身拥着我说:"小莉,我把你们买我画的钱退回去了。"

我没应声,心里想他说你们,因为我也是集团的人。

他问:"你知道多少吗?"

我摇摇头。

他伸出两个手指:"两百万。"

我真的很意外:"这么多?"

"两百万比起这个官司一个多亿,算不上什么。"他摇摇头说,"这个官司没有我,想都别想,向德先知道我帮了很大的忙,想借这幅画的机会多给我点钱,我怎么可能要。"

我说:"钟老师,您这么想就有点片面了,向董事长是真心感谢你,再说那幅画也很值钱。"

他在我脸上亲了一下:"小莉,我不在乎钱,也不缺钱,我只要你,什么都可以不要。"

"我不是给您了嘛。"

他把我抱住:"我要永远拥有你。"

我推开他:"钟老师,您现在这样做,让我很为难。"

他笑了笑:"小莉,你别当真,我就是吓唬吓唬他们。"

我说:"您是吓唬我吧?"

他笑了笑:"好了,不说这些了。"

我又说:"向董事长、谢主任、范副主任,还有宋律师,他们都非常尊重您,说您有正义感,帮忙不要回报,还拿出自己的画送人,品质高尚。"

他沉默着,若有所思。

我轻轻推了他一下:"钟老师,您给向董事长打个电话,说明一下,不要有什么误会。"

他点点头:"好吧,我明天就打。"

我露出笑容:"这就对了,既然帮就帮到底,对大家都好。"

他抓住我的手:"我只对你好。"

我半假半真地说:"您别再吓唬我了。"

"不会了,不会了。"他摇摇头说,"丹青初炳而后渝,文章岁久而弥光。小莉,你看得到的,我会一直对你好。"

我问:"什么意思?"

他把我的脸转向他:"这是《文心雕龙》里的两句话,意思是画或文章,时间愈长愈耐看,愈有价值。我借其意来说明,人与人也一样,时间愈长愈见人心。"

"还有一件事要告诉你,你听了肯定会很高兴。"

"什么事?"

"你的小说下个星期就登出来了,而且排在很前面,小说栏目第二篇。"

"真的?"

"当然真的。"

"钟老师,谢谢您,谢谢您!"

"小莉,你在写作上很有潜力,而且悟性特别高,我略微点拨一下,你就领会了,一般人很难做到。"

"钟老师,都是您教的,是您的功劳。"

他还讲了许多有关写作的要领和技巧,滔滔不绝,我看时间很晚了,要回家。他不让我走,还要一次,可是折腾了很久,就是起不来。他很沮丧,要求我过几天再到这里来,我只能答应。

67

宋公明

早就想去看望谢云华,但一直很忙,脱不开身。今天下午律师协会开会,传达司法局新出台的律师执业规则,我是律协常务委员,不得不去,但提前告退,直接去了医学院附属医院。

谢云华明显消瘦,老了许多,精神状态也不太好,但是见到我很高兴,问案子的情况。我原来不想提这些,免得他操心,但他很关心,一再问。我只讲了益生公司与庆远市长有关系,有关钟盛远的事只字不提。谢云华说:"以前一直很忙,没时间多想,现在病了,躺在病床上了,有时间想了,琢磨了。我们国家的法律,还是不够细致,譬如说刑法,前款三年至七年,后款七年到十年,直至死刑,空间是不是太大了?有人说这是橡皮筋,可长可短,为钻法律空档、办关系案开了方便之门。民法也一样,法官拥有适当的自由裁量权,什么是适当,怎么确定,各有各的解释,最终这个适当,往往就是领导意志的体现。庆远的案子也是这样,原本很简单,不要说法官了,就是有些法律常识的人,一看就明白谁对谁错,孰是孰非。"

谢云华平时话不多,很谨慎,唯恐说错什么,今天倒是放开来说了。但我认为他说的只是一些表象,没说到根本和实质,也许并非他没有认识,而是不便再往深里说了。我讲了一些安慰他的话,现代医疗科学先进，好好治疗，很快就能康复。临走时我留下一万元，表示一点心意，谢云华坚决不收，推来推去，他把钱塞进了我的提包里。他还突然说了一句话，宋律师，多关心一点吴小莉，这姑娘很不错。我愣住了，原来他什么都看在眼里，什么都明白！

那天中午在饭店，吴小莉期期艾艾的表情，虽然什么都不说，但我认为她和钟盛远有问题，后来她忍不住哭了，我确信他们之间肯定有事。但是我想不明白，向德先言辞凿凿，一口咬定吴小莉和钟盛远关系不正常，他又是怎么知道的？我对向德先的了解很有限，从接手案子才认识，他城府很深我看出来了，而且深藏不露。他还有个习惯，说话说一半，另一半让别人去想，去寻思，所谓引而不发。我在梦巴黎酒吧反其道，他引而不发，我就是不开口，他不得不发，不得不说了。我也想到了另外一点，向德先凭什么一口咬定，莫非他早有设计，把对法律一窍不通的吴小莉安排进专案组，就为接近钟盛远，目的是要钟盛远死心塌地地帮忙？我这么一想，自己惊出一身冷汗，向德先不至于这样吧？但我没有理由否定，钟盛远改变态度，把所谓买画的钱退还，并且扬言和自立集团没关系，与吴小莉没有关系。两百万不是小数，是笔巨款，钟盛远退还，或许可见他对吴小莉有多么在意，要美人不要金钱。

我在监狱当管教时，有个犯人叫关启风，因诈骗罪判刑十八年，此人聪明狡猾，在罪犯群体里很有号召力。我找关启风谈过话，他的确见多识广，跑遍欧美各国，有些知识储量，但我很讨厌这个人，他说话堪称一流，故作高深。他城府也很深，精于谋划，犯罪设计好退路，已经跑到泰国去了，正准备远赴法国，不料被一个在泰国旅游的受害者撞见认出，纯属偶然被抓。向德先某些方面和关启风有相似之处，同样城府很深，同样精于谋划，他有安排吴小莉接近钟盛远的企图，但他不会明说，实际是朝那个方向引导，他为打赢官司不择手段。我在庆远机场的猜测应该是对的,吴小莉仰慕崇拜作家,钟盛远利用了这一点,进而试图占有,可是吴小莉不接受,钟盛远恼羞成怒,反目翻脸。

我刚走出医院,向德先打来电话,说钟先生态度变了,明确表态一如既往地关注这个案子,直到打赢为止。向德先很兴奋,再三谢我,说我在关键时刻帮了关键的忙。我一声不吭,自然想到是吴小莉起了作用,她在离开饭店时丢下一句话,知道怎么做。我感觉像吞了一只苍蝇一样,很难受,很痛苦,又很悲哀。

回到家里,不见刘芳的踪影,更来气,打电话问她在哪里,她说和陈柳影一起逛街,吃了晚饭回来。陈柳影也是演员,红过一阵,后来去美国好莱坞发展,演过几个小角色,现在又回来了。我扔下手机,打开一瓶酒,自斟自饮,心情非常苦闷烦躁,第一次对律师职业感到厌倦,产生了不想继续做下去的想法,因为看到太多的卑劣,太多的阴暗面。可是我也不得不承认,有些当事人虽然不择手段,像向德先一样,但不能完全归咎于他们。正如自立广告公司的案件,如果正常审理,公正判决,还需要那样做吗?我很同情吴小莉,她年轻貌美,像一朵无比美丽的鲜花,却白白地成了牺牲品。曾听她说过家境不好,父母双双下岗,父亲还有残疾,她要好好工作,多挣些钱,让父母生活得好一些,她是一个很善良的人。但她还太年轻,涉世不深,而且她未必想到,官司无论是输是赢,她在自立集团都难以待下了。不过这没问题,她可以来我的事务所,一样可以当文员,一样拿工资,我会给她多一些,比在自立集团工资高。

我喝掉了一整瓶白酒,趴在桌上睡着了,不知刘芳何时回来的,她把我推醒,让我上床去睡。

68

范正欣

接到开庭通知,第一时间汇报董事长,董事长吩咐立即通知宋公明律师和钟盛远先生,做好去庆远的准备。我先给宋律师打电话,然后再打给钟先生,可是钟盛远却说,他要去市委党校学习两个星期。怎么这么巧,偏偏这时候去学习,我有点置疑,向董事长也很纳闷,不是说得好好的嘛,一如既往关注,直到打赢,难道又变了?

昨天秋分,意味秋天的一半过去了,夜里还下了一场雨,赶跑了炎热的"秋老虎",今天格外凉快。向董事长在办公室里来回踱步,脸阴沉得可怕,我建议打听一下,问一问,看是否属实。向董事长恍然,马上打电话,他方方面面的朋友都有,果然,钟盛远确实去党校学习两周,而且不允许请假。向董事长的脸色由阴转晴,他说:"钟先生这次去不了,我看就你和宋律师去吧,吴小莉也用不着去了。"

我点点头,心里想钟盛远去不了,吴小莉就不去了,这么做是不是太明显了,况且吴小莉也会有想法。向董事长用人就是这样,很现实,实用主义,但我没想到他会让李建成去当广告公司总经理,我的愿望彻底落空了。我也很现实,为了还房贷,我必须提出来,而且要趁开庭之前,我还有利用价值。于是我说:"董事长,我的问题是不是也该考虑考虑了?"

向董事长用异样的目光看着我:"小范,我不是跟你说了嘛,将来你接谢云华的班,当法务部主任。"

我说:"董事长,谢主任的病可能要拖很久,那么我也要拖很久,一直副主任代主任,这我没意见,但是待遇问题不能拖,要解决。"

向董事长想了想,勉强地点点头:"好,我会考虑。"

我又说:"董事长,我的情况您可能不太了解,我的工资全数还房贷,家里生活费靠我老婆的收入,一直很紧张,入不敷出。我想去广告公司,因为我懂业务,也有业务渠道,做成业务可以提成。您让李建成去当总经理,他根本不懂广告,尤其目前广告公司情况不好,让一个外行去管理,熟悉要一段过程。"

向董事长微微一笑:"小范,你今天话不少啊,好,畅所欲言。"

我摇摇头:"董事长,我说完了。"

办公桌上电话铃响,向董事长去接电话,接完以后回来对我说:"小范,你既然提出待遇问题,也有道理,我会尽快给你解决。"

"小范,我对你寄予厚望,不要太在意一时一事。"向董事长把手搭在我肩上,"你们这次去开庭,还是坐头等舱往返,你要把宋律师照顾好,让他在庭上好好发挥。"

我点点头。

向董事长又去办公桌那儿,拿了一个纸盒过来递给我:"小范,我看吴小莉的手机太旧了,品牌也不好,给她买了一个苹果的最新款,你拿给她吧。"

我接过纸盒告辞,回到法务部,把纸盒交给吴小莉。我说:"这是向董事长送你的苹果手机。"

她没打开,随手放在电脑桌上。

我又说:"下周三开庭,钟先生有事去不了,向董事长说你也别去了。"

她点点头,脸上没有任何表情。

星期二中午,我和宋律师登上了去庆远的班机,宋律师问怎么就我们两个人。我说很不巧,钟先生去党校学习,这次去不了。宋律师又问吴小莉怎么也不去,她是专案组成员,应该去啊。我没有回答,也难以回答,朝他笑了笑。宋律师沉下脸说:"你们向董事长也太不像话了,怎么可以这样?"

我说:"宋律师,我也没办法,希望您理解。"

宋律师马上接口:"我不理解。怎么理解?"

我赔着笑:"向董事长专门交待,要我把您照顾好,让您在庭上充分发挥。"

宋律师看着我:"你怎么照顾?"

我答:"为您提供服务,让您满意。"

宋律师摇摇头:"范副主任,我可不敢,这次你独当一面,责任重大,有什么指示,尽管吩咐。"

我认真地说:"宋律师,开庭是律师为主,我就是配合您。还有,开完庭我自己出钱,请您喝茅台。"

宋律师笑了:"范副主任,你这铁公鸡,也舍得拔毛了?"

我也笑了:"真的,我请,不是开玩笑。"

飞机又晚点,在庆远机场降落时,天色完全黑了。开饭店的陈老板来接机,多等了一个多小时,到了他的饭店,又是好酒好菜招待,但宋律师只吃饭菜,滴酒不喝。他说:"明天要开庭,头脑要保持清醒,开完庭,范副主任请客喝茅台,到时候好好喝,就怕范副主任钱没带够。"

我知道他调侃,便说:"宋律师,我说话算数,随便喝几瓶,我买单。"

宋律师哈哈大笑,我也笑起来了。

吃完饭,陈老板开车送我们去宾馆,进了房间,宋律师便开始看材料,我为他泡好茶,然后回自己房间睡觉。

69

宋公明

第二天,我们提前到达庆远市高级法院,办了相关手续,进入法庭。旁听席上座无虚席,大多是穿着益生制药公司工装的人,形成一种压倒性气势。我和范正欣在原告席上入座,被告席上的人也到了,一男一女,男人大约五十多岁,西装革履,女人三四十岁,戴副眼镜,应该是律师。

合议庭组成人员就座,审判长钱慕恒居中,神态从容,看得出是一个有经验的法官。钱审判长敲了一下法锤:"庆远市高级人民法院,受理常海市自立广告公司提起的上诉案,依法组成合议庭,现在开庭。我特别需要说明,在庆远的六位全国人大代表,莅临旁听。"

第一排座位上的六位全国人大代表站起,先向审判席躬身致意,再转身向旁听席躬身致意。我和范正欣对视了一眼,多少有点意外,益生制药公司真是神通广大,把全国人大代表都请来了。

法庭按审理程序进行,我方陈述上诉事实和理由,我首先指出:"一审法院驳回原告的本诉请求,支持被告的反诉请求,缺乏法律依据。上诉人认为,本案的焦点问题,是经被告代表签字认可的广告内容,是否采信这一证据,直接关系到本案的是非对错。但遗憾的是,一审法院以未加盖公章、属不规范行为,不予采信。《民法通则》原则精神,强调当事人的真实意志体现,被告代表一直均以签字认可,从不盖公章,应视为真实意志体现。即便不盖公章是疏忽,是不规范,那么请问是真实意志重要,还是一次疏忽、一次不规范的行为重要?显而易见,一审法院以偏概全,违背了《民法通则》的原则精神。一审判决认定,原告擅自扩大药用效果,增加未经批准的广告内容,上诉人认为与事实不符。上诉人作为专业的广告公司,不存在任何动机,擅自扩大药用效果,增加未经批准的广告内容,逻辑上也不通。因此上诉人强烈要求,二审法院尊重事实,采信上诉人提交的重要证据。"

旁听席上穿工装的人发出阵阵嘘声,审判长钱慕恒严厉喝止。

我继续陈述:"一审法院将自立广告公司垫款投放广告,视为变更合同约定的付款方式,进而引用《合同法》第67条之规定,驳回自立公司的本诉之请,显然属于适用法律错误。自立广告公司于案发前,先后为益生制药公司发布257次广告,一审法院仅以最后一次有过错的广告,认定前期广告有效作用与过错广告产生的负面作用相抵消。"

被上诉方女律师举手:"我方不同意上诉人的观点,一审法院驳回自立广告公司的本诉请求,适用法律正确无误。上诉人以一张未经盖章的证据这种不规范的行为,要求法庭采信,岂不是要求法律也不规范吗?上诉人以发布广告次数衡量广告效果,完全没有说服力。我可以明确地说,无论发布多少次广告,其有效作用远不如国家食品药品监管局一次查处所产生的负面效果,难道不是吗?"

旁听席上穿益生制药公司工装的人热烈鼓掌。

审判长钱慕恒说:"双方观点均记录在案。请上诉人继续发言。"

我又说道:"一审法院仅凭益生公司提交的退货单,以及经销商要求退货的函件,认定退货事实和数目,属一家之言,明显与事实不符,不能成立。上诉人认为,要证明退货事实成立至少需要四个条件:经销商购货的事实;经销商要求退货的函件;益生公司收到退货商品的仓库进货凭证；益生公司退给经销商的退款凭证。"

被上诉方女律师发言："我理解上诉人的心情，退货越多上诉人赔偿越多，但这是事实，无法改变。"

旁听席上又一次响起热烈的掌声。

我继续发言："综上所述，上诉人认为，一审法院没有分清是非和责任，没有正确区别前257次广告与最后一次广告的相互作用，以及独立的法律关系。上诉人强烈要求，二审法院查明事实，公正审判，依法撤消一审判决，支持自立公司的上诉请求，并由益生公司承担诉讼费用。"

质证过程中，就退货损失问题，被上诉方向法庭提交了四份退货函，另有一张益生制药公司仓库进货单。我当即指出，四个经销商的退货即便是事实，也与益生公司提出的损失款项相距甚远，况且退货函须与经销商进货事实相印证。况且益生公司自己出具的仓库进货单，在未经核实之前，不能作为有效证据。

法庭调查结束，进行法庭辩论，女律师能说会道，颇具辩才，但我准备得比她充分，我的法理知识储量多于她，我抓住那张证据的问题，强调法律精神，重视真实意志体现。几番争辩，几个来回，唇枪舌剑，女律师明显处于劣势，疲于招架。

我在最后陈述中说："上诉人有充分理由相信，二审法庭调查，还原了本案被掩盖和扭曲的事实，一审判决不仅错误，甚至荒唐。站在庄严的法庭上，面对象征公正的天平，我再一次请求二审法院，以事实为依据，以法律为准绳，作出公平公正的判决。"

进入法庭调解程序，双方俱无调解意愿，审判长钱慕恒敲响法锤，宣布休庭，择日宣判。

走出法院已经中午十二点半了，范正欣兴奋地说："宋律师，太精彩了，太精彩了，虽然那个女律师也很厉害，但法律方面不如您，我们占据上风。我最佩服的是,您不看一眼材料,侃侃而言,法律条款信口拈来。"

我说:"范副主任,别说了,我已经饿了,你该兑现承诺了。"

范正欣马上说:"没问题,我说话算话,请您喝茅台。"

此时向德先给范正欣打来电话,我想一定是想了解开庭的情况,范正欣接听以后马上对我说:"宋律师,您知道六位旁听的全国人大代表是谁请来的吗?"

我从他的语气里已然听出几分,但还是摇摇头。

范正欣兴奋地说:"宋律师,告诉您,六位全国人大代表是钟院长请来的,钟院长本人也是全国人大代表。"

我说:"噢,有点意思啊。"

范正欣又说:"刚开完庭,周秘书就给钟先生打电话,还说您在庭上表现很好,董事长让我代他谢谢您。"

我笑着说:"那你更得请我喝茅台了。"

"宋律师,喝茅台小事,没问题。"范正欣扬了扬手机,"向董事长说,看来钟院长知道对方有背景,所以请全国人大代表旁听,监督审判,也是公开抗衡。"

我点点头:"应该是这个意思。"

范正欣又说:"看来钟院长真的要改判了。"

我摆摆手:"小范,不到法院宣判那天,先不要说。"

"对,先不说。"范正欣拉着我,"走,我请您喝茅台去。"

我指着路口拐角上的一辆车:"你看谁来了?"

范正欣扭头一看,陈永兴站在车旁,他感慨地说:"宋律师,这个小兄弟对您真好啊!"

到饭店就上桌,陈永兴拿来两瓶十五年的茅台,我说今天的单范副主任买,陈永兴连连摇头,说到他这里不用买单。我开怀畅饮,范正欣还在兴奋中,敬了我好几杯,他说起庭上的辩论,大加称赞。我摆摆手说:"范副主任,案子的事情不谈了,作为律师,我的工作基本完成。下次再来,规规矩矩地站在庭上,听法官宣判,不用说一句话。但是现在我想跟你讲几句话。"

范正欣认真地看着我:"宋律师,请说请说。"

我点起一支烟:"我这个人玩世不恭,桀骜不驯,我讲什么你不要在意。"

"宋律师,没关系,您说您说。"

我朝他笑了笑:"范副主任,今天我叫你一声小范,可以吗?"

范正欣连连点头:"可以可以,这样好。"

我说:"小范,我和你因为这个案子认识,也有段时间了,发生过一些小小的不愉快。后来接触多了,发现你本质不差,也了解了你的情况,一个外地人在常海立足,还要还房贷,不容易,我理解。但我还是要说,'有容乃大',你的心胸不够大,太在乎利益得失,问题出在哪里?出在你的脑子里,你脑子里装的都是利,不想别的了,也没有时间想了。你是大学生,以前一定也有精神追求,现在还有吗?但是人总是要有一点精神的。"

范正欣看着我,许久没说出话来。

我在他肩上拍了一下:"小范,我随便说说,你别在意。"

范正欣端起酒杯:"宋律师,您今天说的这些话,我会好好想,好好考虑。来,我再敬您一杯!"

70

吴小莉

我的小说在《常海文学》发表了，编辑部将刊物寄到家里来，我爸我妈很高兴，说没想到我能写文章，还登出来了。我一点都高兴不起来，这篇我写的所谓小说，不过是自己的一段伤心经历，除了有一点真情实感，其他一无是处，是因为钟盛远改了，也是看他的面子才登出来的。我把刊物压进箱底，以后不会再写小说，更不会梦想当作家了。

我要离开自立集团，找用人单位，投简历，一家报关公司要我去面试。我不懂报关，但这家公司的用人条件，其中有一条能熟悉运用电脑。我是学计算机的，符合这个条件，我被录用了。昨天我把辞职报告交给范副主任，他愣了愣，显然没有想到，但他没有挽留，当即同意。我把苹果手机交给他，请他还给向德先，他接过去了，也不说话。他一直把我送出公司大门，和我握了握手，我看见他的眼睛湿润了。宋律师听说我辞职，马上跑来找我，要我去他的事务所工作。我谢绝了，因为我不懂法律，去了什么也做不了，但我很感激他。

赵莹发来请柬，邀请我参加她和肖辉的婚礼，我没有想到她会请我，但我毫不犹豫地接受，而且很乐意。婚礼在喜来登大酒店举行，赵莹看见我很高兴，穿着婚纱抱住我，让我坐到主桌上。常海电视台新闻主播嫣玲主持婚礼，当《蓝色多瑙河》的旋律在大厅里奏响，肖辉牵着一个女孩的手，赵莹牵着一个男孩的手，缓缓走过临时搭起的T台，全场响起掌声。自立集团和广告公司，除了我没有其他人来参加婚礼，我想大概赵莹没有邀请。电视台来了许多人，证婚人是电视台的纪检组长苏越，她讲了一段热情洋溢的证婚词，举杯祝福肖辉和赵莹这对新人。电视台的人有才艺，即兴表演，有唱有拉，气氛非常热烈。

赵莹和肖辉敬完酒，换了一身衣服，坐到桌边。赵莹对我说：小莉，我原来拼了命想打赢官司，现在想想很可笑，一条命又算得了什么，能讨回公平吗？赵莹还告诉我，结婚以后立即离开常海，回肖辉的老家庆远，一起到电视台工作。我祝贺她和肖辉新婚，祝愿他们新生活幸福！

今天，宋律师打来电话，说官司有结果了，发回一审法院重新审理。我问为什么不改判？宋律师答这是一个很复杂的问题，几句话说不清楚。宋律师还说，他已经正式通知自立集团法务部，不再担任代理律师。

我没再问什么，也没再说什么，但是我明白一点，案子又回到了原点，一切又将重新开始。向德先又将组织新的专案组；范正欣还要一次又一次地往返庆远；钟盛远和向德先成了朋友，仍将继续发挥他的作用，继续帮忙。而这一切与我彻底无关了。

2016年10月一稿
2021年12月二稿

后记

人类自有意识地自我管理，部落族群选拔出酋长，并形成各种规定。酋长作为权力的代表，监督实施各种规定，违犯者受处罚。开始处罚是统一的，少有区别，后来则视违犯规定轻重以及错误后果，制定不同的处罚方式。随着文明进化，更大地域、更多人口的国家诞生，各种规定随之相应完善，逐渐演变为成文的法律法典。

由此不难看出，人类自觉地倾向于规定或规矩，既是生存的需要，也是有序繁衍发展的需要，更是原始的公平心理诉求。法律法典正是满足和体现这些最本质的要求而产生，而确立。然而，好的法律需要好的司法实施，换言之，不好的司法行为将使好的法律打折扣，甚至混淆是非对错，让公平公正蒙上尘埃。《公平之吻》真实地反映了司法现状，仅仅只是一叶知秋，见微知著。文学或许比较敏感，于观察和思考中，寄托理想和愿望。

在此特别感谢贡龙云律师，他以丰富的法律知识专长，给予指导性的观点和意见。

感谢好友潘鸿建先生，他是最早的读者之一，提出良好建议。

感谢资深媒体人张海晨先生，他为书名费了不少心思。起一个好的书名颇难。

顾　雄
2022年早春

图书在版编目(CIP)数据

公平之吻 / 顾雄著. —— 上海：文汇出版社，2022.8
ISBN 978-7-5496-3821-5

Ⅰ.①公… Ⅱ.①顾… Ⅲ.①长篇小说—中国—当代 Ⅳ.①I247.5

中国版本图书馆CIP数据核字(2022)第123181号

·文汇新观察丛书·

公平之吻

著　　者 / 顾　雄
责任编辑 / 黄　勇
特约编辑 / 建　华
封面装帧 / 王　翔

出版发行 / 文汇出版社
　　　　　上海市威海路755号
　　　　　（邮政编码200041）
经　　销 / 全国新华书店
排　　版 / 南京展望文化发展有限公司
印刷装订 / 上海颛辉印刷厂有限公司
版　　次 / 2022年8月第1版
印　　次 / 2022年8月第1次印刷
开　　本 / 890×1240　1/32
字　　数 / 310千字
印　　张 / 11.25

ISBN 978-7-5496-3821-5
定　　价 / 69.00元